RESEARCH ON ENTREPRENEURIAL LITERACY OF CHINESE COLLEGE STUDENTS

中国大学生创业素养研究

| 内涵 | 研究概述 | 实证研究 | 培育方法 | 培育实践探索 |

方伟 刘锐 著

中国青年出版社

图书在版编目（CIP）数据

中国大学生创业素养研究 / 方伟，刘锐著 . — 北京：中国青年出版社，2021.12
ISBN 978-7-5153-6477-3

Ⅰ.①中… Ⅱ.①方…②刘… Ⅲ.①大学生—创业—研究—中国 Ⅳ.① G647.38

中国版本图书馆 CIP 数据核字（2021）第 254944 号

责任编辑：彭岩

*

中国青年出版社 出版 发行

社址：北京东四十二条 21 号　邮政编码：100708
网址：www.cyp.com.cn
编辑部电话：（010）57350407　门市部电话：（010）57350370
北京欣睿虹彩印刷有限公司印刷　新华书店经销

*

700×1000　1/16　23.25 印张　200 千字
2022 年 1 月北京第 1 版　2022 年 1 月北京第 1 次印刷
定价：60.00 元

本书如有印装质量问题，请凭购书发票与质检部联系调换
联系电话：（010）57350337

前　言

创业是财富之源、就业之基、发展之本。创新之父熊彼得认为，创业在本质上是一种创新活动，创业者的功能是实现生产要素的新组合。这种新组合的范围比较广泛，既可以包括产品创新和服务创新、生产工艺创新和业务流程创新、市场端的创新和供应端的创新，还可以包括企业组织创新、企业制度创新、产权创新等方面[①]。也正是在此意义上，我们认为创业与创新一体两面、不可分割，"大学生创业"概念与"大学生创新创业"概念在本书中可以视不同语境打通使用，本书主题"大学生创业素养研究"也即是"大学生创新创业素养研究"的简称。

党的十八大以来，伴随着"大众创业、万众创新"等国家战略在中国大地上的风起云涌，大学生创新创业已成为强劲的时代旋律。党中央国务院高度重视大学生创新创业工作。习近平总书记多次做出重要指示，强调要加快教育体制改革，注重培养学生创新精神，造就规模宏大、富有创新精神、敢于承担风险的创新创业人才队伍。在致 2013 年全球创业周中国站活动组委会的贺信中，习近平总书记明确指出："青年是国家和民族的希望，创新是社会进步的灵魂，创业是推动经济社会发展、改善民生的重要途径。青年学生富有想象力和创造力，是创新创业的有生力量。希望广大青年学生把自己的人生追求同国家发展进步、人民

---

① 张健，姜彦福，林强. 创业理论与发展动态 [J]. 经济学动态，2003（5）.

伟大实践紧密结合起来，刻苦学习，脚踏实地，锐意进取，在创新创业中展示才华、服务社会。"李克强总理多次提出，大学生是实施创新驱动发展战略和推进大众创业、万众创新的生力军，要把创新创业教育融入人才培养，切实增强学生的创业意识、创新精神和创造能力，厚植大众创业、万众创新土壤，为建设创新型国家提供源源不断的人才智力支撑。

2015年5月，国务院办公厅印发了《关于深化高等学校创新创业教育改革的实施意见》，提出了完善人才培养质量标准、创新人才培养机制、健全创新创业教育课程体系、改革教学方法和考核方式、强化创新创业实践等一整套任务措施。近年来，为落实党中央、国务院的决策部署，各级教育部门实施了一系列有力举措，开课程、建基地、办大赛、强实践、孵项目，越来越多的大学生积极投入创新创业实践中，创新创业教育改革取得显著成效。另外，国家、地方政府和高校都出台了很多支持大学生创业的一揽子优惠政策，这些政策涉及工商注册、融资贷款、企业管理、税收减免、法律援助、指导服务等全要素、全流程，在这些创业优惠政策的催生与支持下，每年都有几十万的高校毕业生勇敢迈出自主创业的第一步，有的还成长为上市公司、标杆企业，以创新引领创业、以创业带动就业示范效应显著，为国家经济社会发展做出了重要贡献。

2021年10月，国务院办公厅印发《关于进一步支持大学生创新创业的指导意见》，提出要深化高校创新创业教育改革，将创新创业教育贯穿人才培养全过程，建立以创新创业为导向的新型人才培养模式，加强大学生创新创业服务平台建设，优化大学生创新创业环境等重要政策措施，支持大学生创新创业。立足新发展阶段、贯彻新发展理念、构建新发展格局，坚持创新引领创业、创业带动就业，提升人力资源素质，实现大学生更加充分更高质量就业。

综合各种调查统计，可以毫不夸张地说，作为社会中最有活力、最有创造力的群体，大学生已经成为我国创新创业群体的生力军。另外，调查表明，大学生创业既有优势，也有劣势，归根结底，这些优劣势既表现于项目、资金、技术等外在方面，更集中表现于创业素养的积累与养成等内在方面，可以说，是创业素养的高低最终决定了创业的得失成败。具体来说，大学生创业素养的优势在于对创业往往充满着激情与向往，创业意愿较高，创业兴趣比较强；创业目的和动机比较端正；具备一定的专业知识和专业技能，掌握了一定的创业理论和方法，发展的空间较大。劣势在于创业准备不足，创业认知、创业经验、社会阅历、综合能力、创业胆识仍比较薄弱，大多数在校大学生个人职业生涯规划仍然把就业、升学等传统价值选择放在首要位置，对创业缺乏长期打算或系统准备，敢为人先、不怕失败的创业精神还没有真正建立起来。也正因为如此，与国外大学生相比，中国大学生的创业率、创业成功率仍然较低，中国大学生创新创业之路仍然任重道远。

联合国教科文组织在《学会生存》中指出："应该把培养人的自我生存能力，促进人的个性全面和谐发展，作为当代教育的基本宗旨。"我们认为，加强大学生创新创业教育、不断提高大学生的创业素养，就是培养人的自我生存能力、创造社会价值的能力，促进人的个性全面自由发展。加强大学生创新创业教育、不断提高大学生的创业素养，前提是必须有高水平的大学生创业素养基础性研究，必须首先从理论上回答什么是创业素养、怎样培育创业素养、依靠什么来提高创业素养等根本性问题，对大学生创业素养开展系统性实证研究，然后才有可能把大学生创业素养的提升与拓展落到实处，因此，在综合考察梳理国内外有关研究成果的基础上，本书综合运用文献研究、案例分析、问卷调查等方式方法，试图在厘定和探讨大学生创业素养科学内涵的基础上，对大学生创业素养开展实证研究，并尝试探讨了当代大学生创业素养培育的若干对策和建议。

目 录

- 前 言 ……………………………………………………………………… 001
- 第一章 大学生创业素养的内涵 ………………………………………… 001
  - 第一节 国际化视角看创业素养 ……………………………………… 004
    - 一、联合国教科文组织创业素养框架 ………………………… 004
    - 二、经合组织创业素养框架 …………………………………… 006
    - 三、欧盟的创业素养框架 ……………………………………… 007
    - 四、美国的 21 世纪能力框架 ………………………………… 013
    - 五、以色列的创业精神 ………………………………………… 018
    - 六、澳大利亚的《墨尔本宣言》 ……………………………… 020
    - 七、日本的"21 世纪型能力" ………………………………… 022
    - 八、国际化视野对中国大学生创业素养的启示 ……………… 025
  - 第二节 传统文化视角看创业素养 …………………………………… 027
    - 一、中国传统文化思想对创新创业精神的阐释 ……………… 027
    - 二、中国传统商人的创业素养分析 …………………………… 032
    - 三、中国传统文化精神的现代化转换 ………………………… 043
  - 第三节 团队和个人视角看创业素养 ………………………………… 046
    - 一、从创业者的角度看创业素养 ……………………………… 046

二、从创业团队的角度看创业素养 ……………………………… 053

三、对构建大学生创业素养的启示 ……………………………… 058

第四节 大学生创业素养概念界定 ………………………………… 060

一、创业的概念和内涵 …………………………………………… 060

二、素养的概念和内涵 …………………………………………… 068

三、创业素养的概念和内涵 ……………………………………… 076

四、大学生创业素养 ……………………………………………… 079

第二章 大学生创业素养研究概述 ………………………………………… 085

第一节 大学生创业素养研究综述 ………………………………… 087

一、开展综述研究的逻辑前提 …………………………………… 087

二、创业素养指标体系研究现状 ………………………………… 089

第二节 大学生创业素养研究的理论定位 ………………………… 105

一、人的全面发展理论 …………………………………………… 105

二、中国学生发展核心素养 ……………………………………… 111

三、胜任素质理论 ………………………………………………… 117

四、创业教育理论 ………………………………………………… 123

第三章 大学生创业素养实证研究 ………………………………………… 133

第一节 研究思路和方法 …………………………………………… 135

一、研究总体框架 ………………………………………………… 135

二、研究思路和方法 ……………………………………………… 135

第二节　大学生创业素养原始模型构建 ………………………… 136

　　一、受访者特征和分类 ……………………………………… 137

　　二、访谈准备 ………………………………………………… 138

　　三、访谈数据分析 …………………………………………… 139

　　四、初步形成原始模型 ……………………………………… 140

　　五、初始素质模型含义 ……………………………………… 140

第三节　大学生创业素养模型检验与修订 ……………………… 163

　　一、量表的预测及探索性因素分析 ………………………… 163

　　二、量表的正式施测及验证性因素分析 …………………… 170

　　三、研究结论 ………………………………………………… 174

第四章　大学生创业素养培育方法 …………………………… 177

第一节　大学生个体创业素养提升 ……………………………… 179

　　一、创业知识技能 …………………………………………… 179

　　二、信息素养 ………………………………………………… 185

　　三、创新能力 ………………………………………………… 190

　　四、执行管理能力 …………………………………………… 198

　　五、领导能力 ………………………………………………… 206

　　六、社交能力 ………………………………………………… 214

　　七、机会识别能力 …………………………………………… 221

第二节　大学生团队创业素养提升 ……………………………… 228
一、大学生创业团队的概念 ………………………………… 228
二、大学生创业团队素养评估 ……………………………… 240
三、大学生创业团队素养提升 ……………………………… 245

第五章　中国大学生创业素养培育实践探索 ……………………… 261
第一节　大学生创业素养培育概述 …………………………… 263
一、国际大学生创业教育概述 ……………………………… 263
二、中国大学生创业教育概述 ……………………………… 264

第二节　大学生创业素养培育实践策略 ……………………… 273
一、大学生创业教育的原则和价值取向 …………………… 273
二、大学生创业教育的目标 ………………………………… 283

第三节　社会高校家庭"三螺旋" ……………………………… 289
一、社会高校家庭"三螺旋"整体构架 ……………………… 289
二、优化创业素养培育的社会大环境 ……………………… 291
三、扩大创业素养培育的高校主舞台 ……………………… 299
四、稳定创业素养培育的家庭大后方 ……………………… 316
五、大学生个人是创业素养培育的决定因素 ……………… 319

第四节　大学生创业竞赛 ……………………………………… 321
一、中国国际"互联网+"大学生创新创业大赛 …………… 321
二、"挑战杯"全国大学生课外学术科技作品竞赛 ………… 329

三、"挑战杯"中国大学生创业计划竞赛 ································ 334

▶ **后　记** ··· 340
▶ **附　录** ··· 343
　　附录一：中国大学生创业素养研究访谈提纲 ·················· 343
　　附录二：探索性因素分析问卷 ······································ 345
▶ **参考文献** ··· 351

第一章
大学生创业素养的内涵

党的十八大以来，以中高速经济发展速度、转变经济发展方式、调整升级经济结构、创新驱动发展战略等为标志，我国经济社会发展进入了"新常态"。在"新常态"时代背景下，党中央、国务院高度重视创新驱动发展战略的全面落实，并在2015年政府工作报告中首次正式提出"大众创业、万众创新"的时代号召，明确指出"大众创业、万众创新"是发展的动力之源，是富民之道、公平之计、强国之策，对于推动经济结构调整、打造发展新引擎、增强发展新动力、走创新驱动发展道路具有重要意义，是稳增长、扩就业、激发亿万群众智慧和创造力，促进社会纵向流动、公平正义的重大举措。广大青年尤其是大学生群体，是推进大众创业、万众创新的生力军。大学生们要想成长成才、实现人生理想，既要认真扎实学习、掌握更多知识，也要投身创新创业，提高实践能力。因此，大学生的创业素养如何，事关国家创新驱动战略、建设创新型国家能否顺利实现，事关以创新引领创业、以创业带动就业经济社会发展目标能否顺利实现，事关大学生群体成长成才、全面发展能否顺利实现。因此，有关大学生创业素养的理论研究与实践应用就具有重大的现实意义和深广的社会价值。

第一节　国际化视角看创业素养

一、联合国教科文组织创业素养框架

早在17世纪的英国，托马斯·孟（1571～1641）在他的被马克思誉为"重商主义划时代的著作"——《英国得自对外贸易的财富》中，第一章就以"一个全才的对外贸易商人所必需的各种品质"为题，列举了12条商人素养观，如要熟悉世界市场各种商品行情、精通国际贸易实务、要是航海家、旅行家、爱国者等。在托马斯·孟的笔下，成功的商人应该是一个兼具各种优良品质且知识广博的人。"商人肩负与其他各国往来的商务而被称为国家财产的管理者"[①]。这可视作早期对创业者素养的一种解读。

1994年，联合国教科文组织（UNESCO）在泰国曼谷召开了有关创业和创业教育的专题会议，发表了题为《培养创业精神》的报告[②]。该报告将一个人的创业素养概括为4大能力、22个指标[③]。如表1-1所示：

表1-1　UNESCO公布的创业素养的能力结构（1994）

能　力	指　标	说　明
1. 启动能力 (Triggering for action Proficiency)	1. 自我概念（Self concept）	积极地认识自我，把握自己的命运
	2. 敏感性（Awareness）	实际感受周围的环境特点，采取相应的行动
	3. 有雄心（Ambition）	渴望实现某一目标，以顺应或挑战现行规则的方式做事
	4. 首创性（Initiative）	超越常规，采取行动
	5. 承担风险（Risk-taking）	在预期结果不确定的情况下，权衡利弊，做好抉择

---

① 托马斯·孟著，袁南宁译.英国得自对外贸易的财富[M].北京：商务印书馆，1978.
② 刘兆平.提高工科大学生创业素养的对策思考[J].创新与创业教育，2014（5）：79.
③ 钟志贤.大学教学模式革新：教学设计视域[M].北京：教育科学出版社，2007（3）：41.

(续表)

能　力	指　标	说　明
1. 启动能力 (Triggering for action Proficiency)	6. 灵活性（Flexibility）	顺势而变，相机行事，调整/适应变化的情境
	7. 毅力（Perseverance）	坚持不懈，努力克服目标实现过程中的种种困难
	8. 自始至终（Follow-through）	做事不半途而废
	9. 自律（Discipline）	坚守做人做事的原则
2. 强化能力 (Empowering for action Proficiency)	10. 信息能力（Information seeking）	搜寻信息/对自己有特别帮助的建议
	11. 职业技能（Occupational skills）	完成某一类型工作的必要技能和专长
	12. 社交技能（Social skills）	与他人和谐相交/相处
	13. 管理技能（Operational/Managing the tasks）	能做好任务管理
3. 持续能力 (Sustaining for action Proficiency)	14. 善待成功（Coping with success）	对成功保持平常心，不忘乎所以
	15. 善待失败（Coping with failure）	坦然接受失败，重新确定目标
	16. 合乎道德（Moral and social）	个人的成功与社会利益相统一
4. 实施能力 (Operations for action Proficiency)	17. 预见（Hunch）	直觉地做出决策
	18. 识见（Recognizing）	把握与行动相关的各种机会
	19. 计划（Planning）	制定合理有序的、实现某一目标的计划，制定清晰具体的短、中、长期目标
	20. 执行（Executing）	实施计划（执行力）
	21. 评价（Evaluating）	监控行动的进展、达成目标的水准和绩效的质量
	22. 反馈（Feedback）	吸纳/利用相关建议和批评，持续改善行动计划、过程和质量

在这份报告中，教科文组织还特别强调了创业者的"道德和社会责任"素质。因为在现实生活中，经常可以看到一些罪犯或有反社会倾向的人也具有较好的创业能力。而创业能力作为一种能影响社会进步的强大力量，只有拥有这种能力的人与人类社会的进步相一致，才能给人类带来福祉，而不是灾难。

二、经合组织创业素养框架

1997年12月,经济合作与发展组织(OECD)与科学界合作,共同启动了题为"素养的界定与遴选:理论和概念基础"的项目研究(DeSeCo),这是一次国际跨学科的尝试,旨在开展对"素养"内涵的界定、概念化和测量的研究,建构"核心素养"的整体概念和参考框架,并对"核心素养"的概念和研究指标进行统一,以期解决组织成员国之间在教育研究中存在的分歧问题,指导各成员国开展收集和报告教育输出信息的各类活动,促进各成员国之间的相互借鉴和发展。该项目确定的核心素养内容结构包括3个一级指标和9个二级指标[①]。如表1-2所示。这为之后各国研究创业素养提供了模板。

表1-2 经济合作与发展组织"核心素养"内容结构

一级指标	概　念	二级指标
互动地使用工具	个体实现与世界相互作用而行使的社会文化工具	互动地使用语言、符号和文本的能力
		互动地使用知识和信息的能力
		互动地使用新技术的能力
自主行动	根据自身需要把愿景转化为目的行动	在复杂的环境中行动的能力
		设计人生规划并执行规划的能力
		维护权利、利益、限制与需求的能力
在社会异质团体中互动	强调个体与他人,尤其是与异质于自身的他人的互动	与他人建立良好关系的能力
		合作的能力
		管理与解决冲突的能力

进入21世纪后,第四次工业革命的奔涌而至,经济发展、社会稳定、民生改善出现了一系列复杂而多变的问题,叠加着科技变革,成为全世界各国都需要

---

① 张娜. DeSeCo项目关于核心素养的研究及启示[J]. 北京:教育科学研究,2013(10).

直面的重大课题。面对着扑面而来的全球性技术巨变，对创业素养的认知和探索也出现了一系列新的现象和新的挑战。提升创业者的创业素养，不仅能使社会的个体更好地适应未来社会生存，促进其全面自由的发展，也能为推动实现可持续发展的目标和建设人类命运共同体打好人才基石。

需要说明的是，虽然有的国际组织和国家单独提出了创业素养的框架，但大多国家或组织还是将创业素养纳入核心素养的体系内统筹考虑和综合研究。这是因为核心素养是促进成功生活和健全社会的最基础的、最关键的素养。它从终身学习的目标出发，以人为本，是个人在生存和发展中必不可少的"胜任力"。而创业素养的灵魂是"创造"，不仅是创办企业所需要，而且是创业者（或团队）激发潜能，培养创新意识、求异思维和创业能力，获得可持续发展的"胜任力"。由此可见，核心素养和创业素养的"发展性"内涵基本一致，都是以人为根本出发点，着力于对人的自我完善和发展的终极关怀。

三、欧盟的创业素养框架

21世纪之初，受到全球经济危机的冲击，欧盟各国经济开始呈现出低迷下滑的态势；2008年，欧洲遇到了近50年来最严重的失业困境，失业人口多达两千五百万人。如何摆脱低迷态势、重振经济繁荣成为欧洲各国眼前迫切要解决的头等问题。在一系列调研和论证的基础上，欧洲各国纷纷开始意识到创业在促进就业和提升欧洲整体竞争力方面的重要作用，以欧盟为主要代表的机构和组织着手花大力气来探讨核心素养、发展创业教育[①]。

---

① 常飒飒，王占仁. 欧盟创业教育评价的类型、工具与发展趋势[J]. 大学教育科学，2018（6）：74-75.

从 2002 年开始，欧盟组织就开始在终身学习的视域下阐释核心素养。2006 年，正式出台了《欧洲终身学习核心素养建议框架 2006》(Recommendation of the European Parliament and the Council of 18 December 2006 on Key Competences for Lifelong Learning 2006，简称"2006 框架"[①])，首次将"首创性和创业"(Sense of Initiative and Entrepreneurship)列入欧洲公民终身学习的八大核心素养。2016 年，系统而全面地深化创业素养理论研究，正式提出了"创业素养框架"(EntreComp: the Entrepreneurship Competence Framework，简称 EntreComp[②])，全面深化了作为核心素养之一的创业素养的理论。在两者研究的基础上，2018 年 5 月 22 日，欧盟又出台了《欧洲终身学习核心素养建议框架 2018》(Council Recommendation of 22 May 2018 on Key Competences for Lifelong Learning，简称"2018 框架")，对 2006 框架进行了修订，并完全吸收了 2016 EntreComp 的最新研究成果，将"首创性和创业"正式更名为"创新创业素养"，再次将其纳入欧洲公民终身学习的八大核心素养，如表 1-3 所示[③]。

表 1-3 "2006 框架"和"2018 框架"的核心素养表述

序号	2006 框架	2018 框架
1	母语沟通交流	读写素养
2	外语沟通交流	多语素养
3	数学素养和科学技术基本素养	数学素养和科学、技术、工程素养

---

① European Council. Recommendation of the European Parliament and the Council of 18 December 2006 on Key Competences for Lifelong Learning[Z]. https://eur-lex.europa.eu/legal-content/EN/TXT/PDF/?uri=CELEX:32006H0962&from=EN, 2018-07-28.
② M. Bacigalupo, P. Kampylis, E. McCallum, Y. Punie. Promoting the Entrepreneurship Competence of Young Adults in Europe: Towards a Self-assessment Tool [R].Spain: IATED Academy, 2016.
③ 常飒飒. 基于核心素养发展的欧盟创业教育研究 [D]. 长春：东北师范大学，2019：47.

(续表)

序号	2006 框架	2018 框架
4	数字素养	数字素养
5	学会学习	个人、社会和学会学习素养
6	社会和公民素养	公民素养
7	主动性和创业	创业素养
8	文化认识和表达	文化认识和表达素养

(一) 核心素养框架中的创业素养

在欧盟创业教育系列文件和报告中,"创业素养"(Entrepreneurship Competence)出现的频率极高,是个核心词,发展"创业素养","将创意付诸实践",是欧盟提倡创业教育的核心[1]。欧盟的创业素养具有以下几个特征:[2]

1. 创业素养具有可迁移性

创业素养包含知识、技能和态度等三个维度:在知识维度上,创业知识又包含了三个方面的内容,其一,学习如何将创意转化为行动的知识;其二,掌握创业项目规划和管理的方式方法;其三,个体认知自身的优势和不足,以及需要遵守的道德原则。在技能维度上,创业技能的内涵非常丰富,既包括培养创造力需要的想象力、发现问题和解决问题的能力,批判思维和反思的能力,团队合作能力,资源整合的能力等,还包括财务管理和领导决策能力,处理突发问题能力、抗压能力等。在态度维度上,既包括创业所需要的主动性、实现目标的前瞻性、

---

[1] European Council. Recommendation of the European Parliament and the Council of 18 December 2006 on Key Competences for Lifelong Learning[Z]. https://eur-lex.europa.eu/legal-content/EN/TXT/PDF/?uri=CELEX:32006H0962&from=EN.2018-07-28.
[2] 常飒飒.基于核心素养发展的欧盟创业教育研究[D].长春:东北师范大学,2019.

面对困难的勇气和毅力等，还包括激励并重视他人想法，关爱他人及承担责任的精神。这些素养适用于不同情景下的个人和群体（包括组织或机构）。

2. 创业要素相互关联、聚集呈现

在这个框架中，创业素养包含着众多的要素，它是一个集合的概念。虽然有时处于不同的条件、环境或阶段，创业个体所需要的具体素养会有所不同。如当创意生成与发展时，个体的想象力、创造力、批判思维和反思能力尤为关键；当需要拓展创业空间时，自我效能、资源整合能力就非常关键；涉及创新创造时，"能量""冒险倾向"以及"领导力"都有涉及。这些创业要素之间相互关联，相互作用，共同呈现。

3. "创业素养"替代"主动性和创业"

在2016年"创业素养框架"中，将"创业素养"界定为"对机会和创意采取行动并将其转化为对他人有益的价值的能力"，在概念的表述中去掉了"主动性"，增加了"价值产生"。这主要是因为"主动性"一直蕴含在"创业素养"之中，是最基本的特征之一，此外，聚焦在时代变迁，不断兴起的"公益创业""绿色创业"等新型概念，不断丰富着"创业"的内涵，早已超越了最初的"实体论"，越来越多地关注着创新和价值创造。这不仅体现了欧盟对时代变化的适时回应，也是对最新的关于欧洲经济、社会和教育等热点难点问题研究成果的展示。修订后的表述，与2016年"创业素养框架"相呼应，体现了欧盟政策的连贯性和严谨性。

（二）2016年创业素养框架的解读

欧盟于2016年正式发布了"创业素养框架"，作为这一时期欧盟创业教育发展的一个里程碑式指导文件，它将创业核心素养作为一项可迁移的技能，以

"创业素养框架"的形式进行了具体细化。这个"创业素养框架"涵盖了包括3大素养领域、15种具体能力、8个能力进阶模型、442个学习结果在内的"创业素养框架"[①]。该框架的发布,标志着欧盟突出"核心素养"的创业教育正式走向纵深。

这个创业素养框架中包含了概念模型、发展模型以及学习结果表述三个主要部分,为创业素养"是什么""怎么做"和"做得怎么样"等问题提供了系统的解决方案。

1.创业素养是什么,即创业素养的概念模型,主要是解决创业素养究竟包含哪些内容的问题。该模型是以"将创意付诸实践"为核心,以创业的过程所涉及的"创意和机会""资源"和"付诸行动"三大领域为覆盖面,整合所有的知识、技能和态度的总和。如图1-1所示。

(1)创意和机会:个体在产生创业想法的初始阶段,需要学习和掌握一切与创意或者把握机会相关的知识、技能和态度,

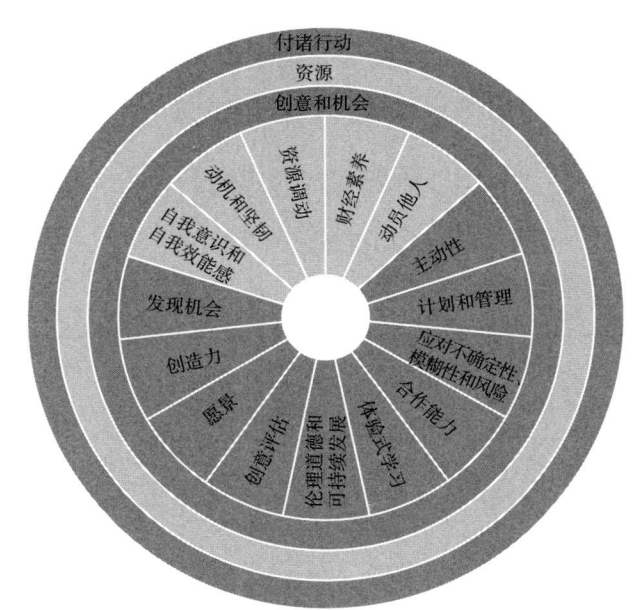

图1-1 创业素养概念模型

---

① 常飒飒.基于核心素养发展的欧盟创业教育研究[D].长春:东北师范大学,2019:46.

具体而言，它包括"发现机会""创造力""愿景""创意评估"和"伦理道德和可持续发展"五种素养。

（2）资源：对资源的有效获取和整合是非常重要的方面，它包含了"自我意识和自我效能感""动机和坚韧""资源调动""财经素养"以及"动员他人"五种具体素养。这五种素养是在个人或团队创业过程中对能否成功起到决定性作用的重要"资源"。

（3）付诸行动：这是创业的最后一个环节，也是其中的一个关键环节。在这个过程中，欧盟同样划分出五种具体素养，分别为"主动性""计划和管理""应对不确定性、模糊性和风险""合作能力"以及"体验式学习"。

2. 创业素养怎么做，即创业素养发展模型。欧盟通过八个层级的设计，进一步解决了创业素养如何从理论走向实践的问题，如表1-4所示[①]。创业素养发展模型的核心是通过创业教育，个体（或团队）的创业素养朝着个体自主性及责任感、价值创造这两个向度不断发展。

表1-4 创业素养发展模型

初级		中级		高级		专家级	
依靠他人的支持		培养自主性		承担责任		驱动转型、创新与成长	
在直接监管之下	减少了他人的支持，增加了自主性，有同伴合作	独立自主，有同伴合作	承担并分担部分责任	接受一定的指导，与他人合作	在决策和与他人合作方面承担责任	因在特定领域促成复杂的发展状况而承担责任	对特定领域的发展做出实质性贡献
发现	探索	体验	挑战	提高	加强	扩大	革新
一级	二级	三级	四级	五级	六级	七级	八级

① 常飒飒. 基于核心素养发展的欧盟创业教育研究[D]. 长春：东北师范大学，2019：33.

3. 创业素养做得怎么样，即创业素养框架。在概念模型以及发展模型的基础上，欧盟最终将创业素养概念模型的十五种具体素养和创业素养发展模型的八个层级进行了综合统筹和精准匹配，形成了442个学习结果，用于对开展创业教育以及创业学习的相关人群（如在校生、求职者、公司雇员、创业个人或团体和市民等）的教育评估。学习者在学习结束后，要对创业知识的了解以及开展创业实践的行为进行自我陈述或描述。同时，它还可以用于正式教育和培训部门的课程设计上，或者在非正式的学习环境以及现有组织内部创业的学习项目中发挥作用。因此，它同样适用于团队或者机构，例如项目团队、非营利组织、公司、公共机构等。

四、美国的21世纪能力框架

现代意义上的创业及创业教育发轫于20世纪50年代的美国。随着硅谷奇迹的出现，以比尔·盖茨为代表的创业者掀起了"创业革命"，创业及其教育开始受到世界各国的关注和重视。20世纪90年代以来，美国每年都有数百万的新公司成立，也就是说，平均每250个美国公民就注册有一个新公司。美国"考夫曼企业家领袖中心"在1999年6月的一份研究报告中显示，每12个美国人中就有一个期望开办自己的企业；91%的美国人认为，创办自己的企业是"一项令人尊敬的工作"[①]。美国国家科学基金会和美国商业部等机构发布的报告显示，自"二战"之后，在美国创新的占比上，美国创业型企业的创新占据半壁江山，而在重大创新上，更是占据高达95%的份额，由此可见，创业型就业不

---

① 冯霞. 他山之石——发达国家创业教育经验借鉴[J]. 出国与就业，2012（3）：61.

仅是美国就业政策成功的核心,更是美国经济发展的主要驱动力之一。

美国在20世纪90年代初开展了许多职场基本素养研究和成人核心素养研究项目,形成了一些包含具体成分的指标体系。如1992年美国一项对数千名企业老板与最高管理层人员的研究调查结果显示,创业家(或企业家)最重要的20项素质与能力,按重要程度排列顺序如表1-5所示[①]。

表1-5 创业家(或企业家)的素质与能力排序表

序号	素质与能力内容	序号	素质与能力内容
1	财务管理经验与能力	11	行业及技术知识
2	交流与人际关系能力	12	领导与管理能力
3	激励下属的能力	13	对下属培养与选择能力
4	远见与洞察能力	14	与重要客户建立关系的能力
5	自我激励与自我突破	15	创造性
6	决策与计划能力	16	组织能力
7	市场营销能力	17	向下级授权能力
8	建立各种关系的能力	18	个人适应能力
9	人事管理的水平	19	工作效率与时间管理水平
10	形成良好企业文化的能力	20	技术发展趋势预测能力

而美国创业家马丁·J.格伦德认为,成功的创业者应该具备选择一个爱好、制定一个目标、拿着薪水学习、与成功者为伍、相信自己、以己之长发财致富、敢于提问、不循规蹈矩、不墨守成规和努力工作等"十大素质"。驰名全球的创业教育和研究重地美国百森学院企业研究管理中心主任威廉·D.拜格

---

① 田千里. 老板论[M]. 北京:经济科学出版社,2000.

雷夫认为,"优秀创业者的基本素质应包括十个'D':理想(Dream)、果断(Decisiveness)、实干(Doers)、决心(Determination)、奉献(Dedication)、热爱(Devotion)、周详(Details)、命运(Destiny)、金钱(Dollar)和分享(Distribute)"[1]。

进入21世纪以来,美国企事业和教育界聚焦能力目标,提出了以"21世纪型能力"(21st Century Skills)为焦点内核的核心素养研究课题。而创业素养则是其中的焦点之一。

(一)21世纪技能联盟框架(简称P21)

为了培养21世纪学生的核心素养,2002年,在联邦教育部的领导下,由美国政府部门、商业机构和民间组织联合成立了美国"21世纪技能联盟"(the Partnership for 21st Century Learning,简称P21),该组织将美国公民在21世纪应具备的基本技能进行分类、归纳和整合,制定了《21世纪素养框架》。五年之后,该组织又颁布了《21世纪素养框架》的更新版本。该框架包含了在工作和生活中取得成功所必须掌握的技能、知识和专业知识,是内容知识、特定技能、专业知识和素养的混合,共计3大类11项指标。

1.学习与创新技能

其中包括:(1)创造力与创新;(2)批判思维和问题解决;(3)交流沟通与合作。这些关键性的技能不仅运用于人们的创造性学习中,更使个体在创新创业过程中受益终身。

---

[1] 陈艳,雷育胜,曹然然.大学生创业素质调查与思考[J].高教探索,2006(4):82.

2. 信息、媒体与技术技能

包括：（1）信息素养，是指人们如何高效地获取信息，批判性地分析信息以及创造性地运用信息等素养；（2）媒体素养，是指人们掌握运用各类介质（如出版物、音频、视频、网站等）传送信息的技能，为某种特定信息介质量身设计的技能以及利用媒体信息影响和说服他人的技能；（3）信息交流和科技素养，侧重信息技术整合和运用的技能①。

3. 生活与职业技能

包括：（1）主动性和自我规划，是指个体应锻炼自我规划、调适能力和主动精神，学会自主学习的技能；（2）灵活性和适应性，是指个体能够适应来自不同方面的压力和阻力，具备足够强大的心理韧性；（3）社交和跨文化素养，是指个体要充分理解和包容不同文化、社会、种族的背景差异，这有助于帮助个体或团队提出更有创意的思想和解决问题的方案；（4）创作与责任，是指个体按时保质保量地完成工作任务，展现出勤奋而积极的工作态度；（5）领导与负责，是指个体能够影响和引导他人朝着既定的目标努力，发挥他人之长，实现共同目标，行动富有责任心，铭记社会的总体利益②。

在21世纪，对于成功的成年人而言，只具备传统的读写算基本素养（3Rs）已经不能适应社会变迁的需要，掌握读写算只是"一个必要但不充分的条件"，21世纪要求教育目标改造升级，为此，在美国P21框架的基础上，把这十一项指标聚焦为四项，即创新能力、批判性思维、合作能力、交流能力，

---

① 桑国元. 国外21世纪学生发展核心素养的讨论及启示[J]. 教育科学研究，2016（10）.
② 林崇德. 21世纪学生发展核心素养研究[M]. 北京：北京师范大学出版社，2016：79.

统称为"超级核心素养"(4Cs)。与传统的"3Rs"相对应,"4Cs"能力是一种高阶能力,被认为是"最重要的21世纪素养"[1]。P21框架认为,"4Cs"能力中,批判性思维是核心。创新离不开批判性思维,良好的批判性思维能够提升沟通与合作的效率,有助于实现更高质量的创新。

(二)美国北中部地区教育实验室框架(简称NCREL21)

历时两年,由美国北方中央教育实验室(North Central Regional Educational Laboratory,简称NCREL)和Metiri集团的九位专家共同主持,运用调查问卷、随机访谈、问卷、文献调研与综合分析等研究方法,于2003年公布了《面向21世纪学习者的21世纪能力:数字时代的基本素养》报告。该报告指出,21世纪的素养是年青一代在21世纪得以生存,并获得更好发展的必备素养。它提出的21世纪能力框架包括四大类型:基本素养、创新思维、有效沟通和高效工作,共计22个指标体系(如图1-2),是当今学习者必须掌握的。[2]

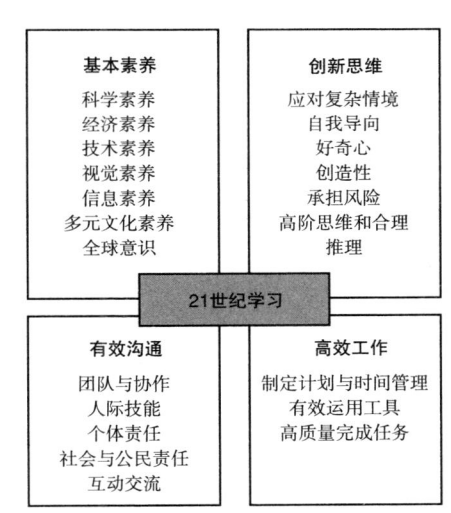

图1-2 NCREL21提出的21世纪能力框架

---

① The Partnership for 21st Century Skills.Framework for 21st Century Learning (2015)[Z]. http://www.p21.org/about-us/p21-framework.
② 桑国元.国外21世纪学生发展核心素养的讨论及启示[J].教育科学研究,2016(12):63.

五、以色列的创业精神

除美国之外,以色列是在纳斯达克拥有最多上市公司的国家。拥有"创业的国度""第二硅谷"美誉的以色列,以其良好的创业生态系统享誉全球。有数据显示,10%以上的本科生和30%以上的以色列的研究生拥有自己的公司,而在这个国家的初创企业中,有五千多家公司是由高校毕业生创办的[1]。

在以色列,一个年轻人开办了新创公司,不是因为他没有就业机会,而是因为这是一种标准的职业选择。这种职业选择会得到家庭的支持,也会得到社会的认可。尽管能成功的创业者是少数,但年轻人努力尝试创业的精神力量不可低估。这种创业精神,按照来自东欧的说法,被称为"Chutzpa"精神[2],即有胆量、激进、敢作敢为。这种不受传统纪律的约束,对世界充满好奇、不墨守成规、有合作精神和团队精神,都源于以色列创业创新的文化氛围。创业创新不仅体现在一个个创业的主角、创新的实践者身上,成千上万的创业者将这种精神融入血液中,成为以色列人的精神,亦成为这个国家的一种精神。这种独特的创业文化是其成为创业国的关键因素。

犹太人世代的压迫与屈辱感驱使得以色列养成了奋发和团结的习惯,同时也把追求卓越融入骨血。凡事就要做好,做事就要做强。长期以来,以色列拥有非常好的创新创业文化[3]:(1)希望成为自己的老板,掌握自己的命运;(2)不会羞于谈论个人的差异,会说犯错是可以被原谅的,在商业方面的失败是可

---

[1] 姜言东. 三维透视以色列创新创业教育[N]. 中国教育报,2017-09-22(5).
[2] 雷斯和平创新中心国际事务负责人、以色列原总统高级政策顾问 Nadav Tamir. 以色列如何成为创业国家[J]. 软件和集成电路,2019(12):40.
[3] Hanan Terkel. 创业国度以色列的创新哲学[J]. 纺织科学研究,2018(9):15.

以获得补偿的，是可以东山再起的；（3）非常鼓励人们去冒险，因为失败是一个非常有价值的学习经验；（4）非常鼓励并且激发创新，鼓励人们去表达，去把新理念转变为产品；（5）不注重形式，大部分行动都是非常直接开门见山的，因为开诚布公地讨论非常重要；（6）关注实际行动，很擅长于临机应变，会跳出思维桎梏，能够灵活地修订规则；（7）对真理永远追求，对能力永远追求；（8）"在整个人生中坚持学习""与一切有知识的人交朋友，也可以从朋友那里学习知识"。以色列也是公认的人均读书量较多的国家之一，每年平均每人要读十几本书。在以色列的海边、公园、公交车、咖啡厅等地方，随处可见读书的人。这种文化特质不断促进和启发创新，同时，这样的文化又与创新创业不断融合，形成了以色列独特的创新创业生态环境。

以色列布劳德工程学院校长阿利·马哈沙克在一次专访中也谈到了以色列大学创业教育中对创业素养的理解。

问：贵校认为什么样的人才是符合未来社会需要的？需要具备什么能力和素质？

阿利·马哈沙克：符合未来社会需要的人才应当是开放的、能理解国内外社会需求、能意识到特定发展趋势、能认识到工作环境是在不断变化的、保持终身学习、善于表达与沟通、拥有团队合作精神与能力、能有效应对失败的人。

首先，我认为终身学习的能力十分重要，即"活到老，学到老"。未来社会，技术的革新将会越来越快，因此，即使从学校毕业后，一个人也需要有意识、有能力继续学习。其次，一个人必须有能力在团队中工作。当今社会，一个"爱因斯坦式的天才"（Einstein-like genius）不会独自在"黑暗的房间"

（dark room）里工作，团队合作至关重要。再次，未来人才必须掌握有效的表达和沟通技巧，要能流畅地运用不同的语言表达自身想法并参与沟通——雄辩是关键。最后，同样重要的是，我们接受失败。我们相信，有时候为了成功，为了从错误中吸取教训，需要允许失败存在，失败是生活中常见的组成部分[①]。

六、澳大利亚的《墨尔本宣言》

澳大利亚在经合组织国家中创新商业活动占比位列第五。较其他国家来说，澳大利亚的创业率及创业热情更高。澳大利亚工业、创新与科学部（Department of Industry, Innovation and Science）首席经济学家马克·库利（Mark Cully）发布的《2017年澳大利亚创新系统报告》（Australian Innovation System Report 2017）指出，过去的一年，澳大利亚的创新驱动型企业占到企业总数的近一半，这类企业直接将整个国家的年生产率提高了4%，220万人，约占总人口的14.6%参与到了创新创业的活动中。可以说，创新创业的理念已经深深地根植于澳大利亚的社会土壤中。这在很大程度上得益于《墨尔本宣言》的颁布[②]。

为了应对21世纪出现的新挑战，追求卓越和教育机会平等，澳大利亚联邦政府于2008年签署了《墨尔本宣言》（Melbourne Declaration on Educational Goals for Young Australians），宣言指出："要促进教育公平和卓越，让所有的澳大利亚青少年都成为成功的学习者、自信和有创造力的个体、积极和明智的

---

① 吕伊雯，孙良红. 产教融合深化创新型工程人才培养——访以色列布劳德工程学院校长阿利·马哈沙克 [J]. 世界教育信息，2019（32）：2.

② 欧吉祥，赵娜. 澳大利亚高校创新创业教育孵化机制探究——以悉尼大学为例 [J]. 世界教育信息，2020（9）：64-69.

公民。"[①]作为澳大利亚国家第三份重要的国家教育目标宣言，它为澳大利亚描绘所需要的人才形象以及学校教育的目标：培养青少年成为成功的学习者、自信和有创造力的个体和积极明智的公民，并以"促进教育的公平与卓越"为导向，为澳大利亚未来教育的发展提供了战略性的思路和发展方向。2008年《墨尔本宣言》颁布之后，澳大利亚才真正着手进行基于核心素养的培养，明确提出将核心素养融入国家课程标准中。它强调了知识、技能和理解在具体学习领域、通用能力和跨学科主题中的重要性，将它们视为设计并支持21世纪学习的课程基础。其中读写能力、计算能力、信息通信与科技能力（ICT技能）、批判和创新思考能力、个人与社会能力、理解道德伦理的能力、跨文化理解力等七项"通用能力"[②]，即为学界目前所熟知并广泛讨论的核心素养，是"可用于大量不同职业的技能"[③]。在他们看来，成功的学习者、自信和富有创造力的个体以及积极明智的公民应具备以下几方面的素养：

1.个人层面，充分发挥个人潜能：能够积极自主学习，具备自我发展学习的能力，具备读写算的能力以及运用信息通信和科技的能力，是一个成功的学习者在其他学习领域中获得成功的基石；拥有批判性思维的能力，能够开展跨学科、跨领域的学习，创造性地解决各类问题；可以独立自主地设计活动并进行团队的合作交流；能够理解自身与所处的世界的关系，能思考事情发生变化

[①] 胡娟娟，宗权.世界各国开发核心素养框架的路径[J].辽宁教育，2019（10）：88.
[②] General capabilities information sheet[Z]. [2018-07-26]. https://docs.acara.edu.au/resources/General_Capabilities_2011.pdf.
[③] Kearns P. Generic Skills for the New Economy: Review of Research[M]. National Centre for Vocational Education Research, 2001：82.

的原委并快速适应；这些能力素养为终身学习、继续教育、培训就业等取得成功打下基础。

2. 品质层面，自信且富有创造力的个体：需要有自我意识、自我价值和个体认同感，善于进行自我情绪、精神和身体健康的管理；对生活和未来充满乐观；具有进取心和创造性，并且能够利用自己的创新能力；发展诸如诚实、适应力、同情心、尊重他人等个人价值与特质；具备建立并维持个人健康和满意生活的知识、技能、理解和价值观；具备信心和能力，用以取得文凭，获得有价值、有成效的就业机会；建立和维持健康的人际交往关系；能够担任未来家庭、社会和工作中的相关角色；利用机会，合理规划自己的生活并对自己的行为负责。

3. 社会层面，积极明智的公民：能够以社会道德和伦理准则作为个人的行动指南；体会并领悟澳大利亚纷繁多样的社会、文化、语言和宗教；悦纳本土文化的价值；具备公平民主公正的价值观；做有责任意识的本土和世界公民[①]。

从以上梳理来看，《墨尔本宣言》建立在借鉴国际研究成果的基础上，立足于本土实际，重视研究和发展人的通用能力，构建符合澳大利亚教育现实和未来发展需要的能力框架。

七、日本的"21世纪型能力"

日本以"教育立国"著称，20世纪90年代初日本泡沫经济崩溃后，长期的经济萧条迫使日本寻求产业结构的调整，不断促进科技进步，以创业活动推动

---

① 许营营. 澳大利亚"核心素养"的发展历程及培育路径 [D]. 上海：华东师范大学，2020：54.

新兴产业的形成与发展。

日本内阁府、厚生劳动省、经济产业省和文部科学省根据各自所需人才的规格与要求，在调查研究的基础上，分别提出了"完整的人素养""职业素养""公民素养"和"大学生素养"的培养目标，并从"知识素养""社会与人际关系素养"和"自我管理素养"三个维度来设计人才培育的指标体系，为之后以能力为目标的核心素养的建构打下了坚实的基础。[①]

2009年，日本国立教育政策研究所组织了近百人的研究团队，启动了"教育课程编制基础研究"项目。在结合时代变迁、借鉴国外研究经验和考虑本国实情的基础上，历经数年的研究，于2013年向社会公布了以《培养适应社会变化的素质与能力的教育课程编制的基本原理》为题的研究报告，提出了日本的"21世纪型能力"，它包含基础能力、思维能力、实践能力等"核心素养"，更加注重适应性、协调合作、社会参与、灵活创新、解决问题等能力的培养[②]。

"21世纪型能力"框架，从以"生存能力"为核心向以"思考力"为核心转变，由基础力、思考力和实践力"三力"构成。"三力"关联程度很高，若用三个圆来分别表示的话，则是大圆套小圆，层层重叠，如图1-3所示[③]。

在模型中，思考力居于核心地位。每个人在自主学习和自我判断的过程中，形成自己的想法，并通过与他人交流沟通，比较、分析并整合自己的想法，形成

[①] 林崇德.21世纪学生发展核心素养研究[M].北京：北京师范大学出版社，2016：99-102.
[②] 林崇德.21世纪学生发展核心素养研究[M].北京：北京师范大学出版社，2016：99-102.
[③] 罗朝猛.日本如何将"核心素养"培育落地[J].中国教师，2017（9）：89.

更好的见解，创造新的知识和思维，进而发现下一个问题。这种能力即为思考力，它由发现与解决问题的能力、创造力、逻辑思维能力、批判性思维能力，元认知、学习适应力构成。

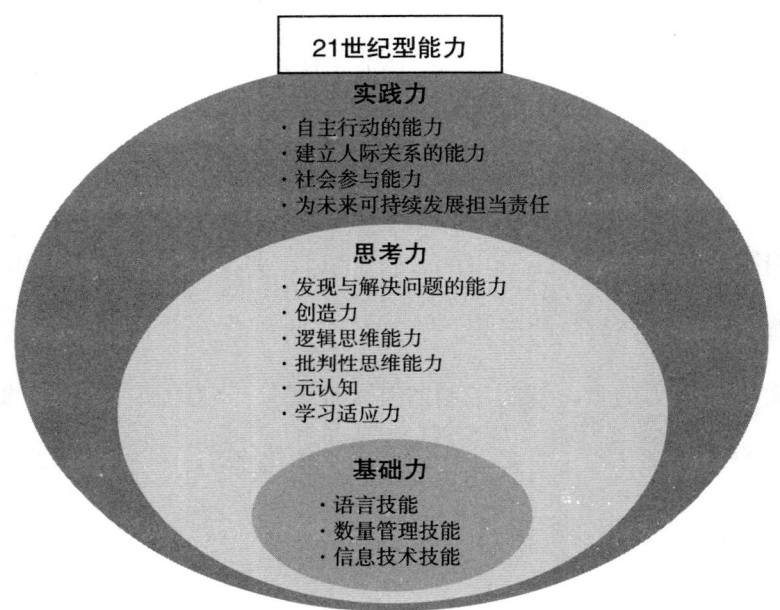

图1-3　日本的"21世纪型能力"模型

支撑"思考力"的是"基础力"。"基础力"是个体通过熟练运用语言、数学、信息通信和科学技术等来实现目标的能力。基础力由听说读写的语言技能、有效利用数学信息的数量技能、通过计算机有效运用信息的信息技能构成。

最外侧的是"实践力"，是个体在日常生活、学习工作及社会和环境中发现问题，运用自己掌握的知识和技能，寻求对自己、对团体和社会有价值的解决办法，将解决办法与他人共同协商合作以解决问题，并通过这种方式认识到他人、社会及合作的重要性的能力。"实践力"涵盖调整自主行动和自主选择生活方式的生涯规划能力，与他人进行有效沟通的能力，与他人共同参与构建社会的能力，还包括伦理道德意识和公民责任感等①。

八、国际化视野对中国大学生创业素养的启示

2014年3月27日，习近平总书记在联合国教科文组织总部发表了《文明交流互鉴是推动人类文明进步和世界和平发展的重要动力》的著名演讲。时隔5年，2019年第9期《求是》杂志全文刊发了这篇演讲。习近平总书记在演讲中指出，文明因交流而多彩，文明因互鉴而丰富。文明交流互鉴，是推动人类文明进步和世界和平发展的重要动力。习近平总书记的讲话，深刻论证了文明交流互鉴对于世界和平发展的重要性，明确指出了以文明交流互鉴筑牢情感纽带，共同构建人类命运共同体，发展科学事业、教育事业、文化事业，我们才能期待更富内涵的精神生活、更加合作共赢的和平发展远景。我们认为，作为文明进步的一部分，创新创业教育、创业素养的培育与研究也同样如此。检视上述世界各国有关创业素养的框架体系和理论研究，我们认为从国际化视野来观照中国大学生创业素养，其具有的启示和借鉴意义是多方面的。

第一，在理念目标方面，上述发达国家和地区一般都将创业视为一项终身学习的过程，认为创业教育不仅为了就业，创业素养的培育也不仅是为了提高就业创业能力，更重要的是培育个体的创业意识与创业精神；认为创业教育以及创业素养的培育不应当过于追求眼前的现实功利，而应该着眼于创业者的长远发展与人生理想的实现，因此，创业教育在发达国家本质上是一种素质教育，属于终身

---

① 罗朝猛.21世纪型能力："核心素养"的日本表达[J].教书育人，2017（8）：37.

教育的范畴。

第二，从研究动机来看，尽管上述发达国家和地区有关创业素养理论框架不尽相同，有的比较全面，几乎把所有的素养因素都囊括在内；有的比较聚焦，只涉及一些关键的、核心的素养，但几乎都毫无例外地显示出了高度的时代性与前瞻性，反映了社会经济与科技发展的最新要求，具体表现在一般都强调创新与创造力、信息素养、国际视野、沟通与交流、团队合作、社会参与及社会贡献、自我规划与管理等素养要素。

第三，在创业素养研究问题上，上述发达国家一般都强调创业素养所具有的深刻的社会内涵与社会价值，认为要能够跳出教育看创业素养，把创业素养放在整个社会变迁和社会转型的大背景下思考其必要性、可能性和操作性，进而把创业素养与国家现代化、人的现代化、全球化时代的国民性改造等重大主题一体化研究和探索，并以此反映国家现代化和人的现代化的需要，进一步促进国民素质的整体提升。

第四，鉴于创业是政治、经济、文化、科技等多种因素共同作用的结果，上述发达国家和地区一般都强调要从本国实际出发开展创业教育，对于创业素养的研究也要依据不同国家和地区的不同经济社会发展水平，具体情况具体分析；要根据国家和地区的特点来确定创业素养的内容结构，以充分体现个体和社会发展的实际需要，有效促进个体成功生活和社会和谐发展。

第五，在充分体现自身特色以及"自身立场"的主体性表达的同时，上述发达国家和地区也设定了实施创业教育、确立创业素养框架的一般出发点和落脚点，即创业素养的内涵与外延要充分反映创新、理性、民主、合作、自主等现代精神，要积极回应 21 世纪人才素质及经济社会发展所面临的严峻挑战，要充分发挥创业教育以及创业素养提升所富有的特殊社会作用和功能，全力支持 21 世纪人类社会健康可持续发展。

上述五点结论，是国际化视野对中国大学生创业素养研究的宝贵启示，对于我们进一步深刻理解大学生创业素养的内涵具有重要意义。

第二节 传统文化视角看创业素养

中华民族源远流长，传统文化璀璨绵长。中华优秀传统文化是习近平新时代中国特色社会主义思想的重要源泉。"实现中国梦必须从中华优秀传统文化中获取精神滋养""培育和弘扬社会主义核心价值观必须立足中华优秀传统文化"。文化由人创造，同时文化也在影响塑造人。"优秀传统文化丰富的哲学思想、人文精神、教化思想、道德理念等，可以为人们认识和改造世界提供有益启迪。"[1]数千年以来，在中华民族发展史中所形成的民族精神以及具有重要价值的思想文化，都深深地影响着人们的思维模式、价值理念、伦理规范、行为方式。而在"大众创业、万众创新"的新时代，无论是"创新精神""创业理念"，还是创业者的创业素养，体现在他（们）的行为特征、思维方式、价值理念及人格品质等方面，在中国传统文化中都有着大量的理论依据。可以说，创业的精神本质就是中华优秀传统文化核心思想和精髓的当代体现。

一、中国传统文化思想对创新创业精神的阐释

我国传统文化思想以儒、释、道为主流。虽然在传统社会中受到"重仕轻

---

[1] 习近平.在纪念孔子诞辰 2565 周年国际学术研讨会上的讲话[Z]. http://news.xinhuanet.com/politics/2014-09/24/c_1112612018.htm.

商"等观念的影响,严重制约了商业的发展和人们的创业意识,但以儒家思想为代表的传统文化,重视"仁、义、礼、智、信",讲求仁爱、注重民本、恪守诚信、崇尚正义、奉行和合、追求大同,其精髓凝练出的关于人生观、价值观和世界观的基本观点,对创新精神的构建、创业文化的夯实、创业素养的培育具有积极的意义。

(一)"以人为本,天下大同"的社会理想

"以人为本"思想在我国有着深厚的历史底蕴和坚实的社会基础。中国传统的人本思想强调人贵于物,"天地万物,唯人为贵"。《周易·咸卦》提出"圣人感人心而天下和平"思想。而春秋战国时期齐国的政治家管仲最早提出了"以人为本"思想:"夫霸王之所始也,以人为本。本理则国固,本乱则国危"。《书经》中也有"民为邦本,本固邦宁"这样的经典名言流传于世。而在我国古代,"以民为本"和"以人为本"这两种思想的内在精神是相通的。它是我国儒家的核心价值观之一。孟子曰:"民为贵,社稷次之,君为轻","天下之本在国,国之本在家,家之本在身",并得出"得其民,斯得天下矣"的结论,倡导在国家治理中运用以人为本的思想。唐太宗李世民吸取隋朝灭亡历史教训,十分欣赏荀子和魏徵提出的"水能载舟,亦能覆舟"的观点,由此可见人本思想的重要性。

"大道之行也,天下为公,……是故谋闭而不兴、盗窃乱贼而不作、故外户而不闭,是谓大同",这是《礼记·礼运》开篇的一段话:天下为公,选贤治国,老有所养、壮有所用、幼有所长、路不拾遗、夜不闭户,一切不和谐的因素都不存在。这样的"大同社会"的美好愿景,要创立一个高度有序、有科学组织地进行创造和发展的社会,它倡导人与人、人与自然、人与社会的和谐相处。同理,"大同社会"也是创业者在创业过程中理应追求的最高层次,它可以使创业者摒弃重显性价值、轻隐性价值以及重自我、轻社会的弊端,能够以"以天下为己任"的使命和责任进行创业,将创业重担与社会进步、国家发展紧密相连。

(二)"崇德仁爱、和合共生"的协同精神

"仁"是中国"和"文化的重要基础,"仁"的思想是中国传统道德的核心,它提出人与人之间应该相互友善、包容同情。儒家倡导"仁爱",孔子主张要以"仁"来维系人的正当行为,否则一个人即使得到了智慧,也会因为不仁而最终失去;孟子主张遵守仁义,否则会走向自作孽的可悲下场;道家也主张仁爱,认为人如果违背自然就会失去仁,将导致社会混乱。"己所不欲,勿施于人"是仁的含义的消极性表达,要求人们不能只想着自己,只计较自己的得失,要多考虑对方的感受,学会换位思考,做事为人为己;"己欲立而立人、己欲达而达人",是仁的含义的积极性表达,它要求人们之间相互促进、相互成全、互利共赢。崇德仁爱的思想基础,可以有效促进包括创业行为在内的市场经济活动的和谐与稳定。

以仁为基础,中国传统文化还特别强调和谐。儒家强调"万物一体",《国语·郑语》提出的"夫和实生物,同则不继""和而不流"思想,孔子提出的"君子和而不同,小人同而不和""和者,天下之达道也""礼之用,和为贵"等思想,孟子提出的"天时不如地利,地利不如人和"的思想,都强调要在群体和社会秩序中塑造人和。"和"的主张,是要在人与自然、人与人以及人自我身心内外等多个层面做到和谐,它以自然界和社会发展的客观规律为基础,坚守中正时,"允执其中",不偏不倚、恰到好处。这充分体现了儒家文化的尊重差异、包容不同、团结合作，而并非不讲原则的苟合。和合共生的协同精神也是创新创业精神的必然要求。

（三）"诚实守信、重义轻利"的道德范式

"诚"，是指真实。"信"，是指诚实，不欺骗。中国传统文化崇尚"至诚"，即尊重事物的本来状况，强调诚信的重要意义和作用。儒家向来主张以信立国、以诚立人，国家和公民都要有诚信，"民无信不立"。而墨家则强调要言而有信，道家强调要充分尊重事物的客观状况、谨言守信、量力而行。由此可见，在百家争鸣的时代，就已经达成诚信的基本内核：诚实无欺，言行一致。

与此同时，儒家强调"义"和"信"。"天下熙熙皆为利来，天下攘攘皆为利往"，天下之人大抵都为了各自的利益而奔波，但在儒家思想中，要求人们以义为本，先义后利。孔子强调君子要"见利思义""义然后取""不义而富贵，于我如浮云"……"君子喻于义，小人喻于利"，君子注重道义，而小人却只看到利益。孟子提出"重义轻利"的思想，这些都深深地影响着每个人。在我国传统文化中，"重义轻利、见利思义"是君子必备的品德之一，当二者不可得兼时，应做到"舍生取义"。这并不意味着要完全摒弃"利"，"君子爱财，取之有道"，对"利"的追求强调"有道"，"利"始终从属于"义"。重义轻利的道德范式直接成为以儒商文化为代表的中国传统创业精神与创业活动的源头活水。

（四）"兴利除弊、革故鼎新"的创新意识

创新是一个民族进步的灵魂。中华优秀传统文化中向来不缺少"兴利除弊、革故鼎新"的创新意识和人物。从远古时期的神话故事开始，就记载了我们的先民如何细致观察自然，激发兴趣，大胆想象，勇于实践，不断创新的过程。燧人

氏看到鹗鸟以喙啄树，燥燃火出，尝试钻木取火，掌握了火的用法（《路史·发挥一》注引《拾遗记》）。伏羲"仰测观象于天，俯测观法于地，观鸟兽之文与地之宜，近取诸身，远取诸物"，根据天地间阴阳变化之理，创制了八卦。他还模仿自然界中的蜘蛛结网而制成渔网，用于捕鱼打猎。《周易·革卦·象传》中讲道："天地革而四时成，汤武革命，顺乎天而应乎人"[①]。中国历史长河中数不胜数的变法、革新、改良和革命，无不体现了中华儿女"苟日新、日日新、又日新"的创新意识和进取精神。

(五)"克己复礼、兼济天下"的人格品质

中国传统文化极其关注自我修养和个人品格，正所谓"静以修身，俭以养德，非淡泊无以明志，非宁静无以致远"。而对内能够克己复礼，对外能够兼济天下的"内圣外王"准则则是儒家所倡导的最高的理想人格。虽然"内圣外王"最早在道家文献中提出，但儒家思想将其发扬光大，成为一贯奉行的人格理想和经世路向。所谓内圣，就是加强自我修养，崇尚圣贤气象，践行君子人格，潜心修身养德，努力做一个有德行的人；所谓外王，就是要或经世济民，或治国理政，要做出一番政绩，做一个有事功的人。这就是人们常说的"达则兼济天下，穷则独善其身"，要"修身、齐家、治国、平天下"，这些都已深深烙印在中国知识分子的人格血脉中，也成为市场经济活动中市场主体的价值追求。

(六)"慎独好学、守己律物"的修身之道

中国传统思想的修身包括立志、好学、自省、改过、力行。立志，孔子特

[①] 王长恒.中国传统文化精神与大学生创业精神的培育[J].河北理工大学学报（社会科学版），2010（10）：81-83.

别注重树立志向和锻炼意志。立志就是人要在思想深处确立人生目标，在成长过程中确立远大理想，以此让自己明确努力的方向，不断促使个人前进，以充分发挥个人的主观能动性。好学，孔子认为，自我修养不是一朝一夕的事，活到老、学到老、修养到老，它需要持之以恒。"知之者不如好之者，好之者不如乐之者"。孔子主张"多闻"和"多见"，强调学习对修养的意义。自省，孔子曰，"见贤思齐焉，见不贤而内自省也"，他很重视自省在提升自我修养中的作用。《论语》中曾子曰："吾日三省吾身：为人谋而不忠乎？与朋友交而不信乎？传不习乎？"更是成为许多中国人人格完善的一部分。改过，孔子提出了要正确对待过失和改过的关系。他认为，人无完人，而且每个人身上都有自己的优点和缺点。人要敢于正视自己的缺点，并有勇气改正它。力行，孔子非常强调道德实践，君子欲讷于言而敏于行，践履躬行。

二、中国传统商人的创业素养分析

中国传统商业发轫于先秦时期，此后中国商人正式登上历史舞台。《诗经·卫风》中"氓之蚩蚩、抱布贸丝"的小商人，起初游乡收丝，本小利薄，被称为地位低贱的"氓"，只得借贸丝之机求娶新娘。多年后，他毁弃信誓，抛弃糟糠之妻，只因其工于算计，经营致富后，一跃而入了社会地位较高的"士"之行列。这是在早期的文学作品中出现的传统商人形象。而《左传》也记载了郑国商人弦高大公无私，为国家利益而捐尽万贯家财，使郑国免遭战乱的故事。

继秦朝之后，西汉是中国历史上又一个稳定的大一统时代，两百多年的政治上的统一为其商业发展提供了良好的条件。虽然司马迁在《史记》中专门为商人立传——《货殖列传》，列举了范蠡、白圭、子贡等春秋战国时期著名商人的事迹，也出现了商业专论类书籍《平准书》，但西汉时期"重农抑商"的思想主张完成了它向国家政策的转化后，成为封建社会的主流国策。自此后，传统"四民社会"结构中，商人被压抑在社会的最底层。春秋战国时期商业和商人的蓬勃之势，逐渐暗淡下来。

商人阶层的再度勃兴，要等到数千年后中国社会另一个重要的转型期——明清之际，才得以呈现比较大的变化。当时，中国正在经历前所未有的经济模式的变更、社会文化的革新、科技端倪的初现，商品行业繁杂和数量增多，商人队伍日渐壮大，商品经济的发展使得商人的地位逐渐提升，得到肯定和认可，他们利用天然的乡村、宗族关系联系起来，互相支持，和衷共济，形成了规模庞大的"十大"商帮[1]，其中以中国金融界的执牛耳者——晋商和占据中国盐业的龙头地位的徽商为代表。

"晋商义、徽商诚"。在儒家思想的耳濡目染下，在重商主义精神的浸染下，中国传统商人在创造了商业市场繁荣的同时，强化"信义至上"的理念，遵从"利"从"义"生的规范、突出崇礼、重教、讲义、勤俭、自持、守信、刚毅等品格，彰显"持筹握算、善亿屡中"的个人经商才能。他们大多饱读诗书，有着较高的文化素养，贾而好儒，贾服儒行，把传统文化尤其是儒家文化观念渗透到各自的经营活动中，从而形成了独特的经营理念和行为风范，逐渐形成了以儒家思想为经商准则的"儒商"形象[2]。

---

[1] 十大商帮：山西商帮（晋商）、陕西商帮（秦商）、徽州商帮（徽商）、龙游商帮（浙商）、宁波商帮（浙商）、洞庭商帮、江右商帮、福建商帮（闽商）、广东商帮（粤商）、山东商帮（鲁商）等。

[2] 徐嘉. 儒商文化研究的重大成果——《契合与升华——传统儒商精神和现代中国市场理性的建构》评介[J]. 道德与文明，1999（6）：44.

(一) 不惧艰难、自强不息的创业意志

《孟子·告子下》中说,"故天将降大任于是人也,必先苦其心志,劳其筋骨,饿其体肤,空乏其心,行拂乱其所为,所以动心忍性,曾益其所不能"。用这段耳熟能详的古语来形容传统商人行商的艰苦卓绝与百炼成钢的决心,是再合适不过了。

"商路达万里之遥,款项汇通天下之广"。山西受地理条件的限制,山多地少、土贫民穷、天寒风烈,这样的生存环境逼着三晋人背井离乡,出门讨生活,踏上了从商之路,同时也铸就了山西人吃苦耐劳、坚韧不拔的品质。晋商从明朝初期发迹到民国初年没落,跨越数百年,他们以晋冀为枢纽,开辟了南起福建武夷山、北跨长城,穿越蒙古戈壁滩,经西伯利亚去往欧洲的商贸之路。他们既为行商,又当坐贾,分店遍布全国,远达欧洲,占据了全国商业魁首地位。像祁县乔家祖先乔贵发,是个孤儿,因生活所迫走上了拉骆驼、走西口的道路,经过几年艰苦生活的磨炼,积攒了一点儿本钱开了豆腐坊以后,开始了做买卖的生涯,从现货交易丝绸、布匹、杂货、粮、油到农产品的期货交易,从商品买卖到存放款的"银钱买卖",靠着自强不息的精神,战胜了常人难以忍受的艰难困苦,最后终于成为富甲一方的首富。

这种精神同样也体现在晋商的修身为人中。晋商各家都有严格的家规、号规,它的严苛程度令其他商帮商人自惭形秽。乔致庸自接手家业之后便立下了严格的二十条店规,乔家所有员工,包括东家本人必须戒五毒,戒懒、戒骄、戒贪,而最后的压轴条款,"任何时候不得与任何相与商家争做霸盘",更被视为商规中的典范。遵循着这些严苛的规条，大多数晋商在艰险的经商生涯中保有一份坚定的信念，在瞬息万变的经商市场中稳扎稳打，并最终在内忧外患之下引领中国金融业走向辉煌。

古谚说"前世不修，生在徽州。十三四岁，往外一丢"。徽州在明清时期是个穷山恶水的地方，八山一水一分田，自然条件十分恶劣。徽州人没有怨天怨地，穷则思变、奋发进取，为了改变自己的生活，毅然走出深山，闯荡四海，不畏艰险、拼搏进取、勇于创业，走上了行商的道路。徽商，同样在明朝时期迅速崛起，在清朝乾隆、嘉庆年间达到顶峰，到清朝末年逐渐衰微，纵横商界四百余年。鼎盛时期的徽商汇聚了巨额的社会财富，"对我国封建社会后期商品经济的发展，市镇的兴起，商品市场的转型，资本主义因素的萌生，以及徽州得以'富甲江南'都起着较大的作用"[①]。

经商不易，商人要能吃得下千般万般的辛苦，非常人所能理解与忍受。出生于安徽绩溪的胡适先生曾经把徽商百折不挠的创业精神誉为"徽骆驼精神"。王致和在开始创业的时候，每天靠自己肩挑担扛、走大街串小巷，寒暑不间断，最终成就大业。安徽婺源商人李祖记在贩运木料时，看到一丁点儿的竹头木梢都收集起来，积少成多，加以利用，最终发家致富。富裕之后，他依然每天粗茶淡饭，一件布衣衫穿了十几年，一双云履只有在会见客人时才拿出来穿。黟县西递人胡贯三把自己的商贸物流店铺开在江西九江、景德镇、安徽休宁等地区，但每次他去江西时，也只带200文钱、一包锅巴和一把雨伞。路途上遇到茶亭歇息，

---

① 许太梅，汤太祥. 弘扬徽商精神视阈下提升大学生"双创"素养的路径 [J]. 天津中德应用技术大学学报，2020（3）：71.

就花一文钱买水就着锅巴来充饥解渴。生存的巨大压力磨砺出徽州商人勤俭节约、吃苦耐劳的品性。

(二) 重诚守信、笃实不欺的为商品质

"始于诚、止于信",中国传统商人在接受儒家思想教育的基础上,又受到世代相传的道德标准和价值体系的深刻影响,一直把诚信作为一个重要的商业道德。他们坚信的是"德是根本,财是末端",在经商过程或人际交往中,常常把追求利益的行为与儒家的"道"联系在一起,从仁义道德出发,追求正当的商业利润。

诚实待人、珍视商誉是大多数晋商的一贯主张。他们以诚信为经营处事的准则,以做"善贾""良贾"为荣,他们把商业信誉看得高于一切,认为只有做到诚信不欺,经商才能长久,才能制胜。在销售商品过程中,做到足斤足两,货真价实,童叟无欺。如发现货质低劣,宁肯赔钱,也绝不抛售。孟县商人张静轩说:"(经商)结交务存吃亏心,酬酢务存退让心,日用务存节俭心,操持务存含忍心。愿使人鄙我疾,勿使人防我诈也。……前人之愚,断非后人之智所可及,忠厚留有余。"坊间也流传下许多谚语,"售货无诀窍,信誉第一条","宁叫赔折腰,不让客吃亏"。1900年,八国联军侵华,北京城沦陷,周边局势混乱,山西部分票号的现银被洗劫一空,账簿被毁或丢失,损失非常惨重。但凡在票号有存款的外逃商人或居民,持券到上海、西安、太原、汉口等地的山西票号提现,一律给予兑取,分厘不差。由此可见,无论发生什么,晋商对待顾客和商家,都能做到以诚相待。他们深知,只有讲信用,重承诺,人们才愿意长期和他们做生意。

凡事以道德信誉为根本,晋商在对待相与(即同行与合作伙伴)时也非常注重诚信，有时明知无利可图，也不中途绝交。遇到对方因经营不善而倒闭，也不去苛责，而是泰然处之。如果祖辈经商因遇险而导致破产，但若干年后子孙从商发迹，他们也会主动代祖辈偿还陈债。梁启超曾评论道："晋商笃守信用。"由此可见，恪守诚信是晋商由小到大、走向成功的重要原因之一。在经商过程中尤其看重"忠""信"二字，依道营商，依义行事，诚信为本，仁心济世，践行着"肩挑诚信走天下"的诺言，坚决不做违背良心的事情。徽州当地现存的许多楹联可以予以做证，如"秤平斗满，童叟无欺""名正言顺，买卖不诈"，这都表明徽商经商非常讲究诚信。

休宁商人吴鹏翔到四川购买胡椒，到交货付款清点货物时发现收购而来的是一批有毒的胡椒。前来送货的货主苦苦央求，希望吴鹏翔不要声张，为了防止这批货物流入他人之手，转而危害购买的百姓，便花重金将其全部收购，且一把火烧了。黟县商人胡荣命经商五十载，功成身退，晚年衣锦还乡，有人想要花重金购买他的店名招牌，他想都没想就断然拒绝了。他说："如果你是诚信经营的商家，何须要用我的店名？如若你不诚信经营，店名给了你，那不就砸了我的招牌？还是就不要连累我的店名好了。"晚清巨商胡雪岩的"胡庆余堂"门庭上有一方硕大的匾额"戒欺"，这也是胡雪岩及其后几代人经商的家训。据说，为制作急救药"紫雪丹"，胡庆余堂不惜消耗百克金、千克银来锻造银锅金铲，以保证制药器具的纯真纯正，从而确保药品的质量和效果。当时就有人说他傻，但胡雪岩的理念则是"药业关系性命，尤为万不可欺"。

（三）以义取利、重义轻利的经商理念

"诚招天下客，义纳八方财"，正是晋商义利观内在精神的体现。在处理义与利的关系上，晋商是成功的楷模，被誉为"轻财尚义，业商而无市井之气"。晋商在精神支柱上崇奉关公。他们以关公的"义"来团结同人，摒弃"见利忘义"的不良动机；以关公的"信"来取信于社会，取信于顾主，摒弃欺诈、伪劣等行为；坚持财自道生，以义取利、德兴财昌。繁盛时期，晋商几乎左右全国的金融市场，拥有得天独厚的竞争优势，但票号的号规中大多规定"贵忠诚，鄙利己，奉博爱，薄族恨""重信义，除虚伪"，不做霸盘，不欺行霸市，也不以强欺弱，而是先义后利、义中取利，与相与们同舟共济，互利互惠，尤其是对一些资金少、规模小的钱庄、店铺、典当、账局等，他们不但不排挤，还会时不时给予资金等方面的资助。正是因为做到了以义取利，受一事诺一言，终生不渝，所以能取得客户信任，在激烈的商业竞争中脱颖而出，构筑起自己的商业帝国。

有着厚重儒家气息的徽商严格恪守职业道德，坚持公平交易的原则，高扬"义"的精神，强调"以义取利""义利兼顾""不以利为利"，遵从重义轻利的理念。明代弘治、嘉靖年间的商人程锁在溧水做生意，春天贷款，秋天收利，别人都收十之三四之利，但程锁仍然坚持只收十一之利。有一年丰收，市场上谷物价格低贱，为了不损害谷农利益，他仍按往年的价格收购粮食。当碰到荒年，市场上粮食价格上涨时，他又以往年的价格出售粮食。清朝道光年间的著名黟县茶商舒遵刚以"疏财仗义"而闻名于世，重利从义取，谨遵"生财有大道，以义为利，不以利为利"的生财之道，常把义利喻为源流关系："钱，泉也，如流泉然，有源斯有流，今之以狡诈求生财者，自塞其源也。"①

---

① 佚名.《钱，泉也，如流泉然，有源斯有流，今之以狡诈求生财者，自塞其源也》原文翻译 | 感想 [Z]. https://m.pinshiwen.com/zhiyan/huishang/20201025298047.html

（四）经权求新、敢为人先的求变精神

传统商帮的影响力不仅来自富可敌国的财富，还有通变求新的商业智慧、敢为人先、经世致用的价值取向。传统商人除了汲取儒家的道德伦理观外，还必须吸取兵家权变之策、法家的谋略之道，并将它们融会贯通，灵活运用，方能成功。也就是说，要想在对手如林的竞争中占有优势，立于不败之地，只靠勤俭、奋斗不够，还必须通权变、讲谋略，以出其不意的竞争策略与方法去制胜。

山西蒲州商人王海峰在沧盐"法弊引壅"，大家都不屑一顾，他独取沧盐，主动为盐官出谋划策，使局面为之改观，他继承白圭曾提出了"人弃我取，人取我予"的经营方术，创造了"人所弃我则取之，人所取我则就之"的经营诀窍，正是体现了晋商出奇制胜，善于竞争的精神。

此外，晋商票号开创异地汇兑汇票所用的"防伪"技术，令现代社会中的防伪专家都叹为观止。正如明代大臣、内阁首辅张四维说晋商："能以心计阜通货贿，而擅其赢。"

明朝嘉靖年间，歙县商人阮弼到芜湖创立浆染作坊，正是他审时度势、不拘泥于常规，终成全国浆染界的巨商，也使得芜湖在当时成为全国浆染业的中心。他不墨守成规、善于创新求变，勇于突破现状。阮弼刚到芜湖时，发现浆染业最为走俏，但染色纸业却无人问津，于是，他想方设法，做了染色纸行业的牙商，也就是在市场交易中为买卖双方说合交易并抽取佣金的中间商。一开始只是赚取价格差或佣金，后来发现染色纸有巨大的市场需求，于是直接改行，开设了浆染坊局，实现生产销售一条龙。在生产过程中，他求新求变，增加了漂白提纯的工序，使得成品着色均匀、色泽鲜艳，广受顾客欢迎。在染色纸生意如日中天的同

时，阮弼又跨进了染布行业。他精心挑选浆染原料，高薪诚聘浆染技师，并在产品上标记自己的字号，以提高信誉。鼎盛时期雇佣工人达几千人，阮弼终于集作坊主、牙商、祭酒、客商和坐贾于一身，成为全国浆染业的翘楚。

（五）知人善任、互助互惠的团队意识

知人善任，任人唯贤，用人所长，用人不疑，是晋商的用人理念。如乔致庸慧眼识人，因佩服阎维藩的胆识，以上宾之礼迎接辞官还乡的他，并聘任他为大德恒票号总经理，后者最终帮助乔致庸完成了创业大业。此外，"顶身股"开创了全体持股的先河，也是晋商一种聪明的经营模式，是晋商的首创。晋商的东家拿出一半甚至更多的盈利，让商号里的伙计们共同分享，"学徒四年以上出师，愿意接着在本店当伙计的，一律顶一厘身股，此后每年按劳绩逐渐增加"。这样一来，商家的利益与打工者的利益目标一致，东家可以完全放心地将资本交给大掌柜来管理，不必时时督促检查。而伙计们也会视票号为己家，人人用力，个个奋进。中国历史上有句名言，叫作"得人者昌"。对待店铺掌柜伙计仁义能换来忠心，对待相与仁义能换来长期的合作，对待乡人仁义能换来长盛不衰的乡党支持。

晋商深知抱团才能取暖，才能打天下，因此他们非常注重发挥群体的力量，讲究团结合作。首先，他们利用乡里家族的纽带，团结彼此。其次，他们经商到各地，会建立会馆，用来维系人情往来。最后，他们在精神上都崇奉关圣，讲义气、相互帮助、彼此依靠。用关圣的大义精神来协调商号间的关系，消除人际间的不和，在内部形成了大大小小的商帮群体。18世纪至19世纪中叶，晋商长期垄断着中俄恰克图的茶叶等贸易，这种城市也因此被称为"有茶的地方"。

繁盛时期，晋商的商号达120余家，各商号联合起来，组成商会，一致对外，维护大家共同的利益。晋商正是凭借着这样的商会群体力量，避免陷入势单力薄的困境，降低了陌生环境给经营带来的风险，在内部又便于进行同行间的管理和协调，减少内耗，创造了一个个商业奇迹。

徽商的经商理念亦是同理。徽商诞生在程朱理学的发祥地，他们聚族而居，有着极强的宗族观念和地域观念，重视血缘和地缘关系。在村落里，一个人外出经商取得成功后，往往会返回家乡，带动一个家族，甚至整个村庄的人都去经商。他们结伴同行，以老带新，同舟共济、互帮互助，依靠徽州会馆、同业公所、商会等互相提携，共谋发展。以众帮众是徽商们经营取得成功的基础。如果一家徽商出现资金不足，同乡同族之间或借贷或合资，通过各种方式将资本重新组合起来，进而扩大经营规模，使大家都具有更强的市场竞争力。同时，在竞争中合作、合作中竞争的竞合关系也是徽州商人最先明白的道理。

明洪武年间，朝廷鼓励商人运输粮食到边塞换取盐引，是为"开中法"。歙县商人汪玄仪、程金吾等人，便招揽了一大批宗族子弟、亲朋好友到两淮两浙盐场从事盐业买卖。而清朝时期的盐业、典当业和木业，也多为徽商所垄断，呈现出鲜明的地域特色，正是因为徽商们乐于相互提携，互惠互助，共同发展，最终才能取得成功。

（六）兼济天下、为国纾难的爱国情怀

在中国传统的文化教育中，修身、齐家、治国、平天下是儒家倡导的人生追求目标，"先有国后有家"，商人在发展的过程中也是如此。无论是初出茅庐，还是久经商场，传统商人在经商过程中都以国家利益为根本，"先天下之忧而忧，后天下之乐而乐"。

在兴盛的数百年间，晋商继承了中华民族自强不息的优良传统和爱国主义精神，他们在创造巨大财富的同时，对于社会做出的贡献也是不可忽视的。在连年战乱、社会衰败的时代，晋商代表乔致庸的"汇通天下、货通天下"不仅是一代代晋商的商业理想，更是"服务天下、为国为民"的责任使命。他们将视野投射到了更广阔的天地，将无数代晋商的目标上升成为心怀天下，兼济万民的人生志向，晋商金融业的繁荣，不仅是经商意义上的成功，更是中华五千年传统文化精髓的体现。

1898年，英帝国主义的福公司与山西政府签订了《山西开矿制铁以及运转各色矿产章程》20条，拿到了山西盂县、平定、泽州、潞安等地矿产的开采权，对山西的矿产资源进行掠夺，面对这种丧权辱国的情况，以祁县三晋源票号财东渠本翘为首，联合祁、太、平各票号掀起了一场轰轰烈烈的爱国争矿运动。他筹措资金，成立公司，从英国人手中争矿、赎矿，实现了山西人民赎矿自办的愿望。持续十多年的斗争，晋商终于冲破层层压力取得了最终的胜利。

而徽商的一大特点就是"贾而好儒"。大多数徽商人自幼在私塾中学习诗书，后因迫于生计才弃儒从商。有的在从商之后，依然没有放弃读书或希望子孙仕进的想法。他们同样拥有较高的文化素养和人文情怀，让他们心胸更为广阔，志趣更为高远。光宗耀祖的心理使得徽商们经商取得成功之后荣归故里，造福乡里，或兴办学校、资助求学，或造桥修路、兴修水利，或搭棚施粥、赈灾备荒，这些在徽商中比比皆是。

明清时期，内外交困，内忧外患。每当国家处于危难的紧急关头，徽商总是多行义举，慷慨解囊，救国图存，为国纾难。明代徽商许芳"会庐州民大饥馑，即命滋发廪赈贷，人于是感恩刻骨。里中丁家园路险，往来者病之，于是捐赀葺治，过者口颂不衰"①。再看清朝徽商汪应庚为国纾难的善举，"（雍正）十年、十一年，江潮迭泛，州民俶离，应庚先出囊金安定之……是举存活九万余人"。汪应庚还热衷公益，兼济天下，"又尝出五万余金建府县学宫，以二千余金制祭器、乐器。又出万三千金，购腴田，归诸学，以所入供岁脩"②。清代婺源人俞俊锦在乐星、德兴做贸易时，发现两州百姓因长堤倾圮屡遭水患，苦不堪言。俞俊锦身带千金募工修筑，三年过后终于完成。这样的事例在徽商身上可谓屡见不鲜。

三、中国传统文化精神的现代化转换

钱锺书先生说过，"我们感兴趣和要研究的是现代的东西，而古典是属于过去的，我们不单要承认它们的存在，更要认识到它们的现实意义。"2017年1月，中共中央、国务院印发的《关于实施中华优秀传统文化传承发展工程的意见》中指出："用中华优秀传统文化的精髓涵养企业精神，培育现代企业文化……传承发展中华优秀传统文化，就要大力弘扬讲仁爱、重民本、守诚信、崇正义、尚和合、求大同等核心思想理念"③。由此可见，弘扬中华优秀传统文化精神与培育新时代的创业素养是互为表征，密不可分，一脉相传，不断发展的。

---

① 张海鹏，王廷元. 明清徽商资料选编 [M]. 合肥：黄山书社，1985：318.
② 汤太祥，许太梅. 弘扬古徽商传世精神 提升大学生"双创"素养 [J]. 湖北经济学院学报（人文社科版），2019（4）：135.
③ 滕培秀，陈永福，蔺际俨. 基于优秀传统文化精髓培育大学生创业精神的价值挖掘及实现路径 [J]. 中国大学生就业，2019（22）：48.

(一)内练其"心":用传统文化涵养创新精神内核,增强创业自信

传统文化中所蕴含的"天行健,君子以自强不息"的进取精神,"天人合一、崇尚和合"的和谐元素,"知是行之始,行是知之成"知行合一的实践意识,"重义轻利、童叟无欺"的诚信理念,"业精于勤,荒于嬉"的勤勉意志构成了中华儿女坚韧不拔、自强不息、谦虚谨慎、勤俭节约、诚实守信、清正廉洁、励精图治的性格特质,深深地烙印在每个中国人的血液中,这些正是"双创"时代创业精神的内核所在。传统文化所孕育的不服输的精神力量对强化国人自信、敢于挑战、从容面对挫折的坚定信念,对创业者创业自信的提升也有积极意义。新时代的创业个体及团队,更需要这种积极进取、敢为人先的拼搏精神,更需要这种不畏艰难、革故鼎新的创业态度。通过挖掘传统文化中创新创业精神的具体内涵,将概念构建与角色故事、榜样引领相结合,形成协同联动效应,构建内在联动机制,使传统文化成为树立正确的理想信念与树立远大的理想抱负的内在动力,成为创业过程中的内在精神力量。只有这样,才能够肩负起这个时代赋予创业者的历史使命。

(二)外塑其"形":用传统文化夯实创业文化基础,强化行为规范

创业文化是指与社会创业有关的意识形态、文化氛围,是人们在追求财富、创造价值、促进生产力发展的过程中所形成的思想观念、价值理念和心理意识,它主导着创业个体或团队的思维和行为方式。被称为"五达德"的"仁、义、礼、智、信",被认为是一个人基本的五种道德,而其中"信"更成为堂堂君子能否立于天地之间的基本道德标准,"信"文化蓬勃发展。从"言必信,行必果""程门立雪",到"格物、致知、诚意、正心""君子立身以诚信为本"等诸

多经典言论均体现了"诚信"的价值和地位。直到今日，诚信仍然是社会主义核心价值观的重要内容，重信守信、诚信经营更成为企业文化和企业道德的重要组成，是从事创业活动的人们必须恪守的行为规范，更成为关乎创业成败的重要道德力量。

（三）兼修其"法"：用传统文化优化价值观念，完善创业竞争

价值观是商业伦理体系的核心，是创业活动和商业行为管理与发展的先导，直接关系到商家能否在激烈的竞争中立足和发展。孔子曾有"富与贵，人之所欲也；不以其道得之，不处也"经典言论，"见利思义""重义轻利""先义后利"等构成了基本的传统义利价值观，获取利益不再是人们从事创业和商业活动的唯一目标，"君子爱财，取之有道"，对于创建有序的创业竞争环境，构建公平竞争的商业准则，有着重要意义。另外，传统文化崇尚"和合"，倡导"天人合一"，也讲求"无为而治"，这些都有利于人与自然和谐相处。在这种思想文化的熏陶下，人们在从事创业和商业活动过程中，尊重自然规律，平和看待成败，顺应事物发展趋势，以和为贵，和谐共生、同谋发展，对营造良性的创业竞争氛围、提高创业成功概率有着积极影响。

"推动中华优秀传统文化创造性转化、创新性发展"，"更好构筑中国精神、中国价值、中国力量，为人民提供精神指引"[①]。习近平总书记的讲话为我们继承和发展中华民族优秀传统文化精髓，提升当代人的创业素养指明了发展方向。中华传统文化是中国梦的根基，是实现中华民族伟大复兴的强大精神力量。创新创

---

① 习近平. 习近平谈治国理政（第二卷）[M]. 北京：外文出版社，2017：340.

业是一项复杂的社会活动,它不仅需要创业个体或团队的个人努力,更需要从传统文化中汲取精华和营养。然而,历史经验告诉我们,对待传统文化,不能奉行"拿来主义",机械照搬,要学会去粗存精,去伪存真,充分汲取传统文化的优秀基因、核心价值观和强大精神力量为当代的创新创业提供精神上的源头活水。

第三节 团队和个人视角看创业素养

在创业型企业中,核心资源和能力的代表是创业个体或创业团队,他(们)发挥着重要的主观能动性。实现创业成功的前提是创业者需要具备良好的创业素养。在"大众创业、万众创新"的大潮中,创业者要能够敏锐地识别、寻求并抓住各种机会,对现有的资源进行有效的整合和利用,并通过创建企业,不断地发挥和扩大优势,努力创新,灵活应变,敢于承担风险并做到长期坚持对事业做出承诺,实现价值的提升。因此,创业者作为创业的主体,对于创业的成功与否起到了非常重要的核心作用,特别是创业者的个人特质,需要能够与创业过程相匹配。

一、从创业者的角度看创业素养

创新创业是一项艰苦的工程。作为创新创业主体的青年,如何走在创新创业的前列,发挥其该有的作用,意义重大。2013年5月4日,习近平总书记同社会各界优秀青年代表座谈时的讲话给出了答案:一是要坚定理想信念。"理想指引人生方向,信念决定事业成败。""广大青年要坚定理想信念,志存高远,脚踏实地,勇做时代的弄潮儿。"[①]二是要练就过硬本领。既有专业知识又有创业知

---

① 习近平. 决胜全面建成小康社会 夺取新时代中国特色社会主义伟大胜利[N]. 人民日报,2017-10-28(001).

识，既有理论知识又有专业技能，还要通过社会实践把知识转化成能力，练就过硬本领。三是要有创业精神。"要敢于创业，敢闯敢干，努力在改革开放中闯新路、创新业，不断开辟事业发展新天地。"① 四是要有高尚的品德。要牢记"从善如登，从恶如崩"的道理，始终保持积极的人生态度、良好的道德品质、健康的生活情趣②。习近平总书记的重要讲话为当代青年创业应该具备的创业素养提供了根本遵循。

（一）良好的知识和技能——"灵活变通"

在对世界各国及组织创业素养框架的分析中，我们不难发现，学习知识是创新创业的起点和基础，而创新创业则是学习知识的提炼和升华。创新创业活动要进行思维创作，做出正确的决策，创业者必须掌握广泛的知识，具有专一多能的知识结构。这其中既要有精通自身专业领域的知识深度，也要拥有跨学科、多领域的知识广度。创业者首先需要掌握扎实的专业基础知识，知晓专业学科的发展趋势和最新研究成果。其次要了解与其相邻的学科、横向学科的相关知识，做到融会贯通，活学活用，这是开展创新创业活动的必要条件。同时还要时时拓宽视野，掌握多样化的知识，了解社会发展的前沿动态，寻求知识与实践无缝对接。可以说，创业者的知识储备越丰富，其自身的竞争力就得到进一步增强，就越容易开阔思路，抓住机遇，并进行综合化和一体化的思维创作，更有利于创新。

在今天这个知识大爆炸的信息时代，所掌握的专业知识往往就是创业者开创事业的本金。逻辑思维创始人罗振宇还有他的团队所打造的"得到 App"，为用

---

① 习近平. 习近平谈治国理政 [M]. 北京：外文出版社，2014：52.
② 习近平. 习近平谈治国理政 [M]. 北京：外文出版社，2014：53.

户提供"省时间的高效知识服务",就是靠所学的知识直接进行创业。

俗话说,活到老学到老。成功的创业者都很重视个人的二次学习和终身学习。尤其是在飞速发展、日新月异的今天,知识更新和信息迭代的速度前所未有,如果创业者不能做到终身学习,知识的更新不能做到与时俱进,或许会流失大量商机,并最终被社会淘汰。

(二)敢为人先的勇气和魄力——"创新求异"

对于创业者来说,既需要具备敏锐的观察能力和思考能力,做生活中的有心人,发现事物间的内在联系,发掘不被常人洞察的信息,又要具备良好的判断能力和应变能力,把握实践的方向,及时纠偏,使创业活动得以顺利开展。有调查显示,不论是已具备较大规模企业的创业者,还是刚刚开始创业的青年人,他们普遍具有较大的勇气和魄力,对看准的项目和标的,能够"预见变化、适应变化、追踪变化、享受变化",敢为人先,大胆去投资,抓住稍纵即逝的机会,全力出击,一举成功。这种自信与勇气和魄力既是脚踏实地,又是敢于创新,从根源上来看,主要是"从小事做起,不断积累,认真做事,用心做事"积累的结果,也是对个人能力、各种情境条件的合理把握和准确评估。

英国柯林·雷欧丹在专访中谈道:"就我个人而言,成功的创业者需要具备独立思考的能力、富有独到的见解、拥有勇敢的精神。还有很重要的一点是,他们也需要具备风险意识——风险意识不只是为了规避风险,也需要了解他们正在承担哪些风险,以及如何降低风险。同时,创业者们需要做好接受失败的准备,因为没有人能够一帆风顺,所以要有足够的勇气承担风险,创业者的尝试如果没有成功,那么他们就需要坦然面对并从中吸取教训,继续前进。这些特质对创业来说至关重要。"①

红杉资本全球执行合伙人、携程网创始人沈南鹏谈到他结识字节跳动创始人张一鸣的情形:"我认识张一鸣的时候,对他即将要做的事情也心存疑虑。他想通过互联网把新闻、故事、图片聚集在一起,再根据受众的喜好程度推送给每一个人。张一鸣认为,这样的产品在大数据时代具有很大的发展空间。但因为他要做的事情没有人做过,存在着很多未知的风险。""当时我犯了一个巨大的错误。""我们做了很多审慎的调查工作,我们去拜访了很多他的竞争对手,发现所有的大公司都要做这个产品,新浪、搜狐、小米、腾讯等都要做,感觉这个市场竞争太激烈了。""在他第一次融资的时候,我并没有进行投资。我们认为像张一鸣这样的一家小公司,在如此激烈的竞争中应该没有什么机会。""而在后来的九个月里,他证明了我们当时的决定是错误的。作为新生代企业家,他们极其专注市场化驱动,都是从某一个产品开始聚焦,然后在这个产品里面做到极致完美。"②

(三) 对事业和社会的高度责任感——"诚实守信"

现代市场经济是一种道德经济,诚信对于交易双方必不可少,尤其对创业者而言,诚实守信无疑是最重要的品质。"创业维艰,诚信为先",创业不是偶然一次的经济行为,它是一个长期的过程,"路遥知马力,日久见人心",维系创业企业内部、创业者和市场、客户之间关系,促使多方取得信任、长期协作的最好策略就是诚信。在当代社会,诚信越来越多地成为创业型企业的一张"名

---

① 吕伊雯,马子悦.协同创新系统促进卡迪夫大学创业教育发展——访英国卡迪夫大学校长柯林·雷欧丹[J].世界教育信息,2019(1):4-5.
② 沈南鹏.创业团队制胜之道[J].经理人,2021(7).

片",成为企业的无形资产。在创业者们身上,"诚信"精神主要体现在两个方面:一是在平等的基础上与他人的竞争与合作,"以诚待人、善待别人、善待员工、善待顾客"。二是对企业和企业产品质量的负责,同时也是对消费者和社会负责的表现,"产品的质量就是企业的信誉与质量"。

"诚信就是一块金字招牌,坚持诚信,会给你带来很多机遇。"因为诚信经营,被评为"贵州省首届返乡农民工创业之星"和"第四届贵阳市道德模范"的刘锋胜这样说。1970年出生的他,在安顺市一家炉具公司工作,凭着诚实守信、踏实肯干的工作作风,1996年,他被公司任命为分厂的厂长。履职4年间,他坚持诚信理念,严抓产品质量,做好市场销售及售后服务等各环节的工作,炉具厂的利润翻了两番。2002年6月,刘锋胜选择辞职,回乡创业,开始炉具生产,带领着父老乡亲共同致富。刘锋胜有着自己的三大"生意经"——质量必须合格,做好售后服务,绝不拖欠工人工资。"要想让自己的产品叫得响,有市场,就必须质量过硬。所以,我们每天生产出的炉子必须验收合格后才能到市场上销售。"在创业的18年间,刘锋胜因为坚持诚信经营,先后获得数百万各级各类的诚信贷款,他还贷从未出现一次逾期。如今,刘锋胜的炉具厂有了标准厂房,实现了企业规范化管理,生产的炉具还先后获得"柴煤两炉""柴草气化炉"等国家发明专利[①]。

(四)自信心与坚韧不拔的意志——"执着专注"

创业之路,异常艰辛,没有捷径可言,甚至会走向失败。"要有吃苦的精

---

① 金毛毛.坚守诚信 创业路越走越宽——贵阳市道德模范刘锋胜的创业故事[J].劳动保障世界,2020(5):46.

神，敢于拼搏、艰苦创业"，创业者需要不断开拓进取、不畏艰难、勇于尝试、克服重重困难，才能突破传统和自身的限制，激发内在潜力，最大限度地实现自我价值，从而造福于社会。新东方的创始人之一俞敏洪在离开北大，进行创业的时候，甚至没有一个固定的场所，最初的办公室是几个闲置的工棚；爱国者的创始人冯军一开始在中关村大街上蹬三轮车，四处推销防震机箱和防摔键盘。从许多创业者的经历来看，他们无不经历过各种困难和考验，有些困难和考验还是常人难以想象的。正是凭借这种坚韧不拔的意志和逆境中奋发向上的精神，他们才渡过种种难关，走向了成功。而这种意志与精神又是与他们的自信紧密联系在一起的。创业者大多具有强烈的自信心，自我肯定，自我欣赏，以及对从事的事业的乐观精神，"我坚信我能做到"。

2002年，75岁的褚时健和老伴马静芬回到了哀牢山深处再次创业，种起了冰糖橙，这一种就是十年。他们住在窝棚里，晚上睡觉看得见天，经常能遇到蛇、虫子。后来橙子成熟了，但口味却不好，褚时健睡不着，经常半夜爬起来看书研究原因。为挑好肥料，褚时健蹲在养鸡场的地上，把臭得年轻人都不敢碰的鸡粪抓在手里反复研究；为了做到心中有数，褚时健经常下到地里，跟橙子"对话"，一坐就是半个小时，以此来了解株距、施肥、日照、土壤和水……这样一做就是数十年。今天的褚橙，也被称为励志橙，已经成功走出云南，被举国知晓。褚时健的事业再一次生发出繁茂的枝叶。他那坚持奋斗、执着不懈的心性让他成为这个浮躁年代最清醒的创业者。

（五）长远的眼光和敏锐的觉察力——"审时度势"

从创业成功者的实践可以看出，创业的事业都源于梦想，有梦想的创业者会积极去寻找、捕捉机遇，并将机遇转化为恒久追求的事业。这是"把握机会"与"灵活变通"的最佳结合。"要善于把握、捕捉机遇，把机遇转变为成功的机会"。每个创业的机会都是客观存在于市场中，成功的创业者在选择项目时，往往不仅仅局限于眼前利益，考虑更多的是未来的发展空间。只有那些有敏锐的市场嗅觉和长远眼光的人，才能及时发现，成为商机的先行者。同样，在企业发展过程中，能够敏锐地捕捉市场信息的变化，及时调整发展战略，也是一个成功企业家必备的素质。

创业的各个阶段，创业者常常要学会辨别发展机遇和陷阱诱惑，要面对随时出现的市场竞争和经营风险，这些关键时刻要想成功闯关，必须始终保持着清醒的头脑和理智的情感，沉着冷静、果敢无畏，做到"力所能及之事全力以赴，力所不及之事泰然处之"。无论顺境逆境，处变不慌、宠辱不惊、成败不囿，能够排除各种外在的干扰和诱惑，坚定地朝着认定的方向和目标迈进。

在中国，从城市到农村，银行网点如空气般无处不在。但进入移动互联网时代，支付技术在移动终端兴起并得到充分完善，给银行传统业务和网点建设带来了不小的挑战。这让拥有十年行业经验、商业嗅觉敏锐的李明目看到了机会，于是，2011年他决定创业，成立了江苏瑞银，带着一个不足20人的团队，公司开始了传统行业与智能时代的碰撞。在他看来，银行未来的发展方向绝对不是一个简单地进行传统业务的信用中介，更是一个解决客户需求的服务场所。经过一年的努力，李明目的智慧银行解决方案终于落地了。商业模式的成功，使李明目成为业内屈指可数的"最会赚银行钱的人"。在无数同行被时代抛弃的情况下，李明目凭借智慧银行解决方案活了下来，并且找到了一条适合自己的路。如今，江苏瑞银服务的银行网点改造项目已经遍布全国，其中主营智慧银行解决方案的瑞银科技，更是成为国内唯一一家为传统银行提供全方位智慧改造解决方案的供应商。"无创新不生态，不断拼搏，不断自我革命，努力成为金融创新的引领者。自古以来就是没有一套打法，或者一个技术能让我们吃一辈子的饭，所以瑞银作为一个科技型企业，就特别注重和讲究创新。从围着银行转到领着银行跑，这也是真实写照了我们公司的发展历程。"[①]创业不易，不是每一个人都能看到时代拐点的来临，每一个行业的变革，每一项技术的创新，都会有人被抛弃，也总会有人做好准备去迎接新的挑战。

二、从创业团队的角度看创业素养

在目前的市场中，团队创业是一种重要的创业现象。据纽约大学学者对2009年至2015年5月数千个初创公司的调查显示，这些新企业中仅约28%的样本由独立创始人组成，而其余的31%和41%分别为双人团队和三人及以上的团队（Greenberg and Mollick, 2018）；而西方文献的证据也显示，创业团队的创业成功率显著高于单独创业的企业（Chen et al. 2012）[②]。

从"阿里十八罗汉"到"腾讯五虎将""百度七剑客"，创业团队打破了传统的创业模式，一跃成为颇受创业者喜爱并且成功率较高的创业组织形式。比起个体的创业者，创业团队成员来自不同的背景、具备不同的知识结构，拥有不同的技术能力，秉持不同的人格品质，将他们整合起来，可以形成优势聚集、劣势

---

① https://baijiahao.baidu.com/s?id=1647528628928927932&wfr=spider&for=pc.
② 许楠，田涵艺，刘浩. 创业团队的内部治理：协作需求、薪酬差距与团队稳定性[J]. 管理世界，2021（4）：216.

互补，这样的创业团队本身就具备了更多的核心资源和能力存量。被称为"创业教育之父"的杰弗里·蒂蒙斯教授提出的经典创业模型中指出，创业机会、创业团队、创业资源是创业过程中的三个核心要素，其中创业团队则是整个创业过程的主导者[①]，由此可见，创业团队在创业活动中的关键性作用。

（一）共同的理念和愿景

一个好的创业团队，首先要达成共同的创业理念，对团队所要达到的目标有清楚的认知，并在创业过程中可以坚持这一目标所包含的重大意义和价值。而愿景则描绘了团队希望的未来企业的样子，清晰了企业未来的状态，在本质上是团队对创业企业长远目标的集中阐释。团队要通过理念和愿景来明确自身的理想，勾勒出前进的方向，展现出社会存在价值，以此吸引投资者、社会公众等群体来支持企业的事业。在得到肯定和支持后，进一步提升团队成员的内在凝聚力和向心力，鼓舞团队成员的士气。

源自清华大学网络安全实验室的"赋乐科技"，是一家聚焦于"网络空间大数据与安全"的国家高新技术企业。企业创始人袁振龙博士自 2010 年率队夺得全国电子设计大赛"信息安全邀请赛"全国二等奖开始，就跟团队的同学们相约毕业那年，大家一起在专业领域里做点事情。当时微信刚刚推出，他注册后就在自己的个性签名里写下了"为了共同理想"这句话。一晃十几年过去了，直到今日，"为了共同理想"这句话依然保留在他的微信签名中，从未进行更改。2016 年，博士毕业的次月，袁振龙就与同学一起注册成立北京赋乐科技有限公司，很

---

① Timmons J. A., Spinelli S., Ensign P. C.. New Venture Creation[M].

快拿到了清华启迪的天使投资,成功入驻中关村软件园。"为了共同理想",赋乐创立至今的五年时间里,袁振龙和他的"战友"们,依然锲而不舍地坚持着原来的理想,努力奋斗,乐此不疲。如今有越来越多的新伙伴加入"为了共同理想"这一队伍里来,凝聚成了赋乐现在的"精神支柱",大家汇聚在"为了共同理想"的旗帜下,一起为了共同愿景而努力[1]。

(二) 共同的目标和价值观

建立在共同愿景之上的创业企业的价值观和目标,具有一致性和趋同性,它既能振奋团队成员,又能激励团队成员把个人目标升华到团队目标中来。因为创业是一个长期的过程,充满了各种风险和艰辛,也会出现矛盾、争论和冲突,需要团队成员个人目标与企业目标之间达成一致,共同努力。为了这样的目标,团队的所有成员会全力以赴,积极致力于企业价值的创造,形成合力,把企业做大做好,从而使所有的成员都能获利。

一项在南京地区对创业企业团队成员的访谈中,受访者就这样回答:

问:选择创业团队成员考虑的因素是什么?

MX:实际上创业选合伙人和谈恋爱是差不多的,对合伙人的性格、能力都要互相有一个了解,要有共同的目标,特别是价值观要趋于一致。因为创业这件事是一个很长的过程,中间会遇到各种各样的问题,不可能是一帆风顺,有高潮会有低谷,如果分歧太大的话可能会走不长。比如说对待人生的态度,对待金钱的态度,还有对待付出和回报的态度是一致的。实际上可以这么说,有的人认为

---

[1] 北京市高校就业指导中心. 为了共同理想——清华大学袁振龙的创业故事[J]. 成才与就业, 2021 (1):19.

我可能先拿到回报才去付出,有的人会认为我先付出才能拿到回报,这个就是两种不同的态度,我们至少在态度上是取向比较一致的。①

(三) 良好的共享合作

创业过程是通过共同努力达到预期目标,这就是"共享合作"能力。团队的成员通过畅通的渠道和特有的模式开展信息交流和共享,形成属于本团队独特的信息沟通和信息反馈机制。并通过经常性的以获取超过个人水平的见解为目的的"深度会谈",鼓励成员们将他们认为难度大的问题、最新的思考"火花"放到团队中来商讨,成员们自由地表述各自的观点,并进行论证,使彼此可以真诚相待,在真实的想法中升华团队融合度。"要有合作理念,形成团结拼搏的良好团队"。泉州市万维网络开发有限公司陈朝晖就认为,一个人的想法难免有所偏颇,因此,在进行重大决策之前,他一定积极与团队成员沟通,认真听取他人意见,不断补充和纠正自己。这种沟通决策的方法不仅能尽量避免失误,而且往往使企业中的人才充分发挥他们的作用,使他们有更大的发展空间,这也是很多企业减少人才流失的重要手段。

深圳乐行天下科技有限公司 CEO 周伟和他的创业团队聚焦在体感车领域,围绕着团队的共同梦想,走出了一条独特的创业之路。在完成了企业初创期的目标后,周伟和他的合伙人也遇到过各种各样的问题。"其实遇到问题是很正常的",但周伟对自己的团队非常有信心:"体感车这个领域本身就是新生事物,大家都在摸索中发展,尝试不同的模式和策略。"遇到团队出现意见分歧的时

---

① 刘璐.创业团队的信任建构及其动态演进——以南京地区为例[D].南京:东南大学,2017:28.

候,周伟笑着说:"每个人都有自己的看法和意见,我们常常搞批评与自我批评,以获得共同进步。""大家有共同遵守的规则,'约法 13 章'。""我们每年会抽出一个时间,什么都不做,把大家带出去交流,把对产品、公司、市场、未来、彼此等的看法都提出来,交流分享。我们可以对彼此有不同的看法,但如果不释放,就会产生积怨,累积到一定程度就可能变得无法调和。虽然相互批评看上去不太有人情味儿,但大家都知道这是对事不对人。"多年来,他们就是这样摸索着、尝试着,演绎着体感车界的"中国合伙人"的故事[①]。

(四)明晰的角色定位

联想物联科技&联想懂的通信 CEO 王帅博士在联想"创投大咖谈"活动中总结道,"化坑为井"的秘诀之一是要找对合伙人和创业团队,让专业的人做专业的事情。也就是说,创业团队中成员的角色定位要清晰明确,成员们对各自的职责、权限要了然于胸,团队工作流程要具有可操作性。明确创业团队各成员在企业中担任的职务和承担的责任,能够减少创业过程中角色冲突,有利于团队的稳定发展和企业的持续壮大。尤其是创业初期,企业尚未成熟,团队成员往往身兼数职,要尽可能减少成员的责任和能力重叠,厘清角色定位,及时有效沟通。这样才能建立互补的团队,提高效率,顺利度过初创期。

2020 年,在第六届中国国际"互联网+"大学生创新创业大赛和第十二届挑战杯中国大学生创业设计竞赛中,获奖的大多数是跨专业的互补型团队。获得全国银奖的上海信息技术学校的"Signix 摄念科技——流媒体技术先驱服务商及

---

① 许红敬. 乘体感车飞驰的梦想:80 后乐行天下 CEO 周伟的创业故事 [J]. 消费电子,2014:23.

硬件解决方案领航者"项目就是出自这样的团队。"我们的团队集结了一群热爱技术的小伙伴,成员来自数字媒体、平面设计、数控加工、机电一体化等多个专业。可以说,在产品研发和公司运营中,我们能做到各司其职,精确配合。"项目负责人张诗悦认为正是团队的互补与配合,让他们取得了如今的成绩。创业不是一个人的"马拉松",团队成员们各有所长,相互配合,项目推进才会更顺利①。

三、对构建大学生创业素养的启示

大学毕业即选择创业的创业者往往存在诸多困难与不足,主要表现在以下三个方面:一是因缺少创业经验以及财力、物力不足,和同行业的企业相比缺少竞争力,创业的风险和难度比较大;二是由于市场和客户对于初创企业的共识度不高,企业品牌的树立需要一个较长的发展过程,企业发展的速度相对较慢,规模较小;三是就初创企业内部来说,其内部机制较之成熟企业还比较简单和粗陋,管理也相对松散,核心竞争力表现不突出,等等。然而与创业素养相比,这些困难与不足都不是制约大学生创业的主要矛盾,大学毕业生创业也不会因此就没有潜力和发展前景。大学生创业的潜力和发展前景主要来源于自身创业素养的准备程度。为此,大学毕业生在创业之前,就应该结合自身情况,开展一些专业评估和综合衡量,对自身的实力有较为客观的认知;在创业过程中,通过各种途径不断学习、不断训练,逐渐培养并提升自己和团队的创业素养和胜任力,以此来推动企业的发展,提升创业的成效和影响力。比如,读书期间,要有意识地通过参

---

① 谢双庆. 获奖背后的故事 [J]. 成才与就业,2021(2):26.

加一些创业竞赛或是创业论坛，提升决策战略能力、把握机会能力和维系关系能力；通过校内外的社会实践，增加与创业环境接触的机会，以了解实体的创业企业的运作模式，加深对市场的认识和了解，扩大信息收集获取途径，等等。

在创业团队组建方面，创业初期，很多大学生喜欢选择能力、性格等与自己相近的人作为合伙人，觉得这样沟通起来比较方便，且容易达成共识。然而，创业过程需要应对各种不同的风险与挑战，这就要求创业团队必须具备不同的能力。因此，大学生创业团队组建过程中，应当客观分析、认真评估创业过程客观环境、任务目标，以及可能出现的挑战，依此充分考虑组建团队时成员在性格、能力、知识结构等方面的差异性和互补性，形成团队优势，从而不断提升创业团队的战斗力。

在创业团队管理方面，日常运营和管理的顺畅是保证创业团队有效运行进而实现企业创业目标的重要支撑。为此，创业团队的管理应从团队目标、团队角色和团队关系管理等方面全面展开。首先，创业团队应当设置客观的、具体的、阶段性的、可视化的、可行的、可操作的合理的创业目标，这样能够提高创业团队以及团队成员对创业目标的认同，并愿意为之付出努力。其次，创业团队应当加强团队角色定位和管理，依据团队成员的知识、能力和性格特征，尽可能做到人尽其才，使之承担与自身特质和能力相匹配的角色和任务，以便更好地激发其潜在能力和内在驱动力。最后，尊重和理解也是战斗力，团队成员应当学会换位思考，保有同理心，积极沟通、通力协作，使团队成员达成最优组合，形成"1+1＞2"的效果，并最终实现成功创业。

第四节 大学生创业素养概念界定

一、创业的概念和内涵

（一）创业的定义

虽然人们对于"创业"这个词已经耳熟能详，但要对创业下一个定义，却不是一件容易的事情，对于如何界定创业的概念，学术界目前还没有形成共识。从字面意思上来理解，"创业"可以拆分为"创"和"业"，简单来讲就是"开创""事业"的意思。《辞海》对创业的解释是"创立基业"，百度百科的解释是"实现价值，开创事业"。无论哪种解释，都包含了创业者通过艰苦卓绝的努力，从无到有创立企业（或事业），从而达到自我实现和创造价值的目的。

由于市场经济最早发源于西方发达国家，因此对现代创业内涵的研究较早。

西方学者从不同的角度对创业进行了定义：

杰弗里·蒂蒙斯所著的创业教育领域的经典教科书《创业创造》中对创业如此定义：创业是一种思考、推理结合运气的行为方式，它为运气带来的机会所驱动，需要在方法上全盘考虑并拥有和谐的领导能力。

埃里克·莱斯在其著作《精益创业》中表达了一种"创业即管理"的观点，他认为创新企业不仅代表了一种产品，更是一种机构制度。创新企业的存在不仅是为了制造产品、赚取金钱、服务顾客，它们的存在更是为了学习如何建立一种可持续的业务。

哈佛商学院的斯蒂文森认为：创业是一个人（不管是独立的还是在一个组织内部）不拘泥于当前资源条件的限制去追踪和捕捉商机，将不同的资源组合加以利用和开发并创造价值的过程，这一过程与当时所控制的资源无关。强调了创业的过程性。

美国百森商学院杰弗里·蒂蒙斯认为创业是一种思考、推理和行动的方法，它不仅要受机会的制约，还要求创业者有完整缜密的实施方法和讲求高度平衡技巧的领导艺术。创业不仅为企业主，也为所有的参与者和利益相关者创造、提高和实现价值，或价值再生。这种观点强调了创业需要创业者具备较高的创业素养，创业具有一定的方法性。

也有很多国外的学者结合上述观点，从综合维度对创业进行了定义。

我国当代学者对创业也有深入的研究。雷霖等认为创业是通过利用各种资源（包括人力和资本）来创造价值，以产品和服务的形式贡献给消费者，同时自身获取利润并取得发展的过程[1]。张秀娥认为大学生创业是指大学生创业者在实践中不断挖掘自己的潜能，找到市场痛点，抓住市场商机，最后生产受欢迎的商品，为自己和全社会创造财富的过程[2]。郁义鸿等人认为创业是一个发现和捕捉机会并由此创造出新颖的产品、服务或实现其潜在价值的过程[3]。

由此可见，虽然国内外不同的学者对创业的定义维度不同，但创业的概念中都包含了创新、创造、灵活等要素，创业是发现和把握机遇的过程，是提供新的产品或服务来创造价值的过程。同时，在创造价值（企业的经济价值和社会价值）的过程中，需要创业者及其团队具备较强的创业素养，投入必要的时间和精力，付出艰苦卓绝的努力，承担相应的金融、法律、社会和心理风险，同时，获

---

[1] 雷霖，江永亨. 大学生创业指南[M]. 中南大学出版社，2001.
[2] 张秀娥. 创业管理[M]. 北京：清华大学出版社，2017：56-67.
[3] 郁义鸿，李志能，罗伯特·D. 希斯瑞克等. 创业学[M]. 上海复旦大学出版社，2000.

得丰厚的资产和心理回报。

（二）大学生创业

顾名思义，大学生创业是指大学生在校期间或毕业一段时间内（一般不超过5年，具体年限参见各地方政策规定），发现创业机会、整合资源，最终实现自己创业目标的一系列创业活动，一般表现为大学生自己或合伙创办企业。

追求机会、资源组合和创造价值是所有创业活动的共同特征。大学生创业者由于其主体的特殊性，与其他创业者有着一些共性，但是也有着一些其他创业者所不具有的特点：

1. 心理特点：创新意识强烈，受到传统思想的约束较少，有利于开展创业活动。同时，经历的挫折少，心理成熟度不够，承受能力差，对各种困难的准备不足，遇到挫折困难时容易放弃。

2. 知识结构：文化程度相对较高，在校期间掌握了一定的专业知识技能，甚至取得了一定的知识产权（如专利等），对先进技术的理解较为深刻。同时，部分创业大学生缺乏经营管理相关知识。

3. 综合素质：经过高等教育的培养，个人综合素质较高。但参与社会实践的机会较少或参与面较窄，动手能力相对较差，对社会缺乏了解。

4. 资源匮乏：自身没有资金、人脉等创业必要资源，往往缺乏可供抵押或作为担保的资产，融资能力相对较差。

5. 外部环境：国家大力鼓励和支持大学生创新创业，国家、省市和高校针对大学生创业出台了很多政策进行支持和引导，高校越来越重视大学生创新创业能力的培养。大学生创新创业的外部环境非常好。

这些特点中既有大学生作为创业者的优势，又有其劣势。想要真正做好创业这件事，大学生们就要做到知己知彼，了解自己的优势和弱势，并用自己的优势去弥补弱势。

对于大学生而言，创业也可以有广义和狭义两个维度。狭义上的创业，就是前面提到的大学生创办企业。广义上的创业，则是指大学生通过个人的努力，找到并开创自己的事业。比如在一个企业里面，针对企业研发、生产、经营、管理等某个方面的领域，成为该领域的专家，赢得尊重，达成个人的"自我实现"，也可以称为"创业"。对于大多数大学生而言，可能不会创办一个企业，但在各自的工作岗位上，创造自己的美好生活，是每个大学生都应该做到的。

当然，本书所探讨的创业，是指狭义上的创业，是指大学生创业者及其团队，通过对创业机会的把握，整合团队专业知识技能、资金、技术等要素，并充分利用社会、高校的相关资源，创办相关企业，提供产品或服务，从而创造价值并实现自我价值提升的活动。

(三) 创业的内涵

要理解创业的内涵，需要从主体、过程、结果等多个方面进行考量。

1. 创业的首要特性就是创新性，创新与创业紧密结合

创业是"开创事业"，创业活动必然伴随着创新活动。因此，在本质上创新与创业具有一致性，两者密切联系，不可分割。通常情况下，大学生创业活动都是基于其专业知识背景来开展的，是基于创新的高水平创业活动，这也是大学生创业和一般创业的区别之一。

创新的概念涵盖范围很广，包含了推动社会发展的所有的技术、方法、系统

等维度的变革和价值实现的宏观过程。创业则是具备创新精神的创业者聚焦某个领域开展的实践性、经济性的微观活动。创新是创业活动必不可少的，是创业活动的核心和本质。创业者的创新精神表现为乐于尝试并勇于改变，体现了创业者积极的精神面貌和处事态度，包含着思维层面的多维创造。创业活动则聚焦在行动层面，是创业者在经济领域内开创新事业的活动，是创新的行动具体化和体现形式。

创新与创业都是利用资源实现价值增值的行动，都以价值实现为最终目的。成功的创业活动往往离不开创新。

唯其如此，在本书中，大学生创新创业取同义，视不同语境打通使用。

2. 创业者是创业的主体，创业者素养至关重要

从零开始创建一个企业，在本质上要求充分发挥创业者的主观能动性和创造性。创业者在创业过程中，除了良好的回报预期外，同时需要承担较大的创业风险。在创业过程中，需要创业者在商业机会的识别和利用、企业的组织管理、创业融资、技术引进和创新、公共关系的处理等各个方面付出非常多的时间和精力。因此，创业者在创业过程中起着最关键的领导作用，是创业者推动创业团队持续努力，推动创业企业不断发展壮大。

从这个角度来说，创业素养对创业的成败有着关键性的影响。也正是这个原因，很多风险投资机构在进行创业项目选择时，往往非常关注创业者及其创业团队的情况，然后才是技术、产品、市场潜力等因素。

大学生创业的主体是大学生，一般可以分为技术型大学生创业者、创意型大学生创业者和社会资源型大学生创业者。技术型大学生创业者一般拥有一定的技

术资源，依靠这种技术资源可以在市场上有一定的竞争优势；创意型大学生创业者一般对某个创业项目的运营模式有一定的创意，能够创立一个新的行业或者新的商业模式，从而获得竞争的优势；社会资源型大学生创业者主要利用自己所掌握的社会资源，如家族产业、特许经营权、特定的人脉关系等开展创业活动。无论是哪种类型的创业活动，所有的技术、创意和资源的来源均为大学生创业者及其创业团队。大学生创业的主体是大学生，创业者的独立自主不可或缺。

（四）大学生创业的意义

大学生创业对于社会经济发展和大学生个人成长都有非常重要的积极意义。大学生及其创业团队通过创业机会的把握、政府社会和学校有关创业资源的利用，充分发挥自己的特长，最终创立企业或组织，实现"自我就业"，同时也为社会创造大量的财富，创业带动就业。即使创业失败，其创业经历也会给后来的创业者提供宝贵经验，给自己积累经验。从创业的广义范畴来看，大学生在工作岗位上，通过自己的努力开创属于自己的事业，对个人、家庭和社会也有积极的作用。

1. 对于社会发展而言

（1）大学生创业活动可以促进经济发展和经济结构转型。党的十三大正式确定了分"三步走"实现现代化的战略部署，要求我国在21世纪中叶人均国民生产总值达到中等发达国家水平，人民生活比较富裕，实现基本现代化。而基本现代化的实现离不开经济的发展和经济结构的转型。改革开放以来，我国的经济得到长足发展，GDP增长率一直维持在世界的最前列。随着经济的增长，我国经济也面临着转型升级的需求。

实际上，我国经济长期以来主要靠大量投资来支撑高速增长，这种增长模式比较容易造成产能过剩和内需不足。当前，我国的市场经济如果想要继续保持较高速度的持续增长，必须依靠创新驱动，需要着力营造鼓励创新的宏观环境。大学生创业有利于我国自主型产业的开发和产业链的生成，促进我国经济的可持续发展。

经济结构转型是指从农业的、乡村的、封闭的传统社会向工业的、城镇的、开放的现代社会转型，其目的是实现经济增长方式的转变。而在21世纪，科学技术被称为第一生产力，经济的发展从先前的以物质为基础，转化为现如今的以知识为基础，社会经济从而进入了知识经济时代。因此，产业结构也必将随之而改变，由劳动密集型产业和资本密集型产业向技术密集型产业转移。

大学生作为接受过高等教育的群体，掌握了知识这一最有价值的资本，因此也就成为知识经济时代中最重要的人力资源。大学生创业即是将这种人力资源转换为社会生产力的最有效的方式，可以加速实现知识向产业的转化，从而增强我国的经济发展水平。

（2）大学生创业活动促进维护社会稳定。近些年我国大学生的就业形势十分严峻：高校的专业设置与市场需求并不能接轨，大学毕业生就业存在着结构化矛盾；大学扩招后数量越来越大的毕业生总额，也使得大学毕业生的就业竞争更加激烈。

党的十九大指出："就业是最大的民生。"就业作为民生之本，是社会稳定之源。假如一个人无法实现就业，就会失去主要收入来源，生活也会陷入困境之中；一个人只有实现了就业，才能解决自身的发展问题。由此可见，就业与人们最基本的生存和发展问题息息相关，只有提升就业率，才能改善人民的生活，从而维护社会的稳定。

习近平总书记在天津调查就业情况时说："没有一定增长不足以支撑就业、解决就业问题根本要靠发展，把经济发展蛋糕做大，把就业蛋糕做大。"而大学生创业即是带动就业、增加就业岗位的一条有效途径。同时，创业也是就业的一种形式，可以更好地调动大学生自身的资源和能力，以一种更加贴合大学生自身理念的方式实现他们的职业理想和自身价值。

（3）大学生创业活动可以进一步推动科技创新。大学生作为接受过高等教育的群体，具有较强的创新能力，大学生投身创业活动之中，可以更好地将自己所学的知识技术转化为产品服务、商业创意，从而实现科技创新，更好地带动新兴产业的发展。

2.对于大学生群体而言

（1）增加就业机会。随着高校连续扩招，政府机构改革、国有企事业单位改革和人员下岗分流，国家产业结构调整和供给侧改革，我国每年都将新增大量就业人员，而就业岗位的增长速度不及就业人员的增长速度，必然加剧高校毕业生的就业压力。鼓励大学生进行创业，变被动就业为自主创业，拓宽就业思路，是实施科教兴国和人才强国战略，全面建设社会主义现代化国家的时代要求。自主创业往往能带来一系列产业的发展以及一系列就业岗位的产生，这些岗位也更符合大学生的个人期待，更能发挥大学生的知识能力，从而增加大学生的就业机会。

（2）提高综合能力。创业所需的技能是一系列综合能力的复合体，如领导能力、创新能力、执行能力、社交能力等。这些复合能力很难通过课堂教授的方式传授给大学生，但是这些能力的作用却是巨大的，不仅局限于创业中，在工作生活中也有十分广泛的应用。因此，大学生创业的意义不仅在于它能带来经济价值，更在于在创业过程中，对大学生个人能力的提升作用。在创业实践中，大学生可以学习创业发展的客观规律，增强其创业信心，使其掌握创业技能，学会捕捉商机，提高创业管理能力。

（3）帮助大学生树立职业目标，实现自我价值。大学生就业难的一个重要原因在于：很多大学生对于自己的未来发展准备不足，职业生涯规划模糊不清，对于自身的能力没有正确的认识，也没有树立合理的职业目标，因此到了毕业之际才开始慌忙准备，很难找到适合自己的工作。大学生创业实践将给予大学生一个在学校、导师以及各种政策支持下的创业实践机会，让他们在这项活动中认识到自己的职业能力，树立合理的职业目标，进行职业生涯规划，为自己找到理想的工作环境，查漏补缺，在能力上得到提升。现实、具体的奋斗目标有利于大学生自我价值的实现。

二、素养的概念和内涵

（一）素养的定义

《辞海》对"素养"的解释是"经常修习涵养"和"平素所豢养"；《现代汉语词典（第七版）》对"素养"的解释是"平日的修养"，而对"修养"的解释则是：①指理论、知识、艺术、思想等方面的一定水平；②指养成的正确的待人处事的态度。维基百科中"素养"是指一种习惯、准备，一种准备就绪的状态，或一个特定行为方式的倾向。

"素养"对应的英文单词是"accomplishment"。而英文单词"accomplishment"翻译成汉语,又有"成就;成绩;才艺;技艺;专长;完成"等含义。可见,素养是一个多维度的概念,包括知识、技能、能力、态度、情感等多个层面。素养不仅是指知识和能力,还包括个人拥有的和可调动的社会心理资源,以满足特定情境的复杂要求或实现特定的目的。比如,有效沟通素养,就包含了语言技巧、话语知识、信息整合、倾听共情、体态语言等内容,具有综合性和整体性。

张华认为"素养"英文为 competence,追溯到拉丁文词根 competere;从词源学上看,它是指各种能力或力量(powers)的聚合,以使人恰当应对情境;其中,com 是指"聚合",petere 是指"追求、奋力向前",合起来看,competere 即指"合力奋斗";因而素养是指人恰当应对情境所需要的综合能力[1]。

经合组织于1998年开始推行"素养的界定与遴选"研究项目时,舍弃"skill"一词,采用"competence"一词来表述素养,用以表明素养的内涵涉及知识、技能、态度的组合。此外,中国台湾学者陈伯璋等人(2007)也指出"competence"与"competency"两者都是指个体为了发展成为一个健全的个体,必须适应未来混沌复杂的生活情境需求,所不可欠缺的知识、能力与态度的"全人"素养或"全方位"素养。素养不只是知识,也不只是能力(OECD,2005),其内涵包括知识、能力或技能、态度(Salganiketal,2003)。从这一角度而言,素养(competency)应该以复数形式(competencies)出现,才能更好地表达这一概念的多维度与多层面性[2]。

---

[1] 张华.论核心素养的内涵[J].全球教育展望,2016,45(4):10-24.
[2] 林崇德.21世纪学生发展核心素养研究(修订版)[M].北京:北京师范大学出版社,2021:22.

哈佛大学罗恩·理查德（Ron Ritchhart, 2002）认为"素养"就是一种后天行为模式，具有主观能动性，而不是被自动激活的。"素养"包含各类行为，而不是单一的某个行为。在特定情境发展过程中，它们是动态的、特殊的，而不是严格执行的规定行为。比主观意愿更重要的是，素养必须与必要的能力相结合。素养激励、激发与引导能力的发展[①]。

（二）素养定义的澄清

从"素养"定义的不同角度来看，"素养"包含了多维度的内容。在现实生活中，"素养"有很多的近义词，如"素质""能力""胜任力"等。只有了解了素养和它们的区别，才能对素养的内涵有真正的了解。

1. 素养和素质

"素质"中的"素"，最初的本义是白色的绢，有本色、颜色单纯、本来的、原有的等含义，强调事物的本质，可理解为事物的内在属性和外在规律性。"质"则有性质、本质、朴素、单纯等含义，也强调了事物的本质特征。

"素质"在古汉语中主要是指物体具备的本质或未经人工修饰的质地，主要指的是物体的客观属性。如《管子·势》中有"正静不争，动作不威，素质不留，与地同极"的说法，在此处"素质"即为"本质"之意。现代汉语中，"素质"内涵的外延扩展到人，不单指物体的属性，汉语词典中"素质"既可以指事物本来的性质，也可以指人的修养或素养。

随着其被学术研究引入，"素质"一词有了更多不同的注解，在不同的学科

---

① 亚瑟·L.科斯塔，贝纳·卡利克著，滕梅芳译[J].数字教育域外观察栏目，2018（3）：80-81.

背景下差异明显。生理学和心理学上将素质定义为先天遗传的品质，这种品质为后天各种能力的发展培养提供了基础；而教育学方面则认为素质虽然会受到先天遗传的影响，但更多的是受环境和教育影响而不断发展起来的后天稳定性的品质特征；而管理学中对于素质的定义与"能力""胜任力"等紧密相关，分为特征论和行为论，这两种观点各有侧重，相互补充。综合来看，首先，素质具有外显性，素质通过个人的行为表现或工作绩效表现出来；其次，素质具有内生性，是个体为了完成一定任务或从事某项活动所具备的内在条件和驱动因素；最后，素质具有可测性，可以通过一定的方法和手段进行识别与评价，并可通过有意识的培养得到改善和提高[①]。

那么，"素养"与"素质"有什么区别？"素质"一词在词典中的解释是人的神经系统和感官上的天生特点，也指事物本来的性质、人的本性。在生理学中，素质是指人的先天生理解剖特点，主要指神经系统、脑、感觉器官和运动器官的特点。在心理学中，素质也有此种含义，并强调是人的心理发展的生理条件，但不能决定心理内容与发展水平。在教育学中，素质的内涵更为广义，是指人在先天的生理基础上，通过后天环境影响和教育训练所获得的、内在的、相对稳定的、长期发挥作用的身心特征及其基本品质结构。因此，人们对"素质"的理解存在广义与狭义之争。从教育的本质和功能来看，素质教育中的"素质"主要是指可以塑造的素质，或者说是指可以培养的素质，因而，素质教育中的"素质"虽然也有其相对稳定的一面，但着眼点是指发展中的素质。在这一点上，

---

① 孔宇航. 大学生创新创业素质评价研究 [D]. 大连：大连理工大学，2018：16.

"素质"与"素养"的含义非常接近。但是,由于一定程度上素质教育是相对于"应试教育"而言的,虽然在"素质教育"中强调对学生"素质"的培养,但素质教育中的"素质"一词尚不能在内涵上全面完整地凸显"素养"的含义[①]。

从这些意义上来讲,"素养"可以理解为"素质"+"修养",其内涵要比"素质"更加丰富。素质的概念相对狭窄,一般侧重于一个人的某个方面,如身体素质或品德素质(如这个人很有素质)方面。良好的素质是素养形成的基础。

2. 素养和能力、技能

"能力"通常是指完成一项任务或达成某个目标所体现出来的素质,也可以认为是达成目标的条件和完成的水平。"能力"总是通过一定的实践事件表现出来的,离开了具体的事件或历史事件的经验,则无法表现人的能力。我们常说某个人很有"能力",实际上是针对其在某件事情上的表现或在很多历史事件上的表现而言的。"能力"的评价是有特定的维度的,如果让一个钢琴家去写小说、做科研,那他就是一个没有很大能力的人。从这个角度来看,世界上没有"没有能力"的人,也没有"能力完全相同"的人。

在生涯发展理论中,"能力"可以分为"天赋"和"技能"两个组成部分。其中"天赋"通常是指先天具备的机能上的特殊才能,如天生嗅觉灵敏或对颜色分辨力特别强等。"技能"是指个体通过后天习得的能力,如阅读能力、写作能力、表达能力等。"技能"又可以分为三个类型,分别是专业知识技能、可迁移技能(或称通用技能)和自我管理技能。如表1-6所示:

---

① 林崇德.21世纪学生发展核心素养研究(修订版)[M].北京:北京师范大学出版社,2021:23.

表 1-6 技能的组成部分

技能组成部分	获取渠道	示例	通俗解释
专业知识技能	通过教育或者培训	电脑编程知识	一个人知道的事情
可迁移技能	通过实践训练	写出优美的电脑程序	一个人会做的事情
自我管理技能	通过品德修行	编程时追求卓越	一个人做事的特征

相对于"素养","能力"这个词在生活中使用更加普遍,但"能力"的范围相对狭窄,不包含情感、态度等维度。相对而言,"素养"比"能力"的内涵更加丰富和宽泛,"素养"不仅包括"能力",还包括情感、态度、自我效能、价值观、人格、道德等层面。很明显,如果一个人很有"能力",但自我效能感很差,做事没有自信,则往往无法取得很大的成功;如果一个人很有"能力",但价值观扭曲,"有才无德",则往往会给他人甚至整个社会造成巨大的破坏。因此,只有"能力"转化升级为"素养",才能"促进人的全面发展,适应社会需要"[《国家中长期教育改革和发展规划纲要(2010～2020年)》提出],完成当前党和国家对高等学校"立德树人"根本任务的要求。

3. 素养和胜任力

"胜任力"的概念最早由哈佛大学教授戴维·麦克利兰(David McClelland)于1973年正式提出,是指能将某一工作中有卓越成就者与普通者区分开来的个人的深层次特征,它可以是动机、特质、自我形象、态度或价值观、某领域知识、认知或行为技能等任何可以被可靠测量或计数的并且能显著区分优秀与一般绩效的个体特征。这也是对"素养"内涵的最早解释。在《测量胜任力而非智力》一文中,他指出应该评价胜任力而不是评价智力。其中的胜任力就很好地解释了素养的内涵,组织中优秀员工所具备的知识、技能、能力和特质能够使其胜任自己的岗位,这些也是决定其绩效优良与否的主要影响因素[①]。后来,又有很多学者对"胜任力"进行了定义,这些定义更加宽泛,认为胜任力包括职业、行为和战略综合三个维度。职业维度是指处理具体的、日常任务的技能;行为维度是指处理非具体的、任意的任务的技能;战略综合维度是指结合组织情境的管理技能[②]。

"胜任力"理论自起源以来就有明确的概念界定,即"胜任力"是在工作情境这个框架下进行的,是对工作领域内的事物进行的分析和讨论。因此,"胜任力"描述的是跟工作绩效有显著关联的关键因素,并不描述一个人所有的人格特质。

(三)素养的内涵

1. "素养"以"全面发展的人"为目的

一个人在成长发展的动态过程中,通过学习、实践、克服困难、承受苦难、接受历练等途径,逐步形成各种知识、能力、品质,与先天的天赋、性格等因素一起,形成独特的个体。这样的人应具备完备的素养,包括解决各种问题的知识和能力,拥有正确的世界观、人生观和价值观,积极向上的情感和态度,实现全方位的完善和提升,适应终身发展和社会经济发展的需要。

2. "素养"是后天习得的

虽然每个人生来都具备一定的素养(或者称为"天赋"),但素养不能是自动激活的,也无法自然获得。要获得和提升自身素养,必须要发挥自身的主观能动性,在生活、学习和工作的种种事物中反复历练。同时,要想提升自身的素

---

① 张敏. 大学生创业素养的主旋律分析及对策研究 [D]. 沈阳:东北大学,2012:8.
② 高福生. 案例研究:LW 公司人力资源开发体系建设 [D]. 广州:华南理工大学,2013.

养，必须要主动有意识地选择素养的实践环节，以获得素养某个要素的提升。

3．"素养"是多种要素的集合

素养表现为若干技能、行为、态度等的复杂集合。人们在进行交流的时候，需要注意倾听对方的话语，注意对方的态度、动作和表情，理解对方表达的观点，同时需要控制自己的态度、语言、动作和表情，解答对方的疑惑，表达自己的疑惑，形成交流氛围。就同样一件事情，跟同一个人进行沟通，不同的人沟通的效果差异很大。既使两个沟通表达能力很强的人分别参与这个沟通过程，也会因为他们素养的差异而导致沟通结果的差异。

4．"素养"强调"知识与思维相伴"

人刚出生时非常脆弱，其成长是从对周围环境的感知形成知识开始的。所以，"素养"从"知识"开始。扎实的知识往往是素养的基础和保障，但随着人的成长发展，"素养"便不再局限于"知识"，在学习和运用知识的同时，素养更加强调思维能力的发展。最终，一个人完善了自己的知识，提升了思维能力，最终促进了自己的发展，素养得到提升。

5．"素养"通过长期内化得到发展

在长期的知识和思维的相互作用过程中，人的内涵逐渐丰富和发展起来，除了知识和能力外，还有世界观、价值观、情感、态度等。这些内涵在知识的积累和能力的提升中，逐步积累和内化，由"刻意为之"到"自然而然"，最终达到"无招胜有招"，能够自由且自律地运用能力、把握情感、驾驭价值。

6．"素养"的提升没有固定的路径

每个人素养的提升都有其独特的路径，素质大体相同的人，其成长发展的经历也会大不相同。既使是对同一个人而言，素养的提升也没有固定的流程或路径。正如素养会潜移默化地发挥作用一样，素养的提升也会通过显性和隐性两种方式进行。正如一个人看的书多了，其做人做事都会让别人敬重。看书学习是显性的，提升了一个人的知识领域；"文学修养"的提升往往是隐性的，和知识领域的提升一起，提升一个人的素养。所以，素养的提升更像是一个人拿着指南针旅行，目的地在前方，但道路却有很多条。

7. "素养"潜移默化地发生作用

在前面人们进行沟通的例子中，人们往往会关注沟通者的"沟通技巧"，即话语的技巧、说话的态度、肢体的动作等内容，这些是可以通过针对性培训获得提升的，当然也有人通过家人的示范教育和生活的历练经验获得。但是，在实际的沟通过程中，除沟通技巧外，沟通者素养的差异会发挥重要的作用，而这种作用的发挥，往往是非显性的、潜移默化的。

三、创业素养的概念和内涵

（一）创业素养的定义

学术界对创业素养的定义迄今仍没有统一的意见。一般认为创业素养是创业者具有的相对独特的素养，也是创业素质与修养的内在统一。

Bird 从创业过程和行为的角度来看，认为创业素养是创业者成功实现创业的高水平综合特征，主要包括其个性特质、技能和知识，这种综合特征因为创业者经验和培训教育的不同而不同，它是一系列可观察、可培养的特征[①]。McClelland 认

---

① Bird, J.B.Time and entrepreneurship[J]. Entrepreneurship Theory and Practice, 1995, 22(2)：5–10.

为创业素养可以包括内在素质及外显素质。外显素质包括专业知识、行业知识、技能、创业经验及管理知识等，内在素质主要包括创业者的能力、品质、创业的动机及价值观等，内在素养是通过创业者外在行为体现出来的，对创业的成功起着至关重要的作用，外在素养是可以通过培训及实践获得，是创业成功的基础[1]。

我国的学者对创业素养也有深入的研究。孙晓云认为创业素养是创业者在创业过程中所需要的创业知识和技能，同时良好的创业品质和动机态度等也是创业成功必不可少的素养。陈艳等人提出创业素养是一种综合素质，主要是指创业者所具备的能力、品质、习惯等素质。主要包括创业意念、能力、特质、知识技能等方面的内容[2]。高卫国等指出创业素养可以按照素养的定义进行理解，它是创业素质与修养的统一，主要是指创业意识及创业精神、创业能力、创业知识等[3]。由此可见，国内一部分学者认为创业素养主要包括创业知识、创业能力（技能）、创业意识（态度）和创业品质等方面，另一部分学者认为应该包含创业精神、创业动机、创业特质等因素。

综合上面的观点，结合"创业"和"素养"的定义和内涵，创业素养是指创业者进行创业活动所具备的相对稳定的各种内在特质的集合，包括创业知识、创业意识、创业动机、创业经验、创业能力、创业品质、创业态度等。创业素养决定了创业能否成功以及取得怎样的成功。创业素养通过创业者的显性行为（如创业能力）和隐性行为（如创业品质）对创业活动产生影响，并且能够被进行识别和评价。

---

[1] McClelland, D.C.Characteristics of successful entrepreneurs[J]. Journal of Creative Behavior, 1987, 21(3)：219-233.
[2] 陈艳，雷育胜，曹然然. 大学生创业素质调查与思考[J]. 高教探索，2006（4）.
[3] 邓梦春，李斌，高卫国. 大学生创业素养的多层次分析[J]. 产业与科技论坛，2011（9）.

(二) 创业素养的特性

1. 创新创造性

创业在本质上就是一种创新创造，因此，创业素养也具有鲜明的创新创造性。创业要求创业者充分发挥自己和团队的主观能动性，创造性地开展各类生产经营活动。具备创业素养的人区别于普通人的显著特征就是其创新创造性。创业者依托自身的创业素养，开创性地进行创新创业活动，做出常人难以做出的选择，从而实现自我价值。正因为如此，创业素养才能和其他的素养有一定的区分。

2. 交叉融合性

创业对创业者有很高的要求，需要创业者具备各类经济、管理等学科的知识，具备全面的能力结构和完善的人格特质，因此，创业素养具有较强的综合性，其内涵要素在创业者的创业实践过程中，互相依存、互相促进、协调一致，形成一个相对稳定的素养结构，创业成功是创业素养中多种因素共同作用的结果。创业素养要素中，任何一个要素发展不完善，都有可能影响创业素养整体水平的发挥，甚至会造成创业失败的结果。同时，在创业过程中，创业素养的多种因素发生交叉融合，才能开展更高层次的创新行为和更有开创性的创业活动，从而取得创业活动更大的成就。

3. 成长发展性

创业素养是先天要素和后天要素的综合，且主要以后天要素为主。因此，创业素养是可以后天培育的，是可以不断成长发展的。创业素养的成长发展性是开展创业教育的客观条件和客观依据。创业素养的发展受到社会政治和经济环境等的影响，依赖创业教育的发展。随着我国社会经济和科技的发展，物质文明和精神文明的不断提高，创新创业政策的不断完善，创业教育的不断深化，创业者创业素养的培育获得了良好的环境。

4. 内化稳定性

创业素养是一种内化的属性，会在创业活动中经常性、稳固性地表现出来。创业素养的作用可以显性地发挥出来，如运用谈判技巧获得商业成功；也可以隐性地发挥出来，如运用人格魅力和领袖气质凝聚创业团队。创业素养一旦获得提高，就会内化为创业者的内在属性，这种内在属性不容易受到外部环境的影响，具有较强的稳定性。正因为如此，开展创业教育的目标应该由提升"创业技能""创业能力"或"创业胜任力"转变为提升"创业素养"。

四、大学生创业素养

大学生创业素养指大学生创业者进行创业活动所具备的相对稳定的各种内在特质的集合，包括创业意识、创业动机、创业能力、创业品质、创业态度等。

大学生创业已成为当下的社会热点，国家为大学生创新创业提供了非常优惠的政策支持，高校也在不断加强对大学生创新创业意识和能力的培养，越来越多的大学生开始思考创新创业的问题，其中一部分大学生已经开始了创业实践。但很多学生有顾虑，不知道自己是否适合创业。这个问题可以从内部因素和外部因素两个角度来考虑。外部因素就是大学生创业所面临的外部环境和资源，包括政策环境、社会经济环境、创业资源情况、创业机会等。内部因素则是大学生是否具备创业所需要的素养，包括创新创业能力、意识品质等。根据辩证法，内因是决定事物发展的决定性因素，因此，大学生创业素养对大学生创业起着决定性作用。

对于大多数大学生创业者而言，创业成功不是一件容易的事情，创业的过程中充满了激情、艰辛、挫折、忧虑、痛苦和徘徊。除了要有坚韧不拔的精神和意志外，还应该具备创业应有的知识和技能，甚至还需要一点点的运气。当创业"理想遇上现实"，任何激情都应该回归理性，掌握创新创业的知识和方法，了解前人的经验和忠告，学会科学、高效的企业管理技巧，提升创业素养，才能取得创业的成功。

（一）创业知识是创业的基础

创业的过程是非常复杂的，需要大量的专业知识，其覆盖的内容十分广泛，除了最基本的市场营销、企业管理、人力资源管理等外，还需要掌握公共资源利用、政策和法律知识等，甚至需要国际化的企业运营知识。特别是在初创阶段，大学生创业者具备这些专业化的知识，对理性认识创业活动、正确认识自我、做出科学理性的创业决策，具有非常重要的意义。在企业发展到一定的阶段，虽然这些专业知识可以通过聘用专业的经营团队来获得，但是创业者的知识素养越丰富，对企业的运营就会越得心应手。因此，创业知识是创业成功的基础。

1. 获取创业知识是创业行动的第一步。大学生通过大学期间的专业学习和创业教育，会获得一定的创业知识，如创业的定义和内涵、创业的形式和内容、创业对人生的价值和意义、创业的风险和应对等，这些知识可以提升大学生的创业意识，帮助大学生正确认识创业，纠正对创业的刻板印象，启迪大学生的创业意愿，从而为创业做好充足的准备。

2. 掌握创业知识帮助大学生识别创业机会。创业的本质是创造价值，创业者需要通过为客户提供产品和服务，使消费者的需求得到满足，但客户的需求往往是变化不定的，大学生创业者需要迅速、准确地识别客户需求变化时创造的机会，迅速做出科学合理的判断和决策，才能取得创业的成功。因此，识别并抓住创业机会，是创业开始的必要条件。大学生创业者对创业机会的识别和把握，在很大程度上取决于创业知识的积累。当然也有一些创业者通过"第六感"敏锐地察觉到创业机会，但这种"第六感"也是创业者将创业知识内化为创业素养而得到的。同时，大学生创业者通过自己所掌握的创业知识，运用科学的手段对创业机会的潜在价值进行评估，可以更有效对创业机会做出判断。

3. 运用创业知识是企业长久运营的关键。在创业初期，能否获取并运用创业资源往往是企业能否生存下来的决定因素，也是创业者所面临的最大困境。在企业建立后，创业者竟会面临创业团队组建和管理、创业资源的持续获取和有效利用、创业风险的管控、创业市场的开发、市场营销管理、企业的人力资源管理、财务管理、品牌建立、企业文化建设等一系列经营管理问题。创业知识决定着企业能否生存下来并实现持续盈利。

（二）创业能力是创业的支撑

创业是一种实践性非常强的活动，需要创业者具备较强的创业能力。大学生创业者是在真实的市场经济环境中开展生产经营活动的，与在实验室里面做实验不同，企业发展的决策往往不容犯错。因此，创业者必须掌握将创业知识、创业想法转化为能够产生经济价值的能力，包括经营管理能力、综合协调能力、战略发展能力等。只有具备强大的创业能力，才能不断克服企业生产经营中遇到的困难和挑战，取得成功。

1. 创业能力显著影响创业行为。大学生群体中，很多人没有开展创业活动是因为对自己的创业能力缺乏自信。认为自己创业能力低的人倾向于创业的可能性较小。同时，创业能力强的大学生，对创业活动往往会表现出更明显的积极主动性，更能有效地识别和把握潜在的创业机会。在开展创业活动后，在遇到困难时会更容易坚持下来，总结经验教训，努力克服困难和挫折，表现出更强的毅力和耐心。

2. 创业能力影响创业成效。如果不考虑意外事件等情况，创业能力与创业成效往往呈现较强的正相关性。在纷繁复杂的创业环境中，创业能力强的大学生创业者能够先人一步发现和利用创业机会，更容易获得创业资源，更能够建立和维持企业的竞争优势，更能够根据内外部环境的变化及时调整企业自身的生产经营活动，建立科学合理的企业发展战略，从而取得更好的创业成效。

(三) 创业人格是创业的关键

创业人格是创业素养中除创业知识和创业能力外其他要素的集合，是不同的创业者之间、创业者和非创业者之间重要的区别，包括强烈的创业动机、不甘平庸、积极进取、敢于质疑、坚韧不拔、团队意识、自律能力、自我反省意识、对事物发展趋势的精准把握、对市场环境的敏锐感知等。不同的创业者在创业人格方面差异较大。举例来说：

很多大学生的创业项目是高新技术创业，即使不是高新技术创业，相对于社会人员创业，其技术含量也相对较高。当今的科学技术，往往都是学科知识交叉融合的产物，光靠一个人的力量非常有限，必须凝聚一个强有力的技术团队。同时，企业经营管理涉及的面非常广，需要各个领域的专业知识，也需要凝聚一个强有力的管理团队。大学生创业者必须具备较强的团队意识，同时具备凝聚团队所必需的自律能力、自我反省能力、领导人格魅力等素养，才能使创业团队具有共同的价值取向、理想志趣和精神追求。

弗里德曼指出："企业家只有一个责任，就是在遵守游戏规则的前提下，运用生产资源从事获取利润的活动。即企业家须从事公开和自由的竞争，不能有欺瞒和诈欺。"[①]市场经济环境下，法治和诚信是企业长久运行的必然要求。诚信不仅是做人的基本原则，也是企业经营的基本原则。大学生创业者的诚信意识，对企业的生产经营产生重要的影响，决定着大学生创业者的创业道路能够走多远。

创业素养对大学生创业活动产生决定性的影响。因此，对大学生创业素养的研究，可以帮助大学生创业者更好地进行创业活动。

---

① 马世洪.创业素养：大学生成功创业的必备素养[J].创新创业教育，2020（2）：34.

第二章
大学生创业素养研究概述

第一节 大学生创业素养研究综述

一、开展综述研究的逻辑前提

大学生创业素养是一个多维度多层次的系统性概念，世界各国学者对创业素养的系统理论体系仍存在一定的争议。学者们主要是从实证学、管理学、心理学等多个视角来探讨创业素养。实证学视角通常基于研究者对创业素养的理解，针对大学生创业者群体开展访谈、问卷调研、个案研究等，对样本数据进行统计处理，从而分析出创业素养的共同特征，从而为大学生创业和高校开展创业教育提供参考。管理学视角则运用管理学领域成熟的素质理论模型，从大学生创业者的组织领导能力等方面开展研究。心理学视角则重点关注成功创业者素养的独特特点，如心理特征、人格特质等，从创业成功人士的心理特点分析总结创业素养的内涵。当然，这些研究通常也都会运用模糊数学、层次分析等定量手段进行研究。

从已有的对创业素养的研究来看，虽然国内外学者对创业素养的维度划分有一定的差别，但普遍认为创业素养和创业活动的成功密切相关，创业素养的内容有的历久弥新，有的则会随着经济社会的发展而发展变化。结合当下的时代特征和需求，对创业素养的各个维度，如创业知识、技能、意识、精神、思维、能力、人格等开展研究，才能对大学生创业活动和高校创新创业教育提供有用参考。

对大学生创业素养的构成要素，需要注意以下三点逻辑前提：

（一）概念和内涵的规范性

从总体上看，当前对创业素养和大学生创业素养的研究逐渐增多，研究成果也日渐丰富，但相对于创业素质、创业教育等仍存在一定的差距。同时，目前学界对素养、创业素养和大学生创业素养等概念仍存在一定的争议，定义和内涵的边界相对模糊。

"创业素养"存在多个容易混淆的概念，如"创业能力""创业胜任力""创业素质"等。学者们对这些概念的研究目的，都是希望提升我国创业教育的实效，从而提升我国大学生的创业率（参与实际创业的大学生人数/大学生总人数）和创业成功率，因此，部分学者为提升研究的价值，在对概念进行界定或开展实证研究时，往往会对概念、内涵、指标体系等进行一定的扩展，普遍采用广义的概念界定，从而导致概念界定随意和混淆的情况，进而导致研究的不规范。

因此，在开展大学生创业素养文献综述研究时，必须要厘清大学生创业素养的概念和内涵，指标体系的选取必须严格遵循素养的定义，避免模糊和不规范。

（二）大学生群体的特殊性

创业素养研究具有广泛性和通用性的特点，其概念、内涵、指标体系等都可以适用于大学生素养研究。但是，由于大学生创业群体与社会普通创业群体存在知识结构、年龄结构、成长环境、个体特质等的差异，大学生创业素养存在一定的独特性。在开展创业素养研究时，必须要考虑到大学生群体的特殊性，在创业素养指标体系建立和验证时，应当考虑到大学生创业群体的实际情况。

（三）各维度研究的借鉴性和耦合性

目前，针对大学生创业的研究成果较多，就研究内容来看，涉及大学生创新、创业素质、创业胜任力、创业绩效、创业教育、创业素养等，其中很多研究都会涉及创业者成功创业因素指标体系的构建和检验。这些研究维度的内容，和大学生创业素养研究有所区别，同时也有一定的联系。在进行大学生创业素养研究时，对这些关系的把握有助于更好地理解创业素养。因此，在开展创业素养指标体系的设计时，参考和借鉴当前创业各维度研究的成果，并进行实证验证，有助于我们更好地开展对创业素养的研究。

二、创业素养指标体系研究现状

（一）文献检索统计

从文献检索角度来看，"大众创业、万众创新"口号提出后，随着国家对创业，特别是对大学生创业工作的重视，我国学者对创业相关领域的研究逐年增加，开展创业研究的深度和广度也逐年增加。从文献检索结果来看，针对"创业素质""创业胜任力"的研究数量高于"创业素养"和"大学生创业素养"。如表2-1所示。

表2-1 中国知网学术期刊全文库以"篇名"收录期刊论文分类检索查询情况一览表（单位：篇）

年份	创业	大学生创业	创业素质	创业胜任力	创业素养	大学生创业素养	创业教育
1989及之前	418	1	1	0	2	0	126
1990	115	0	0	0	0	0	11
1991	99	0	1	0	0	0	16
1992	106	1	3	0	0	0	24
1993	171	0	2	0	1	0	18
1994	527	0	0	0	0	0	32
1995	600	0	0	0	0	0	24
1996	603	0	0	0	0	0	35
1997	691	5	0	1	0	0	24
1998	892	4	0	0	0	0	40
1999	990	5	2	0	0	0	62
2000	1186	38	7	0	1	0	98

（续表）

年份	创业	大学生创业	创业素质	创业胜任力	创业素养	大学生创业素养	创业教育
2001	1229	25	8	0	3	1	110
2002	1582	47	4	0	1	0	138
2003	1919	59	7	2	0	0	212
2004	2125	82	10	0	4	1	269
2005	2317	131	4	2	5	1	354
2006	2427	174	15	1	3	1	442
2007	2927	250	19	1	2	0	620
2008	3462	392	29	1	2	2	806
2009	4510	777	26	1	0	0	1165
2010	5017	1113	45	5	2	1	1491
2011	5070	1150	66	8	7	4	1666
2012	5156	1196	48	19	9	2	1689
2013	5092	1311	47	11	6	3	1691
2014	5679	1509	44	9	16	5	1846
2015	8154	2067	43	17	10	4	2493
2016	1.00万	2848	77	19	17	3	3802
2017	1.06万	3026	77	22	20	6	4638
2018	1.07万	2877	86	40	18	4	5071
2019	1.03万	2696	81	23	19	6	4739
2020	8549	2246	61	27	21	6	3781
2021	3559	873	22	13	13	1	1527

备注：数据日期截至2021年8月18日。

国外学者对创业素养（素质）的研究相对较早，相关研究成果也比较丰富，定性研究和定量研究数量相对均衡，从研究结论来看，国外学者对创业素养的认识存在较大差异，但一般会将创业素养分为心理素质、能力特征、身体素质和知识素质四个维度开展研究，更加注重创业素养中的创新能力和社交能力要素。我国学者在开展相关研究时，普遍会参考和借鉴国外的经验和研究成果，但由于社会经济环境是不断发展的，对创业素养的要求也存在一定的变化，且国内外之间由于存在文化传统、价值观念、经济社会环境等较大的差异，我国学者开展创业素养研究时，一般都会考虑研究本土化的问题。因此，本书在开展创业素养研究综述时，主要选取了近几年中国学者的相关结论。

（二）创业素养的定性分析

研究者基于经济学、管理学和心理学的相关理论，结合自身的经验和学习成果，对创业素养的概念进行定义，并构建创业素养的指标体系。此类指标体系一般可以分为两类，一是根据创业者的素养特征进行研究，如广泛的兴趣、敏锐的洞察力、诚实的品质等；二是研究者根据一定的依据，直接将创业者素养划分为几级维度，如创业知识、创业能力、创业人格特质等，其中创业能力包含学习能力、信息处理能力、企业管理能力等。

1.李强等人借鉴冰山理论开展了成功创业者的人格特质研究，认为对应创业者素质模型，创业者所表现出来的创业知识和技能，是由创业者对创业的认知、自我价值观、个性品质、创业动机决定的。创业者的个性特质，可以看作是一种能力，这种能力是可以通过学习获得的，也是可以通过传授来培育的[①]。

（1）创业知识和技能。创业初期，除了有核心技术外，还需要一定的经济管理知识，比如工商注册、税务缴纳、报表阅读等；发展到一定阶段，管理的水平就越显重要，特别是激励、组织机构的管理、人工薪酬的制度、绩效考核都会制

---

① 李强，白玉翠，陈伟娜，等.创业者素质模型分析[J].企业技术开发，2016（2）：137.

约公司中期的发展；公司发展越久，制度建设就越重要，此时，掌握必备的法律常识是公司发展长久的决定因素之一。在技能上，与人沟通交流的能力、控制资本运作的能力、融资的能力在任何情况下对公司都是非常重要的。

（2）创业动机以及对创业的认识。对创业的认识过高或过低，都不利于创业成功。如果只向往他们的财富、把他们看作偶像，为他们的侃侃而言而激动，这样的创业者承担压力和风险的能力较弱。不少成功的创业人士，形容自己就像是在跑马拉松，持之以恒的努力、心无旁骛、不好高骛远，少一些想象，多一些行动，才是创业的基础。

（3）自我价值观和个性品质。成功创业者和普通大众一样，都具有爱美、勇敢、正直、同情心、理性、自私、冷漠、欲望、懦弱等思想和情绪。但是，成功创业者又有所扬弃，对爱美、同情心、正直、理性等情绪进行了发扬，同时对自私、懦弱和冷漠等情绪进行了压制或抛弃。成功创业者有其必备的个性特质，拥有这些品质，大学生潜在创业者将会有更高的成功机会。

2. 胡选萍等人认为大学生创新创业核心素养培育的第一认知前提是明确创新创业核心素养的基本内涵，架构结构模型。创新创业相关理论与实践研究表明，创新创业人才需要具备思维导向、能力构成和知识储备等要素。大学生是创新创业人才的主要来源，基于创新创业人才的素质结构，建构了大学生创新创业核心素养，它由认知、思维、能力与情怀4个层面构成[①]。

（1）认知，包括以专业为中心的本体性知识，各学科交叉的条件性知识，以

---

① 胡选萍，徐皓，秦公伟. 大学生创新创业核心素养的培养路径探析 [J]. 西部素质教育，2019（9）：77-78.

及具有一定现实情境表征的实践性知识。这些是创新的基础与源泉，也是创新素养生长的"沃土"。（2）思维，包括以归纳与概括、演绎与推理为核心的基本思维，以类比与推理、模型与建构为中心的映射思维，以及以逆向思维、批判性思维和创造性思维为特征的高级思维。这些是供给创新之花盛开与怒放的"阳光"。（3）能力，主要指增强把握机会的能力与提高综合实践能力，包括决策力、创新力和意志力。这些能力是创新之树苗壮成长的"养料"。（4）情怀，具有持续不断、随时闪现的另辟蹊径的意识，富有从新角度、新层面、新视角分析问题、解决问题的动机。而这种情怀要素是滋润创新之树持久生长的"雨露"。

3. 马世洪认为创业素养是创业知识、创业能力和创业品质的内在统一体。其中，创业知识是促进创业成功的核心要素；创业能力是多种能力要素的有机综合体；创业品质是个体在创业活动过程中表现出来的综合心理素质[①]。

（1）创业知识：詹森·库伯提出创业知识包含四类：商业活动知识、创业环境和管理网络知识、管理新企业知识以及和创业者自身的优势和劣势、发展方向、兴趣和目标等相关的知识等。罗哈斯将创业知识系统地划分为功能导向型知识和战略导向型知识，前者包括销售、市场、生产、人力资源管理、财务管理等知识，后者包括战略和竞争分析、成长管理、商业环境评价等知识。单标安、陈海涛认为，创业知识是在新企业创建或成长过程中能够用于识别机会、合理配置资源、运营管理新企业、进行创业战略选择并能创造出经济效益的知识，也包括三类：第一类是与市场或顾客相关的知识，如市场需求、顾客偏好、市场竞争程

---

① 马世洪. 创业素养：大学生成功创业的必备素养[J]. 创新与创业教育，2020（2）：32-33.

度等，主要用于机会的识别和评估；第二类是功能导向型知识，如人力资源管理、财务管理、营销管理、生产管理等方面的知识，主要用于实现创业资源优化配置和运营管理新企业；第三类是战略导向型知识，如市场竞争策略分析、营销策略分析、产品策略分析等方面的知识，主要用于指导新企业战略层面的决策行为。

（2）创业能力：诺布尔等研究发现，创业自我效能体现在六个技能维度：①风险和不确定管理技能维度，即在持续性的压力和冲突情境中高效工作；②创新和产品开发技能维度，即产生新颖的创意及开发出新产品；③人际关系和网络管理技能维度，关键之处在于能与潜在投资者搭建并维持良好的关系；④机会识别技能维度，主要体现在发现和识别出新产品或服务的市场机会；⑤处理和配置关键资源的技能，特别是能够招聘和培训关键员工；⑥发展并保持一个创新环境的技能，表现在开发出鼓励员工尝试创新的环境。钱德勒等认为，创业者为顺利履行创业、管理和技术指导等相关角色的职责并获得良好创业绩效，需要具备以下能力：①敏锐性和耐力，识别出可利用的机会，支撑企业完成从创建到获益的整个过程，需要个体发自内心的长时间努力工作的能力；②概念性能力，协调组织内所有的兴趣、利益和活动的能力；③组织能力，能够与组织中的人士一起工作，理解并激励他们；④政策性能力，包括提升地位、建立合适的联系；⑤使用特定领域内的工具和技术的能力，有时还需要他们成为某行业的专家。

（3）创业品质：明确的目标、坚强的毅力、团队协作、自信、冒险精神、灵活机变以及独特的价值观等人格特征，无不是决定成功创业的基本要素。威廉·拜格雷夫认为，优秀创业者应具备理想、实干、奉献、分享、果断、热爱、周详、命运、决心和金钱等10大品质。米顿总结出成功创业者的典型行为：全局眼光，对组织内外各方面的因素能够有全面的考虑；善于发现机会，采用新的组合方式来整合信息和资源；全身心地投入，朝向目标急切地付诸行动；控制全局，培养下属服从调遣；采用实用主义的观点来判断正误，判断尺度更加灵活；乐于接受不确定性，同时善于将风险分散或转移；保持社会网络的联系，通过社会网络获得帮助和支持；礼遇人才，善于吸引和雇用比自己能力强的人；大多在与创业者的接触中，了解相关的隐性知识。对比分析创业者与非创业者的人格表现，可以发现创业者对成功的需求、具有冒险倾向、对不确定的容忍等人格表现最为突出，并且创业者的这些人格品质是可以通过后天培养的。

4. 张铭依据人的核心素养构成规律，确定大学生创新创业创造核心素养的内涵由"价值取向—人格心理特性—思维品格—知识能力结构"四个纵向维度组成，按照从内到外的顺序，逐层影响生成系统素质总和，其模型如图2-1所示①：

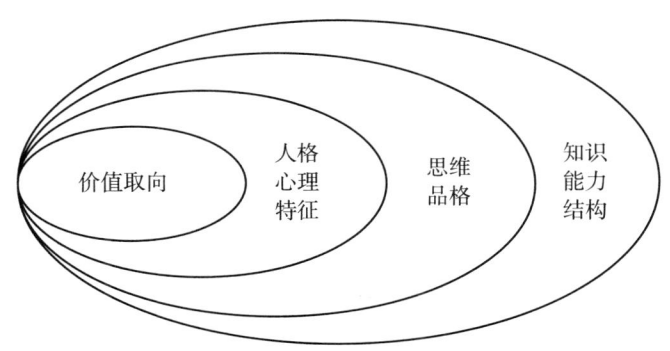

图2-1 创新创业创造型人才核心素养结构图

（1）价值取向：价值取向是价值观的表现特征，是人们对人的价值问题的根本看法。价值观包括人们对价值的构成、标准和本质的不同认识，在价值取向上

---

① 张铭. 大学生创新创业创造核心素养内涵与维度研究[J]. 大学（社会科学），2021（3）：101-102.

一般表现为物质性和精神性的向度区分。价值取向会对人的目标选择以及行为方式造成影响。

（2）人格心理特征：创新创业创造型人才在人格心理特征方面的特性主要表现在独立人格、坚强的毅力和优秀的抗压能力三个方面。

（3）思维品格：创新创业创造型人才在思维品质上具有自己的特性，主要表现在深刻性、敏捷性、独创性、批判性和系统性等方面。创新创业创造型人才的批判式思维和归纳性思维特征明显。

（4）知识能力结构：在知识结构上，创新创业创造型人才首先需要具备精深的专业素养，同时还应有宽泛的知识体系，能力结构上也表现出多样性和综合性。良好的专业素养表现为以专业知识为基础，结合其他相关知识综合运用的能力表现。这需要个体首先对专业知识进行系统学习，把握专业理论的历史发展、前沿问题和发展动态；同时，还需要个体培养自己将专业知识与其他知识交叉运用的能力。能力结构上的多样性要求创新创业创造型人才具备良好的团队合作能力、果敢的决策能力、高效的执行能力和优秀的自我表达能力。

5. 李雅琴认为大学生创新创业核心素养是指其处于创新创业教育环境下，所形成的创新创业精神、创新创业意识，积累的创新创业知识，并在实践中获得提升的创新创业能力等内容。创新创业核心素养的具体构成要素如下[①]：

（1）创新创业知识结构。创业活动的开展必然需要一定的专业知识作为支撑，其内容涵盖十分广泛，除了最基本的市场营销、创业设计、项目管理、人力

---

① 李雅琴. 大学生创新创业核心素养的培养路径探析 [J]. 创新创业理论研究与实践，2021（1）：74.

资源、产品策划外，还需要了解创业相关的政策和法规。

（2）创新创业心理素质。良好的心理品质是促进创业成功的关键性要素，创新创业心理素质是指大学生在参与创业实践活动的过程中，对创业者心理素质的评估，对人的心理起到调节作用的个性心理特征，具体包括认知、言语、性格、意志、情感等。创新创业心理素质在核心素养结构中发挥着承上启下的作用。例如由创新意识、风险意识、市场意识等要素构成的创新创业意识是最高层次的创业观，它显著影响着创业者的精神面貌。

（3）创新创业能力。即创业者依托自身智慧将抽象的想法转化为实际的经济价值的能力，包括专业技术能力、经营管理能力、协调合作能力等。

（4）创新创业个性素质。实践证明，每一个成功的创业者都拥有与众不同的个人特征，包括市场的敏锐感知、强烈的创业动机、丰富的想象力、对事物发展趋势的精准把握、自我反省等。从普遍意义上来讲，创新创业个性素质的主要内容有五项，一是独立性，即在能力范围内做出决定并执行决定，不受外界干扰。二是坚韧性，能够坚定不移地贯彻自己的决定。三是求异性，勇于打破常规、质疑权威，有助于创业者发现新事物。四是主观能动性，能够主动去发现和解决创业中的难题。五是好胜性，反映了一个人不甘平庸、争强好胜的精神，这塑造了个体的自信与自尊，是推动其成长的重要动力。

（三）创业素养的实证分析

研究者根据相关的理论或文献综述，提出创业素养的初步指标体系，通过专家访谈、问卷调查或案例分析等方法，并采用一定的数学统计工具，构建创业素养的指标体系并加以验证，通过模糊评价或综合评价方法对创业素养进行多因素分析，最终得出创业素养的相关研究成果。

1. 花蕾从大学毕业生创业现状出发，对创业型大学毕业生队伍特点及创业面临的困难进行归纳[①]，运用行为事件访谈法对创业型大学毕业生胜任素质的初始指标进行提取，结合已有的文献研究，通过对问卷有效数据的探索性和验证性因素分析，构建创业型大学毕业生胜任素质模型。该模型由机会能力、关系能力、战略能力、组织能力、承诺能力、概念能力和自主学习能力7个维度，22项胜任素质指标构成。其中机会能力维度包括机会认知、机会识别、机会把握能力；关系能力维度包括诚信、人际沟通能力；战略能力维度包括战略思考、分析决策、风险管理能力；组织能力维度包括领导能力、组织协调能力、管理控制能力、资源整合能力；承诺能力维度包括事业心、自信心、敢为性；概念能力维度包括思维能力、创新能力、应变能力；自主学习能力维度包括主动性、学习方法与能力、时间管理能力、学习反馈能力。

将创业型大学毕业生创业绩效分为生存绩效、成长绩效和声誉绩效三个维度。通过问卷调查获取创业型大学毕业生胜任素质和创业绩效的测评数据，通过相关分析、回归分析对创业型大学毕业生胜任素质和创业绩效的相关关系进行分析，得出：①创业胜任素质的七个维度与创业绩效的三个维度均存在正向的相关性；②其中机会胜任素质与声誉绩效存在显著的正相关关系，而概念和组织胜任素质与声誉绩效低度相关；③自主学习胜任素质与生存绩效存在显著的正相关关系，承诺胜任素质与生存绩效存在低度的相关关系；④机会和关系胜任素质与

---

① 花蕾. 创业型大学毕业生胜任素质模型构建与实证研究[D]. 南京：南京邮电大学硕士学位论文，2017.

成长绩效存在显著的正相关关系,而承诺和概念胜任素质与成长绩效低度相关。通过回归分析结果显示:相较于战略、组织、概念因素,机会、关系、承诺以及自主学习这4个因素对于声誉绩效的预测作用更为显著;相较于组织、承诺、概念胜任素质,机会、关系、战略以及自主学习因素对于生存绩效预测作用更为显著;相较于战略、承诺、概念因素,机会、关系、组织以及自主学习因素对于成长绩效的预测作用更为显著。

2. 王鸣华借鉴了国内外在创新创业教育方面的相关理论成果,收集、整理并分析了国内外不同行业的知名创业者和草根创业者的创业案例,初步提出了创业者核心素质指标体系草案。通过问卷调查法和因子分析法对其进行优化与改进,得到了新的创业者核心素质指标体系[①]。如图2-2所示。

3. 程玮采用自主编制的大学生创业能力结构要素问卷,采取随机抽样的方法,对224名企业员工进行调研,进行探索性因素分析,优化前期获得的大学生创业能力结构模型,构建大学生创业能力测评指标体系。结果验证了构建的大学生创业能力结构理论模型稳定性较好,获得的大学生创业能力结构模型由6个维度28项要素构成,模型更简洁,维度命名修正后更为合理,在界定维度内涵和要素的操作性定义的基础上初步编制了由88道题目构成的大学生创业能力评估指标体系,并建立了大学生创业能力二级指标操作性定义,该指标体系为大学生创业能力自评量表的编制奠定了科学的基础[②]。如表2-2所示。

---

① 王鸣华.创业者核心素质指标体系的构建研究[J].商贸人才,2017(11):187.
② 程玮.大学生创业能力结构模型的修正与测评指标体系建构[J].创新创业教育,2020(6):97-102.

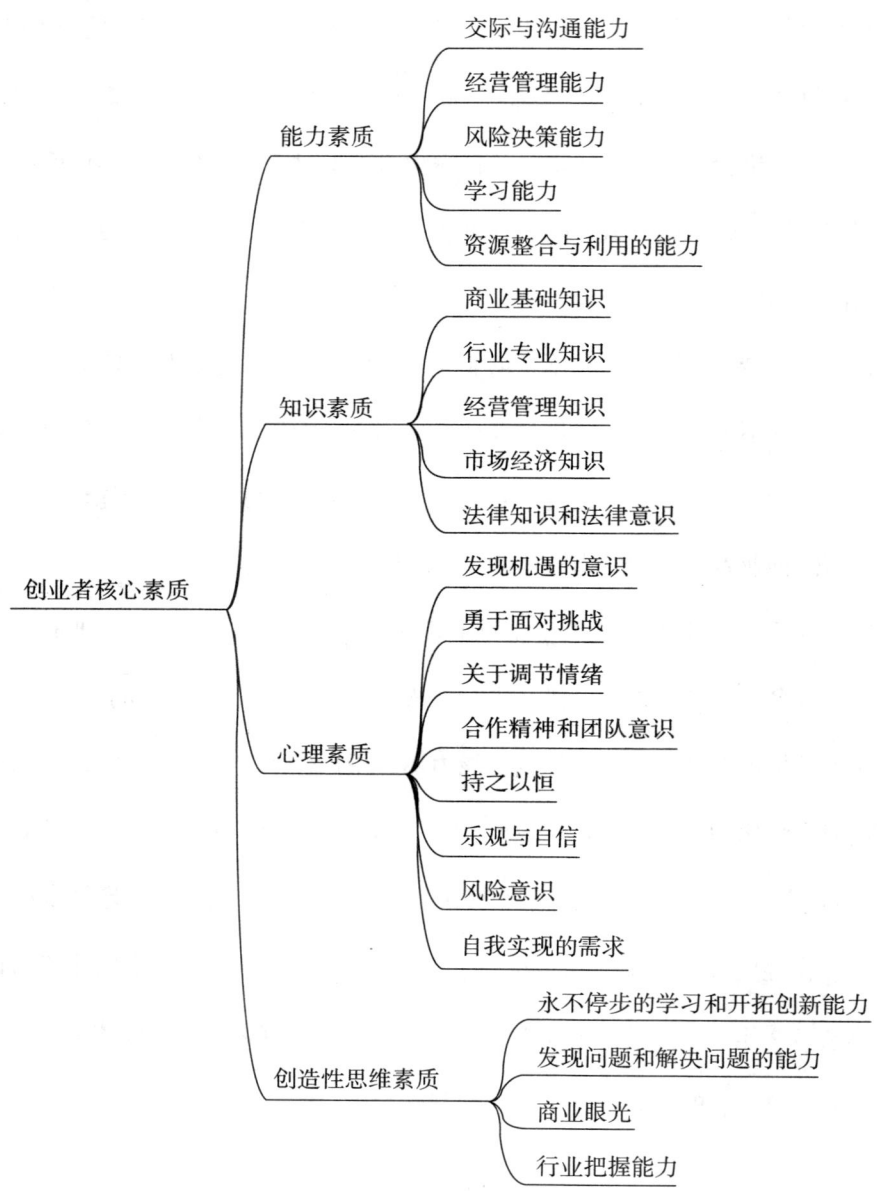

图 2-2　创业者核心素质指标体系

表 2-2　大学生创业能力结构模型

维度	要素
创业管理通用能力	识别与用人能力、经营管理能力、资源整合能力、商务谈判能力、风险管理能力
创新创业技能及基础	采用新技术能力、可迁移能力、综合的跨学科整合能力、社会和人力资本
创业领导者特质	决策能力、胆识和魄力、领导能力、分析解决问题的能力、开拓创新能力、主动进取精神
创业领导能力	商机识别能力、信息管理能力、授权的能力、组织管理能力
创业者基本素养	责任感、诚实守信、沟通能力、持续学习能力、抗挫折能力、适应能力
职业通用能力	生涯规划与目标定位、强烈的竞争意识、实践动手能力

4. 庄明科等人认为由于创新创业人才的能力素质是一种内隐状态能力，难以完全用定量的研究方法进行外显表征。因此，本研究采用问卷法与质性研究方法相结合的手段，通过结构性访谈等方法收集典型创新创业人才真实的资料，借助扎根理论对资料进行类属分析，并最终从 16 位典型成功创业者的访谈资料中提炼他们的能力素质元素[①]。

通过研究，将影响创新创业者成功的因素分为五个维度，即个人能力、个性特质、团队因素、外部因素和其他文化因素。主要释义如下：个人能力，主要是那些随着练习或者经验积累可以得到较大提升的、后天获得的能力；个性特质，指的是与个人的人格特质相关的、较为稳定的一些行为倾向；团队因素，其他团队成员以及团队之间的成员关系、分工以及利益分配等；外部因素，是指创业团

---

① 庄明科，叶初阳，李灿，等. 创新创业核心素质的质性研究——以扎根理论为主要方法 [J]. 北京教育（高教），2020（10）：54-57.

队之外的一些影响因素，如经济形式、行业发展态势和投资等；其他文化因素，与企业文化以及品牌等有关。

（1）个人能力。主要有监控能力（指个人能对应自己的目标和任务现状，对计划做出调整和改变，坚持完成既定目标的能力）、沟通能力、经验总结、学习能力、执行能力、领导力、知识技术、机会识别、信息收集、创新能力、规划能力、策划能力、管理能力、问题解决能力和预见性的高低，这些因素均被反映与创新创业的成功与否有关。按频次排序结果是：监控能力、沟通能力、经验总结、学习和执行能力、领导力、知识技术、机会识别、信息收集和创新能力。

（2）个性特质。主要有情绪管理、坚持性、计划性、决断力、细致高效、积极乐观、服务精神、成就导向、开放性、人文关怀、真诚、责任心、精力、严格、主动性、准备充分、自信心。按频次排序结果是：情绪管理、坚持性、计划性、决断力、细致高效、积极乐观和服务精神。

（3）团队因素。主要有制度规范、团队合作、人际关系、团队建设、凝聚力、团队精神、人才培养、重视员工。按频次排序结果是：制度规范、团队合作、人际关系、团队建设、凝聚力、团队精神和人才培养。

（4）外部因素及其他文化因素。其中外部因素主要有鼓励认可、支持帮助、政策制度、行业行情和机遇。按频次排序结果是：鼓励认可、支持帮助、政策制度、行业行情和机遇；其他文化因素可以分为企业文化和品牌知名度两项。

研究提出了创新创业人才"双创"素质模型，如图2-3所示：

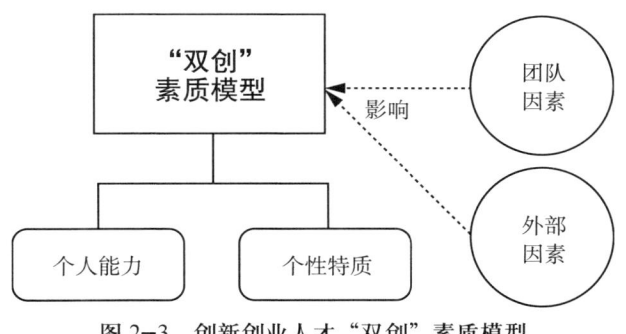

图 2-3　创新创业人才"双创"素质模型

个人能力与个性特质作为"双创"人才的核心素质，对他们的创新创业项目的发展起到了决定性作用。而团队因素和外部因素也在不同阶段影响了项目的进程，构成了"双创"人才素质模型的环境因素。其中，团队因素较容易受到个人能力和个性特质的影响，而外部因素则较为独立，主要与社会经济和各领域政策的大环境相关性较高。

5. 胡海青认为从创业的过程视角看，创业是识别并调集资源或创建组织来利用机会，通过承担和化解风险最终实现价值创造的过程。相应地，创业素养首先是创业动机，包括创业使命、创业效能和创业坚守。创业使命促使创业者具有创业的打算；但这种创业打算能否真正转化为创业行为，还依赖于创业者的创业效能感。另外，创业是一种充满风险的事业，而创业坚守决定着创业者在遇到困难挫折时能否坚持直到创业成功。其次也包括创业技能（创业行为的基础），即创业学习、机会识别、机会利用、关系技能（资源汲取）、组织管理（资源使用）等核心技能。在借鉴其他学者研究的基础上，编制了我国创业大学生创业素养调查问卷，其中创业动机子问卷包括创业使命、创业效能感和创业坚守3个因子（子素养）、10个项目；创业技能子问卷包括创业学习、机会识别、机会利用、关系技能、组织管理技能5个因子（子素养）、21个项目[①]。

胡海青的研究表明：（1）总体上，我国创业大学生的创业素养处于中等偏上的水平。我国创业大学生的创业动机和技能总体上均处于中等偏上的水平。具体来说，在创业动机方面，我国创业大学生的创业使命感较强、创业的坚守性好，但创业效能感的水平并不高，只略高于中等水平。在创业技能方面，我国创业大学生的创业学习和组织管理技能的水平较高，而机会识别、机会利用和人际技能这三种技能的水平却不尽如人意，只处于中等的水平。（2）我国创业大学生的创业素养在人口统计学上存在显著差异。男性创业大学生的创业效能高于女性创业大学生，而女性创业大学生的人际技能却高于男性创业大学生。低年级创业大学生的创业素养显著更低，大学三年级是创业素养发展变化的转折点或分水岭。重点大学创业大学生的创业素养显著高于普通院校，但创业坚守和组织管理技能在两类创业大学生间不存在显著差异。不同专业创业大学生的创业素养不存在显著差异。担任过学生干部的创业大学生的创业素养显著高于未担任过学生干部的，但创业使命与创业学习却例外，在两类创业大学生间不存在显著差异。人际技能方面，城市家庭创业大学生的表现显著优于乡镇和农村家庭的，但其他创业素养在各类家庭的创业大学生间不存在显著差异。母亲在公有制单位（包括国家机关、事业单位和国有企业）和私营企业工作的创业大学生的创业素养均显著高于母亲务农等职业的；除创业坚守外，其他创业素养在母亲在公有制单位与私营企业工作的两类创业大学生间并不存在

[①] 胡海青.创业素养调查及对高校创业教育的启示[J].中国高教研究，2021（7）：49-54.

显著差异。(3) 创业素养在不同创业表现的创业大学生间存在显著差异。创新型创业的创业大学生的创业素养显著好于复制型和模仿型的，创业模式的创新性水平越高，总体上其表现出越好的创业素养。成功的创业大学生的创业素养显著好于表现一般和失败的，即创业越成功者，其创业素养的水平也越高。创业组织绩效好的创业大学生的创业素养显著好于中等和差的，即创业组织的绩效越好，总体上其创业素养的水平也越高。

综上所述，针对大学生创业素养的研究，在研究内容、研究方法和研究结论等方面存在一定的差异，没有通用的创业素养模型。

第二节 大学生创业素养研究的理论定位

一、人的全面发展理论

(一) 全面发展理论的发展

无论是中国古代对"通五经贯六艺"的要求，还是古希腊哲学家们对德、智、体全面发展的论述，注重人的全面发展，是中西方文化都十分重视的问题。特别是到了近代，马克思批判性地继承了前人思想，并在此基础上以历史唯物主义为指导，对生产力和人类社会发展规律开展了研究，提出了马克思主义的人的全面发展理论，认为实现人的全面发展是未来社会的最高价值目标。

马克思和恩格斯在《资本论》《社会主义从空想到科学的发展》《共产党宣言》等很多著作中，都对人的全面发展做出了论述，指出了人的全面发展的条件、途径和手段。其基本观点可以归纳为以下五点：一是人的发展是与社会的发展、生产的发展一致的；二是工场手工业的分工导致了人的片面发展；三是现代化的机器大生产是人全面发展的物质基础；四是共产主义社会可以使人的全面发展完全得以实现；五是生产劳动与教育相结合是实现人的全面发展的唯一方法[①]。

马克思认为人的全面发展包含很多内涵，包括人的需要、人的个性、人的社会关系以及人的能力和潜能的全面发展。"人的本质不是单个人所固有的抽象物，在其现实性上，它是一切社会关系的总和。"[②]每个人的潜能能够得到发展，是人的全面发展最基本和最核心的目标。

1."人的需要"的全面发展

人的需要决定了一个人的生存方式和生存状态，也是多样化的，不断发展变化的。一个人在不同的时期，其需要是不同的，是有侧重点的。根据生涯发展理论，一个人在其生命的历程中，所扮演的角色是不同的，如孩子、学生、工作者、公民、休闲者等。每个阶段可能有几个角色，但有一个角色是主要的角色，这个角色决定了一个人的主要需要。如大学生这个角色，同时可能还有孩子、休闲者、公民等角色，但大学生这个主要角色决定了其当前的主要需要就是学习知识、提高能力、提升素养。随着科技的快速发展，社会分工越来越细，对从业者专业能力和素养的要求越来越高。同时，大学生在开展专业学习的同时，也会面临人际关系、生活娱乐、个性发展等需要。从内外环境来看，大学生的需要都是全面发展的。但是，大学生在大学期间往往局限于某个具体的细分专业的学习，与社会的要求存在一定的脱节。因此，高等教育和大学生本人都需要摆脱这种由社会分工和教育制度所带来的片面性，促进个人的全面发展。如图 2-4 所示。

---

① 董晓红. 高校创业教育管理模式与质量评价研究 [D]. 天津：天津大学，2009：31.
② 马克思恩格斯选集（第 1 卷）[M]. 北京：人民出版社，1995：60.

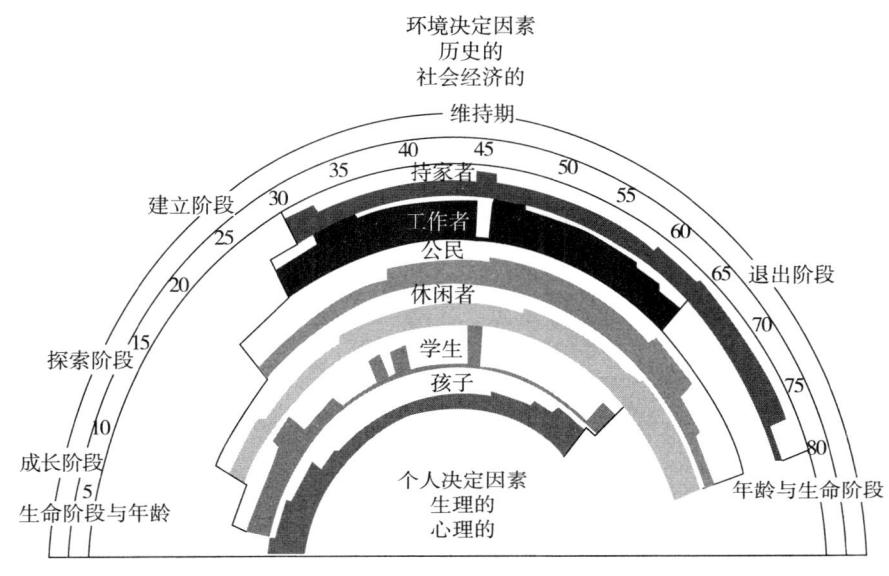

图 2-4 生涯彩虹图

2."人的个性"的全面发展

人的个性的充分发挥，是马克思主义关于人全面发展理论的最高目标。研究人类社会的发展历程可以得出，人的个性发展与生产力的发展和物质的丰富程度有直接的关系。在生产力不够发达的历史时期，除少数大量掌握物质资料的人外，大多数普通人都没有"人的独立性"，而需要"人的依赖关系"。当生产力高度发达后，普通人所获得的物质资料丰富后，人的个性将会得到全面发展。因此，马克思指出，人类社会经历了"人的依赖关系"和"以物的依赖关系为基础的人的独立性"后，最后将到达"建立在个人全面发展和他们共同的、社会的生产能力成为从属于他们的社会财富这一基础上的自由个性"[1]。

当前，我国经过四十多年的改革开放，生产力得到极大的发展，社会物质财

---

[1] 马克思恩格斯文集（第8卷）[M]. 北京：人民出版社，2009：52.

富得到极大的提升。大多数普通人得以获得了个性全面发展的物质基础,人的个性不再受到抑制,个性发展也不再是少数人的特权。大学生获得了个性全面发展的条件和可能,大学生个人关系、个性素养得到普遍的、全面的发展。

3. "人的社会关系"的全面发展

马克思认为人的本质就是一切社会关系的总和。因此,社会关系会对一个人全面发展的程度产生决定性影响。"人创造环境,同样环境也创造人。每个人和每一代所遇到的现成的东西:生产力、资金和社会交往形式的总和。"[1]人时刻处于一个特定的社会关系中,个人的全面发展不可避免地会与其他人产生交互影响。一个人要想取得全面发展,就必然要求其积极参与到社会实践中,进行积极的社会交往,建立丰富而全面的社会关系,获取社会信息,获得社会支持,拓展视野和格局,不断充实和完善发展自己,从而避免或摆脱个人发展的局限性和狭隘性,从而获得全面的发展。大学生要提升创业素养,就需要在校园内外建立积极的社会关系,不断参与社会实践。

4. "人的能力和潜能"的全面发展

马克思认为:"我们把劳动力或劳动能力,理解为人的身体即活的人体中存在的、每当人生产某种使用价值时就运用的体力和智力的总和。"[2]社会分工造成了人的片面发展,但同时也是因为人的体力和智力的片面发展,才进一步促成了社会分工。只有打破这种脑力劳动和体力劳动的界限,才能真正使人的能力和潜能得到全面发展。

---

[1] 马克思恩格斯选集(第1卷)[M]. 北京:人民出版社,1995:92.
[2] 马克思恩格斯全集(第21卷)[M]. 北京:人民出版社,2003:434.

（二）全面发展理论的内涵

马克思的人的全面发展理论认为人的全面发展内涵主要包括两个方面，一是个人智力与能力的全面发展；二是个人自由、充分的发展[①]。

1. 智力与能力的全面发展

个人智力与能力的全面发展包含两个方面的含义：一是个体的智力与能力应同时得到发展。不能只重视对知识的灌输，而忽略对个人能力的培养；也不能认为只要具备了各种能力，就可以不再学习各类知识。智力与能力同是人们创造各类物质价值、精神价值、社会价值的必要条件，是个体实现自我价值的基础。只有二者都得到了很好的发展，个人才能真正获得成功。二是无论是智力的发展还是能力的发展，都应该是完整的而非片面的发展，应该是和谐的而非畸形的发展，应该是多方面的而非单方面的发展。

2. 自由、充分的发展

人的全面发展应当是人的自由的发展，即人能动的、自主的、不受阻碍的、具有独特性和个性的发展，而非受动的、被迫的、压制个人个性的、标准化或模式化的发展。马克思主义极其重视人的因素，承认人的价值，肯定人的价值、人的主体地位、人的尊严、人的个性和人的全面发展。马克思深刻指出：未来社会是"一个更高级的，以每个人的全面而自由发展为基本原则的社会形式"，而"每个人的自由发展是一切人自由发展的条件"[②]。

---

① 沈培芳. 大学生创业素质调查研究——以宁波大学为例 [D]. 上海：华东师范大学，2010：25-26.
② 董晓红. 高校创业教育管理模式与质量评价研究 [D]. 天津：天津大学，2009.

(三) 全面发展理论和大学生创业素养培育

1. 创业素养培育目的是人的全面发展

我国高等教育的目的就是要培养德、智、体、美、劳全面发展的社会主义建设者和接班人，这与马克思主义关于人的全面发展的理论相契合。当前我国经济正处于转型升级的关键时期，社会对人才的需求结构和素养要求必然发生深刻的变化，国家需要更多的高素质、创新型人才，创业素养的培育与当前时代的需求高度契合。培养大学生创业素养符合我国社会人才需求，符合当前我国高等教育改革的大趋势。

开展大学生创业素养培育，主要内容是帮助大学生树立创业意识、丰富大学生的创业知识、增强大学生的创业能力、提升大学生的创业品质，最终的目的也是大学生得到全面发展。

2. 人的全面发展理论指导创业素养培育

在当今社会，教育是促进人的全面发展的最重要途径。普遍的知识和专业的知识是人的全面发展的基础，个性、社会关系、能力和潜能对人的全面发展具有重要意义。马克思的人的全面发展理论让我们看到了全面发展的人的内容和内涵，为高校开展创业教育提供了理论基础，为个人发展创业素养提供了指引。促进人的全面发展的根本保障是要确立以人为本的理念，对高校而言，创业教育过程中要坚持"以人为本"，尊重学生的个性，重视学生的个性发展，有针对性地加强学生的个性教育，进一步促进学生全面发展与个性发展的有机统一；以促进大学生全面发展为目标，深化人才培养模式改革，创新创业素养培育模式，不仅要重视专业知识和技能的传授，还要重视德、智、体、美、劳全面培养，通过第

一、第二课堂和社会实践，培养有理想、有道德、有文化、有纪律的创新型创业人才。

二、中国学生发展核心素养

2014 年教育部研制印发《关于全面深化课程改革落实立德树人根本任务的意见》，提出"教育部将组织研究提出各学段学生发展核心素养体系，明确学生应具备的适应终身发展和社会发展需要的必备品格和关键能力"，这是教育部首次在重要文件中使用"核心素养"的概念，并正式提出将研究制定学生发展核心素养体系。2016 年，《中国学生发展核心素养》正式发布，对学生发展核心素养的内涵、表现、落实途径等做了详细阐释。

（一）核心素养的概念和内涵

核心素养是学生在接受相应学段的教育过程中，逐步形成的适应个人终身发展和社会发展需要的必备品格与关键能力。它是关于学生知识、技能、情感、态度、价值观等多方面要求的结合体；它指向过程，关注学生在其培养过程中的体悟，而非结果导向；同时，核心素养兼具稳定性与开放性、发展性，是一个伴随终身可持续发展、与时俱进的动态优化过程，是个体能够适应未来社会、促进终身学习、实现全面发展的基本保障。核心素养不仅能够促进个体发展，同时也有助于形成运行良好的社会[①]。

核心素养是关于学生知识、技能、情感、态度、价值观等多方面要求的综合表现；是每一名学生获得成功生活、适应个人终身发展和社会发展都需要的、不

---

① 林崇德.21 世纪学生发展核心素养研究（修订版）[M].北京：北京师范大学出版社，2021：26.

可或缺的共同素养；其发展是一个持续终身的过程，可教可学，最初在家庭和学校中培养，随后在一生中不断完善①。

核心素养研究重点解决"培养什么样的人"和"怎样培养人"的问题，是党的教育方针的具体化，将党的教育方针、学校的人才培养目标和具体的教育教学实践紧密结合起来。对核心素养开展研究，可以帮助教育机构和教育工作者真正理解党的教育方针，明确学生应具备的品格和关键能力，明确教育教学过程中对学生核心素养提升的具体要求。自《中国学生发展核心素养》发布以来，我国各级教育部门根据学生发展应具备的核心素养要求积极推动教育改革工作，取得了很多成果。从这个角度来说，研究学生发展核心素养是落实立德树人根本任务的一项重要举措，也是适应世界教育改革发展趋势、提升我国教育国际竞争力的迫切需要。

（二）核心素养的具体内容

中国学生发展核心素养以培养"全面发展的人"为核心，分为"3个方面、6大素养和18个基本要点"②。其中，"3个方面"是指文化基础、自主发展和社会参与；每个"方面"分为2大"素养"，分别为人文底蕴、科学精神、学会学习、健康生活、责任担当和实践创新；每个"素养"分为3个"基本要点"，具体为人文积淀、人文情怀、审美情趣、理性思维、批判质疑、勇于探究、乐学善学、勤于反思、信息意识、珍爱生命、健全人格、自我管理、社会责任、国家认同、国际理解、劳动意识、问题解决和技术运用。核心素养在不同情境中整体发挥作用，各个素养之间是相互联系、相互补充和相互促进的。

---

① 教育思想网.《中国学生发展核心素养》正式发布 [Z]. https://www.sohu.com/a/114389183_100928.
② 核心素养研究课题组. 中国学生发展核心素养 [J]. 中国教育学刊，2016（10）：1.

核心素养的具体划分如图 2-5 和表 2-3 所示：①

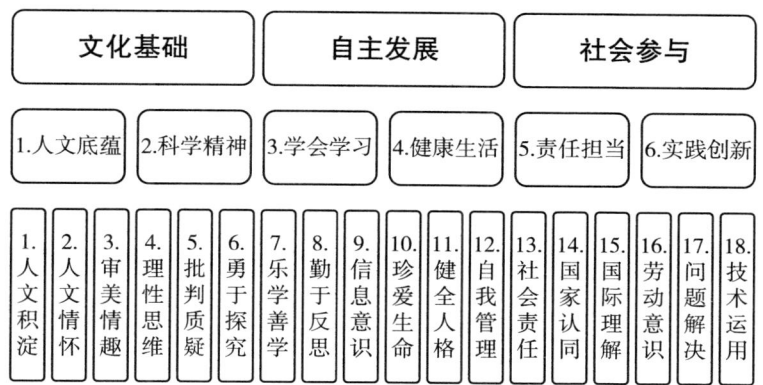

图 2-5 中国学生发展核心素养的划分图

表 2-3 中国学生发展核心素养释义表

方面	素养	基本要点	主要表现
文化基础	文化是人存在的根和魂。文化基础，重在强调能习得人文、科学等各领域的知识和技能，掌握和运用人类优秀智慧成果，涵养内在精神，追求真善美的统一，发展成为有宽厚文化基础、有更高精神追求的人		
	1. 人文底蕴		主要是学生在学习、理解、运用人文领域知识和技能等方面所形成的基本能力、情感态度和价值取向
		1. 人文积淀	具有古今中外人文领域基本知识和成果的积累；能理解和掌握人文思想中所蕴含的认识方法和实践方法等
		2. 人文情怀	具有以人为本的意识，尊重、维护人的尊严和价值；能关切人的生存、发展和幸福等
		3. 审美情趣	具有艺术知识、技能与方法的积累；能理解和尊重文化艺术的多样性，具有发现、感知、欣赏、评价美的意识和基本能力；具有健康的审美价值取向，具有艺术表达和创意表现的兴趣和意识，能在生活中拓展和升华美等
	2. 科学精神		主要是学生在学习、理解、运用科学知识和技能等方面所形成的价值标准、思维方式和行为表现
		4. 理性思维	崇尚真知，能理解和掌握基本的科学原理和方法；尊重事实和证据，有实证意识和严谨的求知态度；逻辑清晰，能运用科学的思维方式认识事物、解决问题、指导行为等
		5. 批判质疑	具有问题意识；能独立思考、独立判断；思维缜密，能多角度、辩证地分析问题，做出选择和决定等

---

① 林崇德. 21世纪学生发展核心素养研究（修订版）[M]. 北京：北京师范大学出版社，2021：274-277.

(续表)

方面	素养	基本要点	主要表现
文化基础	2. 科学精神	6. 勇于探究	具有好奇心和想象力；能不畏困难，有坚持不懈的探索精神；能大胆尝试，积极寻求有效的问题解决方法等
自主发展			自主性是人作为主体的根本属性。自主发展，重在强调能有效管理自己的学习和生活，认识和发现自我价值，发掘自身潜力，有效应对复杂多变的环境，成就出彩人生，发展成为有明确人生方向、有生活品质的人
	3. 学会学习		主要是学生在学习意识形成、学习方式方法选择、学习进程评估调控等方面的综合表现
		7. 乐学善学	能正确认识和理解学习的价值，具有积极的学习态度和浓厚的学习兴趣；能养成良好的学习习惯，掌握适合自身的学习方法；能自主学习，具有终身学习的意识和能力等
		8. 勤于反思	具有对自己的学习状态进行审视的意识和习惯，善于总结经验；能够根据不同情境和自身实际，选择或调整学习策略和方法等
		9. 信息意识	能自觉、有效地获取、评估、鉴别、使用信息；具有数字化生存能力，主动适应"互联网+"等社会信息化发展趋势；具有网络伦理道德与信息安全意识等
	4. 健康生活		主要是学生在认识自我、发展身心、规划人生等方面的综合表现
		10. 珍爱生命	理解生命意义和人生价值；具有安全意识与自我保护能力；掌握适合自身的运动方法和技能，养成健康文明的行为习惯和生活方式等
		11. 健全人格	具有积极的心理品质，自信自爱，坚韧乐观；有自制力，能调节和管理自己的情绪，具有抗挫折能力等
		12. 自我管理	能正确认识与评估自我；依据自身个性和潜质选择适合的发展方向；合理分配和使用时间与精力；具有达成目标的持续行动力等
社会参与			社会性是人的本质属性。社会参与重在强调能处理好自我与社会的关系，养成现代公民所必须遵守和履行的道德准则和行为规范，增强社会责任感，提升创新精神和实践能力，促进个人价值实现，推动社会发展进步，发展成为有理想信念、敢于担当的人
	5. 责任担当		主要是学生在处理与社会、国家、国际等关系方面所形成的情感态度、价值取向和行为方式
		13. 社会责任	自尊自律，文明礼貌，诚信友善，宽和待人；孝亲敬长，有感恩之心；热心公益和志愿服务，敬业奉献，具有团队意识和互助精神；能主动作为，履职尽责，对自我和他人负责；能明辨是非，具有规则与法治意识，积极履行公民义务，理性行使公民权利；崇尚自由平等，能维护社会公平正义；热爱并尊重自然，具有绿色生活方式和可持续发展理念及行动等

（续表）

方面	素养	基本要点	主要表现
社会参与	5. 责任担当	14. 国家认同	具有国家意识，了解国情历史，认同国民身份，能自觉捍卫国家主权、尊严和利益；具有文化自信，尊重中华民族的优秀文明成果，能传播弘扬中华优秀传统文化和社会主义先进文化；了解中国共产党的历史和光荣传统，具有热爱党、拥护党的意识和行动；理解、接受并自觉践行社会主义核心价值观，具有中国特色社会主义共同理想，有为实现中华民族伟大复兴中国梦而不懈奋斗的信念和行动
		15. 国际理解	具有全球意识和开放的心态，了解人类文明进程和世界发展动态；尊重世界多元文化的多样性和差异性，积极参与跨文化交流；关注人类面临的全球性挑战，理解人类命运共同体的内涵与价值等
	6. 实践创新		主要是学生在日常活动、问题解决、适应挑战等方面所形成的实践能力、创新意识和行为表现
		16. 劳动意识	尊重劳动，具有积极的劳动态度和良好的劳动习惯；具有动手操作能力，掌握一定劳动技能；在主动参加的家务劳动、生产劳动、公益活动和社会实践中，具有改进和创新劳动方式、提高劳动效率的意识；具有通过诚实合法劳动创造成功生活的意识和行动等
		17. 问题解决	善于发现和提出问题，有解决问题的兴趣和热情；能依据特定情境和具体条件，选择制订合理的解决方案；具有在复杂环境中行动的能力等
		18. 技术运用	理解技术与人类文明的有机联系，具有学习掌握技术的兴趣和意愿；具有工程思维，能将创意和方案转化为有形物品或对已有物品进行改进与优化等

（三）核心素养和大学生创业素养培育

1. 创业素养研究是高等教育的使命

自 2016 年《中国学生发展核心素养》正式发布以来，我国学界对核心素养的研究还在深化，对其中的部分内容甚至存在一定的争议。当前研究较多的是基础教育阶段应用核心素养，但核心素养也可以在大学阶段进行应用。早在 2014 年，教育部颁布的《教育部关于全面深化课程改革落实立德树人根本任务的意见》中就明确指出："依据学生发展核心素养体系……完善高校和中小学课程教学有关标准。"所以，中国学生发展核心素养在义务教育、普通高中阶段教育和高等教育三个阶段都有用武之地。

我国正处在中国特色社会主义发展的关键时期，创业是创造社会财富、增加就业岗位、促进经济社会发展的不竭动力，"大众创业、万众创新"成为时代的声音、国家的期盼、青年的责任。大学生是我国社会中最具生气、最有活力和创造力的群体，高等教育是系统性开展大学生核心素养培养的最后阶段，也是大学生创业素养培育最关键的时期，提高大学生创业素养已经成为世界各国高等教育改革和发展的重要部分。

因此，广泛深入开展大学生核心素养特别是创业素养的研究及应用，既是面向新时代提升大学生创新创业能力、提高大学生创业水平的时代要求，同时也是提升当代大学生创业素养、促进大学生终身学习和全面发展的重要途径，是落实高校立德树人根本任务的基础性工作，也是高等教育的神圣使命。

2. 核心素养理论指导创业素养研究

学生发展核心素养研究重点是要解决"培养什么样的人"和"怎样培养人"的问题，是党的教育方针的具体化，对于大学生创业素养的培育，也有较强的指导意义。学生发展核心素养通过对"3个方面、6个素养和18个基本要点"内涵、表现形式等的阐述，为教育部门培养学生的核心素养提供了指引。

考夫曼基金会指出："最有可能在创业方面取得成功的人才，不仅需要拥有21世纪知识与技能，而且应大胆地把这些技能应用于实践，带来新想法、新产品和新服务"[①]。大学生创业素养培育是"大学生发展核心素养"在创业领域的具

---

① LITAN R E.On the road to an entrepreneurial economy: a research and policy guide[J]. Ssrn Electronic Journal, 2007（7）：139.

体应用，虽然在具体的侧重点等方面存在一定的差异，但对创业素养的培养具有较强的指导意义。学生发展核心素养的具体内容都具有可迁移性，对大学生成长发展的各个方面都有指导意义，通过强化学生发展核心素养的概念和内涵，可以帮助高等学校和大学生本人超越我国传统教育中狭义的创业观，转变创业教育中重知识和技能，轻态度和价值的倾向。创业素养的培育和核心素养研究的培育具有较强的共性，即需要依赖各种教育手段和教育形式，通过长期的培养，甚至是终身的培养来不断提升。大学生创业素养的提升不仅包括传统的教育形式，也包括高等学校提供的校内外非正式的甚至非常规的教育。

三、胜任素质理论

（一）胜任素质概念和内涵

1. 胜任素质

胜任素质指一个人为了完成某项具体的工作任务，履行岗位职责并达成岗位绩效而应该具备的与该职位相关的个体特征的综合，具体包含知识技能、社会角色、自我概念、人格特质、动机等内容。胜任素质通过对个体的工作绩效产生关键影响，进而对企业的业绩产生影响。特别是对于创业企业而言，创业者的胜任素质往往会对企业的发展产生决定性影响。

胜任素质具备可衡量、可观察、可指导等特性。胜任素质是完成某个特定工作或从事某个特定岗位所必备的个体特征，具有动态性和一定的狭隘性，不是通用的知识或技能。胜任素质是个人所具备的隐性和显性特征的综合，是能够被观察和衡量的，也是可以从某种程度上被预测的。胜任素质的概念是和具体的某个工作岗位相结合的，反映的是个人对这个工作岗位的绩效水平，能将某一工作中有卓越成就者与普通者区分开来。因此，一定程度上也可以通过绩效水平来衡量个人的胜任素质水平。

2. 胜任素质模型

目前，学术界比较公认的胜任素质模型是冰山模型和洋葱模型。

（1）胜任素质冰山模型

美国心理学家麦克利兰认为一个人的个体素质具有多个层次，按照其表现形式可以分为"内隐素质"和"外显素质"两类，类似于大洋里的冰山，人们看到的是露出水面的部分，而隐藏在水下的部分，比水上的部分要大很多，是冰山的主体，但不容易被人们察觉。后来，美国学者莱尔·M.斯潘塞和塞尼·M.斯潘塞博士在此基础上总结了个体素质的特征，并将素质与"胜任力"的概念相结合，对素质模型进行了补充和解释，形成了素质冰山模型。在该模型中，冰山代表个体的整体素质，水平面上的冰山代表了个体素质中知识和技能部分，属于任职者的基本素质要求，是可以测量并能够培养和提高的；水面下的冰山代表了角色定位、价值观、自我认知、特质、动机等部分，属于优异的任职者区别于普通任职者的部分，这部分素质非常重要但不容易被测量和培育。如图2-6和表2-4所示。

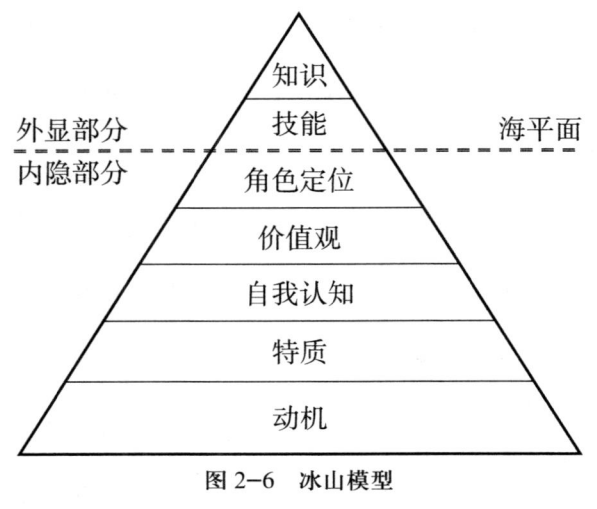

图 2-6 冰山模型

表 2-4 冰山模型释义

表现	内容	释义
外显素质	知识	个体在特定领域拥有的事实性或经验性信息
	技能	能够完成特定任务，在特定领域拥有的综合运用知识和技术的能力
内隐素质	角色定位	受价值观的影响，在社会生活中表现出来的风格和行为方式
	价值观	个体对是否做出选择或对事物重要性的排序
	自我认知	基于自我认知所形成的对自我的评价、态度和价值观等
	特质	个体独有的特点，由外在行为和表现反映出来的对环境、个体及各种信息的持续性反应
	动机	在特定领域表现出的兴趣、偏好以及持续行动的倾向

冰山模型通过对素质构成、素质和胜任力的关系等进行分析，揭示了个体素质的不同成分的特征和其对个体行为的影响。当前，冰山模型已经成为管理学、教育学等领域一个非常重要的工具，对大学生创业素养的培育也具有深刻的启迪意义。

（2）胜任素质洋葱模型

在冰山模型的基础上，美国学者理查德·博亚特兹对冰山模型进行了进一步的发展，提出了素质洋葱模型。洋葱模型对各成分的特点进行了进一步分析，对核心要素进行了清晰的界定，明晰了哪些成分可以被观察和识别。洋葱模型将各成分按照被测量和识别的程度进行了划分，将各成分按可测程度由里及外层层扩展，最终形成了下面的"洋葱模型"。如图 2-7 所示：

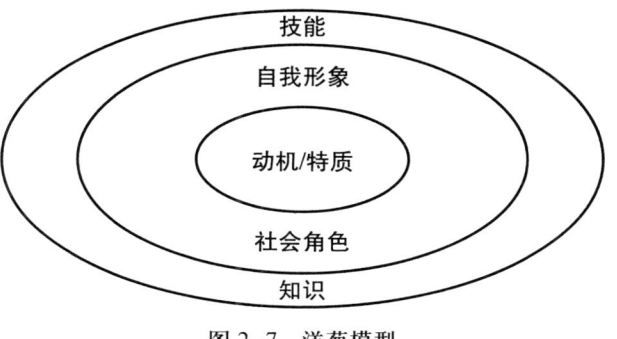

图 2-7 洋葱模型

在洋葱模型中，各成分越靠近外层就越容易进行培养和评价；越靠近里层就越难以进行评价和习得。洋葱模型和冰山模型都强调知识、技能之外的其他素质的重要性，所以在本质上是对个体素质的不同表述。当然，相对于冰山模型，洋葱模型在表述各成分的关系时更具层次性，可以帮助人们清晰地判断各素质成分间的关系。

（二）创业胜任素质

1. 创业胜任力的概念和内涵

创业胜任力是指在企业创业过程中，一个绩效优秀的创业主体所具备的能够胜任企业创业任务并取得高的创业绩效所要求的知识、技能、能力和特质，集中表现为在创业过程中能够识别、追求机会，获取和整合资源的综合能力。

"创业胜任力"的概念最先由 Chandler 和 Hanks 提出，定义为"识别、预见并利用机会的能力"，是创业的核心能力，会随着创业者对市场的熟悉程度而不断加强[1]。胜任素质模型将能力素质划分为不同的层次，外显部分包含知识与技能，内隐部分包含动机、特质、自我认知、价值观和角色定位等不易被观察和测量的因素，指出内隐部分在一个人综合素质发挥中起到主体性和决定性作用，对个人创业的表现和发展起到更为关键的作用。

胜任素质模型中的各个要素相互联系、相互促进，内隐部分较强的人，其外显部分更容易得到提升；而外显部分获得提升后，经过现实生活的实践，会逐渐影响内隐部分，甚至会内化为内隐部分，促进内隐部分的提升。比如，具备较高

---

[1] 范晓光，杨欣虎，孙波. 大学生创业胜任力及其养成[J]. 中国冶金教育，2011（2）：81-83.

创业动机和特质的人,在学习创业知识,获取创业技能方面,会较创业动机低的人更容易取得较好的成绩;而一个人如果创业知识和技能获得较大的提高,也会在一定程度上促进创业动机的提升。

2. 创业胜任力要素构成

目前,越来越多的学者对创业者的胜任力特征开展研究,以识别不同行业或不同创业阶段的创业者所应该具备的胜任力特征。对于创业胜任素质的维度,最受学术界认可的是 Thomas W. Y. Man 对香港服务业中的中小企业雇主和管理者的创业胜任素质调查研究后提出的创业胜任素质六维模型,包括:关系胜任素质、概念胜任素质、组织胜任素质、承诺胜任素质、机会胜任素质和战略胜任素质。这六维模型受到学者们的广泛认可,也多次得到验证[①]。如表 2-5 所示:

表 2-5 创业胜任素质维度及特征表现

创业胜任素质维度	特征表现
机会胜任素质	通过不同方式来识别、捕捉、孕育市场机会的能力
关系胜任素质	促使人与人、人与组织之间互动的能力,例如通过接触、沟通等人际交往以及契约或社会关系来建立信任关系,促使合作
概念胜任素质	体现创业者概念化的能力素质,例如决策能力、借鉴分析能力、创新能力以及对于风险的承担能力等
组织胜任素质	组织内外部资源的能力,既包括对人力、财力、物力和技术资源进行组织协调的能力;也包括对于员工的领导、团队的建设以及培训、监控等方面的技能
战略胜任素质	制定、评估和实施企业战略的能力素质
承诺胜任素质	就是创业者推动业务发展,承诺永续经营的能力

---

① 花蕾. 创业型大学毕业生胜任素质模型构建与实证研究 [D]. 南京:南京邮电大学,2017:11.

Man 认为一个完整的创业者胜任特征模型必须具备上述六个不同的维度，缺一不可，且这些维度体现在创业者创业行为的方方面面。除了上述六个胜任特征外，Thomas W. Y. Man 还提出了一个支持要素，即学习和自我管理能力。该支持要素主要通过影响和促进其他六个要素而发挥自己的作用[①]。

（三）胜任素质理论和大学生创业素养培育

1. 胜任素质理论为分析大学生创业素养提供帮助

胜任素质认为个体素质具有多个层次，按照其表现形式可以分为"内隐素质"和"外显素质"两类；胜任素质模型则进一步将这些素质进行了界定，并按照可被观察和识别的程度进行了层次化分类。根据胜任素质模型，创业知识和创业技能属于外显部分，创业动机、创业特质、自我认知、创业价值观和创业角色定位则属于内隐部分。外显部分易培养、易测量，但作用相对较小；内隐部分不易培养、不易测量，但却是创业活动的决定性因素。胜任素质理论在剖析创业素养的要素构成方面具有独到之处，借鉴胜任素质理论，结合实证研究，可以清晰地分析大学生的创业素养状况。

2. 大学生创业素养培育要更重视内隐素养

创业素养是指创业者进行创业活动所具备的相对稳定的各种内在特质的集合，包括创业知识、创业意识、创业动机、创业经验、创业能力、创业品质、创业态度等，也是一个多维度的复合概念。当前，我国高校在大学生创业素养培育过程中，普遍重视对大学生创业知识和技能的培育，也取得了丰硕的成果。而由

---

① 刘汉东. 创业者创业胜任力与创业成功的关系研究 [D]. 南京：南京财经大学硕士学位论文，2010：13-14.

于内隐素质的培育具有难度大、不易测量、需要长期坚持等特点，对大学生人才培养模式提出了更高的要求，因此，内隐素质的培育成为当前创业素养培育的重点和难点。如表2-6所示：

表2-6 大学生创业内隐素质维度的表现

内隐素质	释义	大学生典型问题
动机	大学生创业的动力所在，包括创业意识和创新精神等维度	大学生创业总体比例仍偏低，创业内驱力不够强劲
特质	大学生创业者需要具备踏实苦干、不畏困难挫折、锐意开拓的优秀品质	部分大学生创业者挑战自我的意志力较为薄弱，抗压和耐挫的心理承受力较低
自我认知	大学生创业者在创业环境中对自身的剖析和评判，建立自信和做出适合自己的选择	部分大学生创业者创业自信心不足
价值观	大学生创业者辨别外界事物的判断和倾向，包含价值取向和团队意识等维度	部分大学生创业者团队意识不强，特别是在初创成功后，容易出现团队合作问题而导致创业失败
角色定位	创业者对职业角色要求的认同感和自身发展状况的定位	大学生对自身认同感不强，个人发展定位迷茫，失去创业前进的方向

四、创业教育理论

（一）创业教育的概念和内涵

创业教育是提升创业素养的一种重要手段。从广义上讲，创业教育是通过一系列的教育方法和手段，提升个体的整体创业素养，提高个体创业动力、创业能力、创业意识、创业品质等，从而帮助个体获得初创企业的成功并取得最大创业成就的教育。从狭义上讲，创业教育是帮助个体提升创业能力，促进其在商业环境中成功创办企业的教育。毫无疑问，进行从事某项事业、企业、商业规划和活动的教育，从广义上看，必然包含了进行事业心、进取心、开拓精神、冒险精神等的教育；而从狭义上看，则主要指形成和培养从事某项事业、企业、商业规划和活动的知识、技能和能力①。

彼特·德鲁克有一句名言:"创业不是魔法,也不神秘。它与遗传无关。创业是一门学科,可以通过学习掌握它。"②国际上权威的"创业教育"概念最早来自联合国科教文组织1989年首次提出的"Enterprise education"一词。"创业教育"获得了同"学术教育""职业教育"相同的地位,被联合国教科文组织称为教育的"第三本护照"。杰弗里·蒂蒙斯认为:"学校内的创业教育不同于社会上的以培训为目标的教育,也不是企业家速成教育,而是培养具有创新精神的创业一代,其理念实质是开发人力资源的教育创新理念"③。

大学生创业教育不仅涉及"如何创办和持续经营、管理企业",还要培养学生对生活中的各种境遇进行有效辨别和处理,能够结合自己的理念合理利用现有的各类资源,获得创新意识和能力,培养大局观念和发展的眼光,具备坚持不懈的精神等内容。因此,在高校开展创业教育,就是要培养学生较强的创业意识和创业基本品质,在掌握和形成专业基础知识和专业技能的基础上具备高层次的创业知识和能力,尤其是综合性知识和能力;形成稳固而全面的创业基本素质;形成开创性的个性,使学生具有较强的社会适应能力和广泛的竞争能力,发展潜力和后劲很大④。

从属性上来看,创业教育本质上是大学生素质教育的一部分。素质教育是以

---

① 罗兆立.创业教育探析[J].科技创业,2006(12):61-62.
② 李德平.大学生创业教育理念与实践研究[M].北京:人民出版社,2013:11.
③ 《培育和践行社会主义核心价值观》编写组.培育和践行社会主义核心价值观[M].北京:人民出版社,2014.
④ 李时椿,等.大学生创业与高等院校创业教育[M].北京:国防工业出版社,2004.

提高全体国民素质为目标,以促进全面发展为宗旨,以育人为根本,以因材施教为方法的一种现代思想、现代教育模式。它的内涵是面向全体学生,全面提高学生的基本素质,培养学生的创新精神和实践能力[①]。创业需要创业素养较高的人才,因此,创业教育是建立在素质教育基础上的新型人才培养模式。

大学生创业教育并不是让所有的大学生受教育者都能够实际创业,其最终目标是充分挖掘大学生潜能,培育大学生的创业素养。对于大学生而言,在接受过创业教育后,即使最终没有实际创业或创业不成功,其所获得的创业精神、社会责任感、开拓创新能力等,也可以使大学生受教育者终身受益。创业素养的提高,会为大学生日后的成长和发展提供坚实的基础,帮助其不断深化和提升自身综合素养。

(二)创业教育的发展

2002年4月,教育部正式在清华大学、上海交通大学、黑龙江大学等9所高校开展创业教育试点工作,这是我国首次从国家层面在高等教育层面开展创业教育,标志着我国高校创业教育开始了深入的探索与发展。之后,教育部和多个国家部委陆续出台了一系列大学生创新创业支持政策。特别是近几年,支持大学生创新创业已经在社会上形成共识,国家政策的力度不断加大,无论是在政府的工作报告中,还是在国务院、教育部等国家各部委每年发布的与民生密切相关的文件中,鼓励创新创业,特别是鼓励大学生群体创新创业,成为经常出现的内容。2020年7月15日,李克强总理亲自主持召开国务院常务会议,部署深入推

---

① 钟志贤.深呼吸:素质教育进行时[M].北京:教育科学出版社,2003:24-24.

进"大众创业、万众创新",重点支持高校毕业生等群体就业创业。会议指出,按照党中央、国务院部署,全面做好"六稳"工作、落实"六保"任务,应对疫情冲击和发展环境变化,必须贯彻创新驱动发展战略,深入推进大众创业、万众创新,激发市场活力和社会创造力,以新动能支撑保就业保市场主体,尤其是支持高校毕业生、返乡农民工等重点群体创业就业。

在大学生创业教育支持方面,近年来,国家大力引导和鼓励各高校开展创新创业教育和培训工作,成效显著。高校普遍建立了创新创业教育学院、创新创业教育研究中心、创新创业指导中心等机构,为大学生提供创新创业课程、学分、咨询、指导、比赛、孵化等服务,极大调动了大学生创新创业的积极性。主要表现在以下方面:

2015年5月,国务院办公厅专门印发《关于深化高等学校创新创业教育改革的实施意见》,对落实好创新创业教育改革任务做出系统设计、全面部署。文件印发四年多来,教育部坚决贯彻落实党中央、国务院决策部署,采取一系列有力措施,把深化高校创新创业教育改革作为实施创新驱动发展战略的迫切需要,作为推进高等教育综合改革的关键抓手,作为推动高校毕业生更高质量创业就业的重要举措,面向全体学生、引导全体教师参与、融入人才培养全过程,大力推进课程体系、培养机制、教法创新、实践训练、教师队伍等重点领域和关键环节改革,各地各高校改革动力和发展活力明显增强,创新创业教育改革遍地开花,取得显著成效,形成了一批可复制可推广的制度成果,建立了将课堂教学、自主学习、结合实践、指导帮扶、文化引领融为一体的高校创新创业教育体系,培养了一大批"大众创业、万众创新"的生力军,推动高等教育由从业就业教育向创新创业教育战略转型，为国家发展和民族振兴提供了强大的人才和智力支撑。

创新创业教育已经成为新时代发展素质教育的新突破。创新创业教育改革已延伸到课程、教法、实践、教师等人才培养的各重要环节，实现了知识教育、能力培养、素质养成的有机结合，有效促进了学生的全面发展。2018年初，教育部发布了本科专业类教学质量国家标准，明确了各专业类创新创业教育目标要求。截至2018年底，全国高校开设创新创业教育专门课程2.8万余门、上线相关在线课程4100余门，创新创业教育专职教师超过2.7万人，校内创新创业实践平台达1.3万个。此外，全国共有9.3万余各行各业优秀人才走进高校，担任创新创业指导教师。教育部还会同国家发展改革委建设了19个高校"双创"示范基地，建设了200所深化创新创业教育改革示范高校，建立了全国万名优秀创新创业导师人才库，依托国家级精品在线开放课程建设项目，推出了52门创新创业教育精品课，会同国务院发展研究中心研制了创新创业教育质量评价体系。

创新创业教育已经成为高校人才培养模式的新探索。这项改革系统带动了我国高等教育理念更新、人才培养机制创新、教学管理制度革新，有力推动了高校人才培养模式改革。一是协同育人呈现新格局。部部、部校、校校、校企、校所等各种渠道的协同育人模式更加成熟，产学研用结合更加紧密，系列卓越人才教育培养计划已覆盖1000余所高校，惠及140余万学生。2018年，教育部印发"新时代高教40条"，启动实施了"六卓越一拔尖计划2.0"，在工程、法治、医学、农林、新闻、教师以及基础学科领域大力培养卓越拔尖人才，引领新时代高等教育改革创新。二是学科专业调整机制不断健全。主动适应国家战略需求，有力推动学科专业建设与经济社会发展紧密对接,增设物联网、大数据、轨道交通等国家战略新兴产业发展和改善民生需要的专业,以及外语非通用语种、家政学、儿科学等紧缺专业。三是教学管理制度体系更加完善。全面实施弹性学制,支持学生创新创业。建立了创新创业学分积累与转化制度、在线开放课程学习认证和学分认定制度。四是实践能力训练更受重视。深入实施"国家级大学生创新创业训练计划",倡导以学生为主体开展创新性实践,2019年118所部属高校、932所地方高校的3.84万个项目立项,参与学生人数共计16.1万人,项目经费达5.9亿元。[①]

(三)创业教育的内容

由于对创业的内涵和外延理解不同,有关创业教育内容的理解也不尽相同,通过综合研究发现针对大学的创业教育的核心内容应该包括三个方面的要素:

第一,树立创业的自我意识和社会意识。创业意识是创业能力形成的动因,它由创业需要、动机、兴趣、理想、世界观等几个方面组成,是人们从事创业活动的强大内驱力。凡是成功的创业都建立在社会道德感、社会责任感的基础上,因此创业意识不局限于创业的自我意识培养,更要培养创业的社会意识。[②]一方面通过创业教育帮助学生分析自身优势和发展需要,另一方面引导学生关注社会需求将二者有机结合起来。能够以推动社会发展进步为使命,有理想信念、家国情怀、勇于担当。

[①] 创新创业教育改革晒出"成绩单"[J].中国教育新闻网.http://www.jyb.cn/rm.
[②] 黄娟.大学生创业素养培养策略研究——以江西师范大学为研究个案[D].南昌:江西师范大学,2008:14-15.

第二，创业要素能力的培养。创业要素能力是学生进行创业所应具备的核心知识和能力。它包括创业专业能力和管理方法能力。创业能力的形成需要创业者具有较高的智商和情商，是一种高层次的综合能力。专业能力是创业能力中最基本的能力，对大学生创业者的专业能力包括两方面，一是特定领域的科学知识和研究成果，能运用科学的思维方式认识事物、解决问题，指导创业行为。二是创业相关的综合知识，例如：工商、税务、金融、法律等和创业有关的社会知识。管理方法能力是创业项目实现和推进的保障能力，是指创业者在创业过程中所需要的工作方法。如：捕捉商机的能力；领导决策能力；创新能力；资源运用的能力等。

第三，创业心理品质和创业精神的培养。创业的过程是非常艰苦的，有可能遇到各种未知的困难，在面对创业压力和周遭的变化时，创业者的抗压能力，适应变化的能力和敢于挑战并承担风险的能力尤为重要。创业教育中应注重培养和锤炼学生的意志品质和内省反思及调节情绪等能力。根据学生的不同特点，帮助他们正确了解自己，正确认识社会，认识到创业的艰难，形成吃苦耐劳、谦虚宽容、坚韧不拔的创业心理，使创业者能够带领团队解决困难，持续发展。

2016年1月1日，联合国正式启动《2030年可持续发展议程》，该议程旨在呼吁各国采取行动，为此后15年实现17项可持续发展目标而努力。该议程提出，在如何更有效地落实行动中，创业教育是其中的一个关键要素[①]。创业教育要引导学生树立科学的观点，并借此正确地判断和筛选适合自己的发展路径，培养

---

① 阿恩·卡尔森. 反思第四次工业革命和《2030年可持续发展议程》背景下的创业教育[Z]. https://www.sohu.com/a/386765736_670057.

学生具备富有远见的领导力和冒险精神，树立更多的风险承担意识，促进学生作为领导者和管理者积极参与。

（四）创业教育和大学生创业素养培育

创业素养和创业教育之间关系十分密切。创业素养自身具备的特性是创业教育发挥作用的基础和前提，实践证明，创业教育深刻地影响创业素养的培育。

1. 大学生创业素养培育意义重大，要求高校发展创业教育

熊彼特指出，创业家是经济发展的发动机，是经济发展的力量源泉。知识经济和信息社会的到来，对人才的需求不断增加，对人才的素养要求不断提升。当前，在我国"大众创业、万众创新"的时代背景下，培养一大批具备较高创业素养的人才，已经成为落实创新驱动国家战略的迫切需求。但是，从整体上来看，虽然现在有越来越多的大学生开展了创业实践活动，但我国大学生创业的人数所占比例仍然较小。相对于社会人员创业，大学生创业虽然在知识、创新能力等方面有一定的优势，但整体创业素养仍相对较弱。

早在 1998 年 10 月，首届世界高等教育会议就强调"高等教育必须将创业技能和创新精神作为基本目标，以使高校毕业生不仅是求职者，而首先是工作岗位的创造者"。多年来，提高大学生的创业素养已经成为世界各国高等教育改革和发展的重要部分。《中国教育现代化 2035》和《加快推进教育现代化实施方案（2018～2022 年）》均提出我国要加快向创新型国家迈进，必须加快教育现代化进程，迈入教育强国之列。作为教育现代化的重要组成部分，深化高校创新创业教育改革，既是推进高等教育综合改革、促进高校毕业生有效创业就业的重要举措，同时也是我国实施创新驱动发展战略、促进经济提质增效升级的迫切需要。

作为高端人才的培养基地，高校要深化创新创业教育改革，坚持育人为本，落实立德树人根本任务，促进学生全面发展，就必须提高大学生的创业素养，加快培养富有创业精神、敢于投身创业实践的创新创业人才队伍，为实现中华民族伟大复兴的"中国梦"提供强大的人才和智力支撑。

2. 高校创业教育的发展为学生创业素养培育形成条件

大学生创业素养包含的内容非常丰富，是创业素质和创业修养的统一，是大学生创业者进行创业活动所具备的相对稳定的各种内在特质的集合，包括创业意识、创业动机、创业能力、创业品质、创业态度等。创业素养决定了创业能否成功以及取得怎样的成功。创业素养是在具备较高的专业知识水平的基础上形成的，因此，大学生群体更容易发展其创业素养。

素养的形成是一个长期的过程，也是多种因素综合促进形成的。大学生创业素养的培育也需要经过一个长期的、复杂的过程，其创业知识的积累、创业能力的锻炼、创业精神的陶冶、创业个性的养成，都离不开创业教育的开展。我们认为，高校创业教育是一种以培育大学生创业素养为最终目标的教育活动，通过第一课堂和第二课堂的有机结合，政府、学校、学生多方力量的共同发力，创业教育可以为大学生创业素养的培育提供重要条件。

3. 创业教育在创业素养培育中具有较强的促进作用

首先，创业教育可以引导大学生的人生发展方向。大学生在参与创业活动的过程中，在市场竞争中学会独立自主、自我发展、自主经营、自负盈亏、自力更生、自我约束，自己做出决策并对自己的决策负责，在承担风险和自我实现过程中，获得一定的经济自由。为此，创业教育可以帮助大学生创业者科学地选择自己的发展道路，做出创业决定并认识到创业对自己的意义，在创业活动中实现自己的人生价值。

其次，创业教育可以为大学生提供发展的动力。帮助大学生创业者提高知识、能力、人格等方面的发展，启迪创新和创业意识，并在此基础上启发大学生创业者的自主性，使其自觉将提升创业素养当作自己内在的要求和需求，将创业素养提升作为自己全面发展的重要过程。

最后，创业教育可以帮助大学生挖掘潜能。创业最终的目标是实现人的自由、全面的发展，这种发展体现在个人理想、经济自由、自主性社会关系等的实现。通过创业教育，可以唤醒大学生创业者内在的各种创新创造的潜在力量，创设展示和验证潜能的条件，丰富创业阅历，发展创业能力，培育创新人格，创造社会价值，从而在创业过程中逐步达到个人全面发展的目的。

第三章
大学生创业素养实证研究

第一节 研究思路和方法

一、研究总体框架

本研究项目主要包括四个核心部分。

第一，基于能力素质模型的理论分析及深度访谈研究，制定大学生核心创业素养评价指标体系。这主要涉及确定大学生创业素养的特定含义、涵盖的维度，以及各维度涵盖的具体信息。

第二，在建构大学生创业素养的评价指标体系的基础上，研发大学生创业素养调查问卷。这主要涉及形成大学生创业素养的量表，并基于前期施测结果对量表进行调整，使其具有良好的信度和效度。

第三，使用构建良好的大学生创业素养测试量表，扩大范围调查中国大学生创业素养的现状。这主要涉及准确描述中国创业大学生这一广大群体核心能力素质的基本特点，形成中国大学生创业素质模型，形成研究成果。

第四，探讨提升大学生创业素养的教育实践方法。

二、研究思路和方法

随着中国大学生创业热情的高涨，创业水平的不断提升，涌现出大量的大学生创业者。研究这个群体职业素养模型，对于各级政府大学生创新创业的支持方案的提出，对于高校创新创业教育活动设计实施，对于全社会对大学生创业者的关心关注，以及对有创业意愿的大学生自身能力素养的提升均具有重要的理论和现实意义。

已有研究在对象上主要针对普通创业者、创业团队或者创业导师等的较多，对于在校期间开始创业的大学生创业者群体研究较少。在研究方法上，多单独采用理论建构，或单纯调研量化方法，很少有研究者采用"实证研究"的范式，将质性研究与量化分析相结合，深入考察中国大学生创业者的素养体系构成。

本研究对象聚焦创业大学生这一群体，主要指在校生或者毕业五年内的学生，在校期间开始创业活动、具有相对成熟的创业项目的大学生群体。非常具有针对性。研究视角主要聚焦创业大学生素养模型的"实证研究"范式，以努力弥补研究领域的空白。采用的研究思路和方法如图3-1所示。

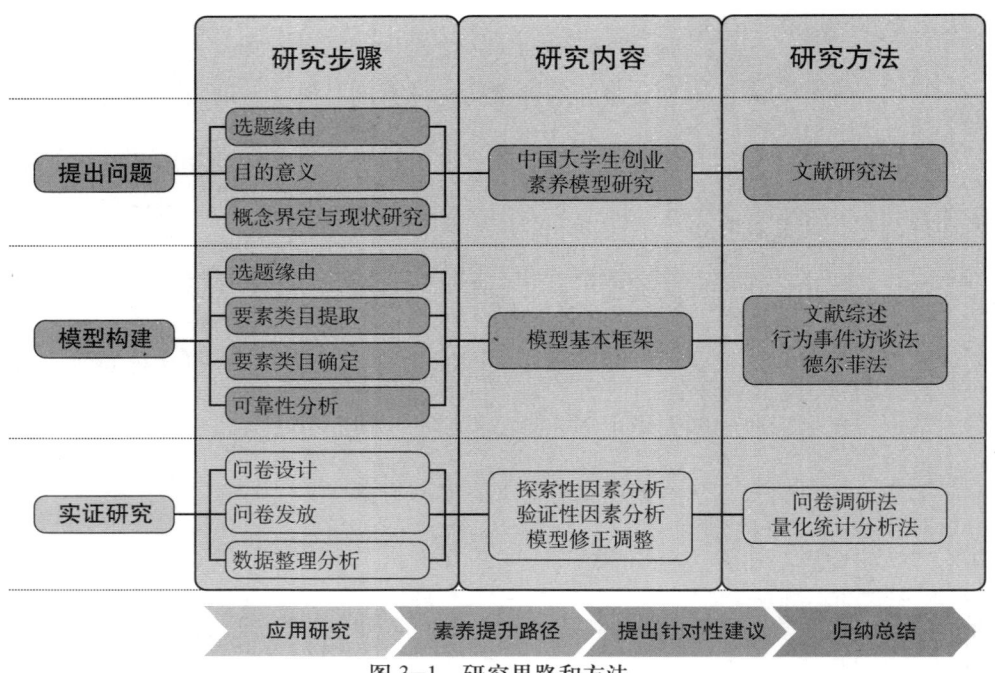

图 3-1 研究思路和方法

第二节 大学生创业素养原始模型构建

第一，行为事件访谈法（Behavioral Event Interview，简称BEI）。主要过程是请受访者回忆和叙述已经发生过的关键事例，这些事例因使受访者具有成就感或挫败感而留在记忆中。受访者要对事件发生的情景、参与的人员、采取的行为、个人的感受和事件的结果进行描述。访谈人员汇总并归纳收集到的具体事件和行为，进而通过对各种胜任素质特征的统计找到目标岗位的核心素质。

第二，德尔菲法。德尔菲法又被称为专家小组讨论法，这种方法首先需要确定各个工作岗位的责任和义务，通过一定的行为识别高绩效表现，进而得出表现优秀员工所具有的品质和胜任工作岗位需要的素质。

一、受访者特征和分类

根据以下几个条件选择研究受访者：

1. 高等学校在校生或毕业五年以内的毕业生；

2. 在校期间开始进行创业实践，已经创立持续稳定的创业项目，或者已经注册公司；

3. 具备较丰富的创业实践经历，创业项目具备一定创新性；

4. 创业项目在省部级或国家级创业竞赛中获奖者优先。

最终选取27名受访者进行一对一访谈，具体人口学分布见表3-1：

表3-1 受访者分类信息

类别	项目	数量（人）	比例
性别	男	21	77.78%
	女	6	22.22%
年龄	16—20周岁	4	14.81%
	21—25周岁	9	33.33%
	26—30周岁	12	44.44%
	31—35周岁	0	0.00%
	36—40周岁	2	7.41%
创业年限	1—3年	7	25.93%
	4—6年	15	55.56%
	7—9年	5	18.52%

(续表)

类别	项目	数量（人）	比例
学历	专科	3	11.11%
	本科	15	55.56%
	硕士	5	18.52%
	博士	3	11.11%
	博士后	1	3.70%
学校地区	东北	6	22.22%
	华北	12	44.44%
	华东	2	7.41%
	华南	2	7.41%
	华中	0	0.00%
	西南	5	18.52%
	西北	0	0.00%

二、访谈准备

（一）访谈提纲的设计

项目组根据项目的研究目标和内容，设计了《中国大学生创业素养研究访谈提纲》（见附录1）。访谈的目的是要求被访谈者陈述创业期间，做过的成功和失败的事情，详细陈述事件发生的情景，采取的行为以及事件的结果，以了解其在创业行为中体现的能力、素养等，从而提取创业素养要素。被访谈者的描述中需包括以下问题：第一，事件发生的情景及起因是什么？第二，事件涉及哪些相关的人？第三，您当时的心理活动是什么？第四，您当时的实际行为是什么？第五，您在行为实施的过程中遇到哪些阻碍？这些阻碍是如何克服的？第六，在您处理问题的过程中哪些特质促进了问题的解决？第七，事件的最终结果是什么？

在访谈过程中如果遇到描述不清之处，被访谈者可随时发问，访谈发起人需时刻准备应对出现的意外情况。

访谈中 A 部分为基础信息部分，B、C 部分为行为分析部分，D 部分为意识分析部分。采用行为和意识相对照的方法印证素养内容。

（二）访谈培训

形成访谈工作小组，对小组进行访谈的培训，提出具体访谈要求和访谈注意事项（见附录2）。要求与访谈对象的谈话时间控制在 1—1.5 小时，访谈全程用录音笔记录，访谈结束后对访谈文本及书面关键事件进行整理。

三、访谈数据分析

（一）类目初选

根据质性文本分析的方法，进行类目初选。编码采用 MAXQDA 软件完成。首先，选用原始访谈材料中的三篇，由四名研究人员分别独立进行初步的编码；具体过程包括：开始分析文本，给重要文本段做标记，写备忘录；创建主要的主题类目；初步编码——使用主类目编码初选的三篇文本。其次，四名编码者一起分析编码的异同，进行讨论，对最恰当的编码达成一致的意见。最后，达成的初选类目共 34 类，作为下一阶段全面编码的基础。

（二）编码分析

根据初选类目，使用 MAXQDA 软件，采用上述方法，对所有 27 篇访谈文档进行编码分析。将得到的类目进行整理，统计出现的频率，选取出现频率较高的类目 20 类，作为提取创业大学生的核心能力的要素。

四、初步形成原始模型

第一，对访谈 D 部分进行通读和归纳总结出关键词；第二，对访谈的 B、C 部分进行编码验证关键词，在上述两个过程中，反复讨论对关键词进行归纳调整，最终将大学生创业素养分为四个一级维度：科学精神（萌发之基）、要素技能（生存之本）、自驱发展（发展之道）、社会参与（坚守之心）。每个一级维度下分为具体类目，具体如图 3-2 所示：

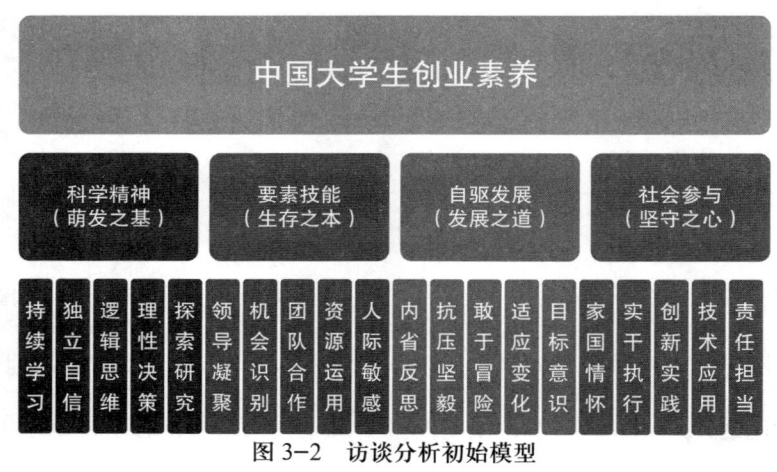

图 3-2 访谈分析初始模型

五、初始素质模型含义

根据访谈分析提出的初始模型包括 4 个一级维度和 20 个二级类目，分别对其含义进行解释。

（一）科学精神（萌发之基）

科学精神是指具备一定的科学人文领域的知识和成果，坚持科学文化发展所形成的优良传统。实事求是，求真务实，能够理解和掌握基本的科学原理和方法，具备严谨的求知和研究态度。能运用科学的思维方式认识事物、解决问题、指导创业行为。善于独立思考和判断，在创业活动中既有方向和信心，又有锲而不舍的意志，勇于探索、大胆尝试、不怕困难。

1. 持续学习

持续学习是指具备创业领域的专业知识，有较强的自主学习能力和积极的学习态度，虚心学习他人的优秀成果，能够快速补充创业项目涉及的各行各业的知识，对政策信息敏感，能够进行创新创业相关的科研工作，触类旁通，举一反三。具有终身学习的意识和能力。

访谈原文举例：

"然后我们也经常看一些创业的访谈或一些咨询，然后还有一些辅导，等等。其实这些都对我们有所帮助，对于我们思维的变化都有帮助，虽然当时是没有什么感觉，但是随着时间的累积，其实我觉得对我们这种创业观念的形成有一个潜移默化的作用。"（位置11-11）

"创业不是一个单方面的行为，而是需要一个综合素养，从你的社会结合，从你的行业需求，还有从你个人的素养各方面都要去关注，不只局限于一个方面，所以在获取信息也好，学习也好，一定是要多维度、多方面的。"（位置13-13）

"后来做公司之后，有的时候感觉做不下去了，比较困难的时候就经常会自己去研究，自己去听那些讲座，还有看那些书，什么创新啊、竞争啊、法务啊、财务啊这些管理的，因为我从来没学过企业管理的这些东西，也需要用到的，然后去学习这方面。"（位置21-21）

"当时我的心情就是觉得自己要学习的东西还很多，我觉得创业者最重要的一定要有善于学习的习惯,所以第一,我觉得自己的认知是非常不够的。第二,我不能够说永远走一步算一步,我应该做好一个非常系统的规划。"(位置18-18)

2. 独立自信

独立自信是指具有问题意识,能独立思考判断,能够引导创业项目向正确的方向发展。多角度、辩证地分析问题,并且自信地做出决定。对研究领域和创业项目具备坚定的信念感和自强不息的精神。

访谈原文举例:

"接下来我们做的另外一件事情就围绕'碳中和'进行,就更专业了,就是把空气中的这种坏的污染物,室外的针对像二氧化碳啊等这些要把它给固化掉,合成氨、合成尿素,包括合成乙烯,又是个能源循环。"(位置14-12)

"然后我们就在想,我们既然已经做了这个项目,就应该把它继续往大往全了做。然后我们就脱离开新冠肺炎,开始往其他肺炎方向,更深地往前面走。以新冠肺炎作为一个出发点,又做了其他肺炎的一些定量和定性的分析。"(位置18-3)

"我觉得还是我们的一种执着,对我们的研发产品以及对技术突破的一个执着的追求。然后我觉得有些时候就是因为这种信念、这种执着,才能让我们把这个产品成功做出来,能够去把这个技术突破了,其实也是整个团队的一个信念感,我觉得要有这种信念感。"(位置26-26)

"别的团队讲不讲我不是很清楚,但是我们团队一直讲长征精神跟延安精神,我就讲我们有个初心,就我们团队自身就带着这种我们红色精神,所以我们平时也会看个红色电影,就激励着我们。为什么讲长征精神呢?因为这个时代说实话创业你牺牲的东西是有限的，比如说牺牲你的时间，牺牲你陪家人的时间，牺牲你陪孩子的时间，也就这对吧？但是长征中，很多人做出牺牲，生命都没有了。所以只要坚守这个初心，你未来就会有希望。所以我们要讲究自强不息的精神。"（位置14-15）

"我们做了很多的努力，后面人家是可以一个板子就能够把你拍死的，说明我们这种商业模式是比较脆弱和幼稚的，也是不成熟的，所以从那个时候开始，我们在做事情的过程当中，更加追求独立自主性，把核心资源和东西掌握在自己手上。"（位置16-16）

3. 逻辑思维

逻辑思维是指思维清晰有条理、判断果断有根据。能够使用恰当的方式、巧妙的安排、严密的推理、合理的比较等方法对于问题进行思考，综合概括能力强。

访谈原文举例：

"首先有一个最重要的结论，一定要是市场需求主导，就是以市场需求为第一位，第二位是这个需求下你是以技术作为解决方案，然后再去做一些执行工作。"（位置32-32）

"我当时想这个地图要么是卖给同学，要么就是卖给学校，但是后面的想法很快就被pass掉了，因为这个东西对学校来说可有可无，毕竟它已经有了官方的东西，而且说实话我们那样的地图给到学校的话呢，可能显得不是那么正式，学校可能也没有相关的经费来支持这一块的东西，所以我们很快就pass掉了。那么如果我们卖给同学，新的问题又出来了，同学为什么要花钱来买？因为学校有平面图，而且我们也不知道该怎么定价，很多同学可能拍个照片，他就不需要这个地图了，所以我们当时这个想法也很快就被推翻，最后我们决定采用招商。我们在大学城的附近找了很多的商家，来帮助我们负担这个费用。"（位置16-16）

"我们当时花了很大的力气去转换供应商，从原先的一家供应商为主，变成了多家供应商来负责出货，但是从一家供应商变成多家供应商的时候，他的管理体系是不一样的，原先我们跟一家工厂会去讲感情或者怎么样，但是多家供应商的时候必须是流程化管理，我们需要引入比较系统的下单流程、跟单流程以及出运流程。"（位置23-23）

"因为我们要进行数据标注，数据标注的过程必须要有医学生来指导，而我们本身是计算机专业的，进行沟通的话就特别困难，需要先去跟医学生学习，医学生也必须非常有耐心地教，然后标出来的东西还要跟医学生反复地确定。"（位置18-18）

4. 理性决策

理性决策是指尊重事实和证据，具备严谨的求知态度。科技高速发展，市场瞬息万变，能够把握市场脉搏，了解前沿的发展，运用科学原理和方法理智地进行决策。

访谈原文举例：

"比较爱思考。其实你想一下你需要干什么，然后你做什么能让你干这些事情更快更有效率，多去深入地想一想，面对问题的时候，深入地想一想。"（位置59-59）

"我们从开了一家门店,到开了三家门店。规模更大,就要求我们要有更加先进的管理理念。我自己也是经济管理学院的,然后就要去思考真正能在社会上运作的管理模式,更有助于我们门店的扩张,是我们公司一个转折点。"(位置61-61)

"创业的人一定有自己比较坚定的想法,不能说,今天这个人说做这个挣钱,等你看到这个挣钱的时候,这个已经不挣钱了,市场的蛋糕已经被分得差不多了。一定要有自己的思考,这也是我坚定地选择医疗行业的一个很重要的原因,是经过这么多年工作经验累积之后的一个选择。"(位置55-55)

"这个过程其实是我自己去思考的一个过程,是我查阅资料,然后跟医生沟通确定下来的结果。在很短的时间之内,我做出这个决定,然后告诉我的团队,并且确定了它的可行性,最后我们继续前进,然后发现真的成功了。"(位置37-37)

5. 探索研究

探索研究是指具有好奇心和想象力,不怕困难,具有坚持不懈的探索精神。尤其是对于在创业过程中遇到的技术难题等,能够不断尝试各种解决方法,潜心研究。

访谈原文举例:

"比如说污水的含油的去除率要达到百分之几,有一次我们其实就只有百分之八十几,但是我们要达到百分之九十,然后我就跟我们实验室的同学一起不停地试错,不停地反复地实验,最终我们也做了很多设计,我们真的是在实验室里通宵地干这件事情。"(位置22-22)

"大概就是这样，自己主动去问一些相关的人，还有去查询一些相关的资料，然后去慢慢摸索。因为你总会遇到新的问题，培训它可能就只是一个小的板块，没办法覆盖整个创业过程中遇到的所有问题，所以我都是遇到问题先分析这个问题的根本所在，然后去咨询一些相关专业的人，或者说是查询一些相关的资料，然后结合自己的经验，去解决这个问题，我都是这样过来的。"（位置17-17）

"然后后来其实也是一个巧合，发现了这种天然的材料。然后这种材料它其实性能很好，也就是我们现在所做的这种智能膨润土，然后我们现在对膨润土进行深入的改造升级。"（位置7-7）

"疫情会对这个科学课程展开影响产生影响，因为不让聚集，但是我们又在想其他方案，比如说线上教实验课，目前也在试验当中，也取得了比较好的反响。"（位置67-67）

（二）要素技能（生存之本）

要素技能是指每个创业者都应具备的保证创业项目能够现实推进的基本能力，是创业项目能够生存的重要根本。

1. 领导凝聚

领导凝聚是指能够充分运用人力和客观条件，提高团队效率。作为团队的领导者，通过共同利益或价值引导将创业团队成员形成聚合共同体的能力。

访谈原文举例：

"然后自信心上的培养，也是从小这些老师和我的父母给我宠出来的，现在到了社会上或者是在团队当中，我一直扮演一个领导的身份，大学时候刚入学就担任了班级的班长，后来在学生会任职，然后包括读研、读博也是我们几十人的团队里边的一个小领袖,我一直能够扮演这样一个角色,那么对于后期管理企业、管理公司都是奠定了一定基础。"(位置24-24)

"我比较擅长这一块,包括现在也是,公司一些相关的投资人关系,一些业主关系,都是我亲自处理,我在我的同学圈子里一直都是一个领头人的角色,这是从来没变过的。"(位置27-27)

"我觉得我有自己的主见,然后能够比较快地做出一些决定,领导力这一块比较厉害。从小的学生干部、组织负责人这些,然后一步一步走到现在的这些,其实都给我后来创业奠定了一个基础。"(位置57-57)

"比如说你要找一个岗位一个负责人,你可能有10个候选人,然后这几个候选人你要一个一个去聊,一个一个去谈,可能有两三个感兴趣,最后真正能来的可能一个,也有可能一个都没有,所以,我找的第二个人当时让他来负责销售,他从外企辞职加入了,后来干了半年,碰到困难的时候他就离开了。所以,这个团队从组建到现在,也经历了三四轮这种磨合的过程,才到了现在这个状态。另外两个技术介绍的合伙人,有一个是'十顾茅庐',把他们家楼下的咖啡馆、餐馆都吃了一个遍,喝了一个遍,最后终于来了。"(位置35-35)

2. 机会识别

机会识别是指善于在生活中细致地观察,结合自身的基础条件、资源情况,通过分析、判断、筛选,在众多机会中发现适合自己的、能够被有效利用的、最优的创业机会。

访谈原文举例:

"一次偶然的机会让我发现售价上千元一斤的'黑枸杞',竟然是家乡大漠里的'紫果'。这种紫果是大漠特有植物，果实破裂后，颜色深黑，我们当地人不敢食用，只是拿它们做染衣服的染料。我摘下几颗拿回学校的实验室进行化验分析后，发现这种无人问津的'紫果'竟然真的是野生黑枸杞。"位置（5-5）

"我跟我的老师在做实验的过程当中，突然发现我们用到的这个植物对于改良盐碱化有很大的帮助。当时也是我们老师帮忙想出来的，突然就是想出这个想法，然后就萌生了这个念头。"（位置11-11）

"突然就有一个想法，那我们为什么不能发明一个东西，让这些不会玩乐器的人都能够快速上手？于是我们就找了几个有共同需求的哥们儿，一起开始创业了。"（位置10-10）

"当时我就想大学生收到的录取通知书里边都有一份那个学校的平面图，但那个平面图是比较官方的，相对而言不是那么的生动有趣。那么我的本科专业学的是测绘工程，专业里边就会有地图学这一块，所以地图学里边讲究的除了必要地图三要素以外，美观也是一个比较重要的点，所以我当时的创业想法就是我把学校的平面图通过美化，我把它做成卡通版的，做成一种很形象很生动的这么一个Q版的手绘地图，当时采用手绘的方式结合了学校的平面图做参考，就出版了第一期作品。"（位置16-16）

"这其实就是以当地人做向导的一个旅游平台，我们出去旅游，现在比较多的就是自驾游，然后包括团队或者是跟着旅游团。但是这些可能越来越不能满足年轻人对于旅游的需求，也算是一个痛点，我们就想能不能做一个当地人向导的服务平台。我们就让当地人向导为我们讲述独特的故事，讲述他自己家乡的故事，让我们不是跟旅游团听千篇一律的讲解，是跟当地人向导一起来感受一座城市的温度。所以说这是我们的一个创新的亮点，然后就做了一系列的平台，推广了一系列的服务，制定了里面的细则，这个是我创业项目的一个主要的内容。"（位置 31-31）

3. 团队合作

团队合作是指具备大局意识、协作精神和服务精神。通过适当的组织管理，最大限度地发挥集体潜能。

访谈原文举例：

"所以在产品方面，我就开始组织人员做研发，研发属于自己的适配化产品。同时把整个管理体系搭建起来，做了分工明确的4个部门，叫作四大系统。第一个就是实质招聘培训系统，第二个就是课程研发系统，第三个是分校经营管理系统，第四个是客户信息服务系统。在实施过程当中，团队遇到的问题就是分工。大家从散漫的团队成长成一支有规划有任务性的队伍，其实还是比较难的，特别是前期。"（位置 20-20）

"因为我觉得团队是对于一个创业团队来说非常重要的事情。如果说一个团队有着共同的愿景，有着一个共同的目标，并且能够团结起来，为了这么一个共同的目标而去努力、而去奋斗，我觉得最终的结果一定是好的。"（位置 19-19）

"其实我们五个人都算是各有所长、各有所短，算是互利互补的一个关系，要是说太深刻的倒是没有，整个项目从头到尾都是我们五个人共同来完成的。"（位置 21-21）

"我认为有两方面，第一个就是最开始跟你一起创业的团队成员，对你影响非常非常大的。第二个就是你的一些关键合伙人，或者是关键的资源对你的支持。这里边实际上关键资源，我们认为创业一开始的第一个活，因为你创业总有人选择先信任你，先吃这个螃蟹，是吧。比如说公司刚开始成立，有一个人是你第一个客户，那他肯定是最吸引人，对吧。那这个人很重要，我认为就这两类人。"（位置54-54）

"在做线下机构时，当时就是因为合作伙伴的原因吧，并不是特别顺利。挑选合伙人的时候，那时候没有经验，后面开展得就不是很顺利，团队各方面的矛盾比较多，也没有一个长远的规划，所以这个机构做得就是不问不管。再结合现在的一个成绩，现在团队还是比较好，做事情会比较轻松一些，也能起到一个事半功倍的效果。"（位置11-11）

4. 资源运用

资源运用是指具备资源意识，对创业所需的人、财、物等必要资源具有寻找和获取的能力，并能够有效地加以运用。

访谈原文举例：

"包括我们跟很多企业的合作，都是长期合作，但是长期合作建立的前提就是我们前期投入了很多人力物力，他们的任何需求我们都配合，这也是一个很长时间的过程，一点点就形成了。还有一些客户经营了很多年，2018年开始创业的资源，我们从2015～2016年就开始经营。"（位置40-40）

"在社会环境方面，我跟我们广东一个公司的创始人，他对我经商的影响非常大。因为之前我们不是正规军，就是我失败了三次，我向他咨询了我接下来的方向规划。我们企业的4个系统就是他当时指导我提出来的理念，并且他带我参加了他们公司高层的会议。那么我就深刻理解了，做好创业要培养一种正规军的思维。这

件事对于我之后做的一些决策都提供了一种决策思维，为我的思维建立一种决策标准。"（位置27-27）

"过了几天去参加一个活动，那边的人社部门领导，听了这件事之后，比较认可我们这个小公司，然后帮助我们在当地介绍了很多的项目，各种学校的技术研发专家，一些政府的工信环保的这些资源。"（位置30-30）

"在园区里面有很多非常有利于我们发展的一些服务，包括很多政策性的讲座、专业能力、工商类的讲座，对于我们来说，这些公共的资源都是我们在成长、在学习中最宝贵的一些公共课程。"（位置11-11）

"压沙需要更多的投入，当时资金短缺，就在我最需要钱的时候，拿到了一笔来自科技局几十万元的救命钱，解了燃眉之急。"（位置9-9）

5. 人际敏感

人际敏感是指善于处理人际关系，有良好人脉，能与他人共情，对人脉运用非常敏锐。具备较强的表达沟通能力。

访谈原文举例：

"应该主要是之前我们第一次创业的时候，其实那时跟师兄就有接触过相关的一些投资人，包括老师也推荐了一些人认识，我跟他创业的时候是没拿到融资的，但是这种人脉一直有，就是之前认识的那些人。后面自己开始做了之后，因为那些投资人一直都认识，然后后面他看到我自己创业了，后面就了解了半年多，然后就去投资了。"（位置21-21）

"我做这个公司的时候，帮助我的人很多，很多都是陌生人，后来变成熟人。我刚开始做的时候，2015～2016年讲那'大众创业、万众创新'，可能领导当时更加激励人力资源去做这些事情，很多领导确实比较赏识吧，这个不同阶段的话，这个有点太多了，因为大家确实都挺帮助我，虽然没什么利益方面的关系。"（位置34-34）

"创业也是跟人打交道，然后跟技术打交道，必须要技术过硬，必须要有自己的人脉才可以走得通。"（位置57-57）

"后来发现，其实农民对我们的感觉认知还是一群刚上大学的小孩儿，跟他儿子是一个水平，甚至还不如他们。所以我们走到那儿，叫天天不应叫地地不灵，农民不信任我们，最后是想尽了一切办法，让他们跟我们建立了联系，所以后续的工作才能展开。"（位置18-18）

（三）自驱发展（发展之道）

自驱发展是指具有内驱力，能够发挥自我的潜能，面对创业的压力和周遭的变化，能够掌控形势，更好地探寻解决的方法。这对于创业项目的长远发展尤为重要。

1. 内省反思

内省反思是指善于发现创业过程中存在的不足，分析原因，善于吸取教训，复盘总结经验，从而反思优化自己各方面的能力。

访谈原文举例：

"一心想着在最短的时间里，选育出最好的黑枸杞种子。贪大求快让我吃了亏，由于方法不当，不少幼苗缺水枯死了。虽然花费的功夫不小，但结出的果实，寥寥无几。当时我把收获的种子寄回到母校实验室，进行花青素含量测定，几乎没有达到我想要的，所以第一年的试种失败了，100多万元的投资打了水漂。然后我认识到，我这个门外汉，想要搞好人工育种，必须听从林业局技术人

员的建议。"（位置9-9）

"那么总结一下以上的经历为什么会失败？第一，失败就是对资金的管控不严格，并且不懂得如何运用资金，不能不懂得运用资金来布局。第二，对自己团队的定位不清晰。第三，法律意识薄弱，对法律边缘抱有侥幸心理。第四，以上所有的东西为什么失败？全部都是取决于我的认知。我的认知没有办法达到一定高度的时候，其实就决定了我的创业格局没有办法打开。"（位置17-17）

"这件事情之后，我就认真去反思，不能再带着大学生这种创业思维了，一定要找专业的人干专业的事儿。"（位置25-26）

"我们就发现洗照片打印照片这个行业毕竟属于夕阳行业，无法形成一种黏性客户，毕竟不是一个刚需，学生很快就遗忘了，所以我们的销售量一直没有办法再创新高，哪怕我们的代理甚至都已经发展到了天津、重庆，我们通过邮寄的方式把照片送过去，但是没有办法突破，所以我们就采用了新的模式，我们把相片打印作为我们的一个引流点，然后根据我们前期积累来的这部分客源，我们做了新的项目。"（位置15-15）

2. 抗压坚毅

抗压坚毅是指不畏惧眼前的困难，压力面前也能积极解决问题。面对逆境的容忍力、耐力、战胜力较强。

访谈原文举例：

"第一批黑枸杞试种成功了，有的开始拱出新芽，结出果实指日可待。可没想到的是，一场沙尘暴将嫩芽几乎全部摧毁了，我也背负了上百万元的高额债务。育种再次失败之后，不少人劝我就此收手，就当是花钱买了个教训。可肆虐的沙尘暴让我更加意识到恶劣的环境对家乡发展的制约,而我种植的黑枸杞属于沙漠植物,本身也能起到压沙固沙的作用。"(位置9-9)

"要是遇到问题,第一反应不是去伤心难过,而是想解决问题的方法,这个是我处事的一个风格,就是遇到问题我会第一时间去反应这个问题该怎么解决,而不是陷入自己的各种情绪当中。"(位置69-69)

"当时我刷信用卡给大家发工资。当时我们想的很简单,因为7月份去找的都是师弟,他们已经表现非常明显的投资意向,但公司它流程比较长很复杂,要风控,要法务,协议的细节都要各种修改,当时因为我对这个希望是非常的明确,所以就没有动摇过,就刷信用卡给大家发工资,这中间还卖了两个车位,攒钱给大家发工资,然后我和合伙人就拿171.25元的工资拿了半年。"(位置42-42)

"所以一个CT病人案例,刚开始的时候可能需要一天的时间去勾勒,这是一个非常痛苦煎熬的过程。而整个团队就从来没有停下来,因为我们是跟国外的团队进行合作,有差不多5个小时的时差,我们白天标数据,他们到下午晚上的时候开始接收我们的数据,然后再和我们一起进行算法的讨论,所以这让人印象非常深刻,这就是一个特别痛苦的过程。"(位置18-18)

"当时八个月的场地时间已经用完了,人家也不让用了,就又找了一个地下室。花了两个多月的时间,两个多月暗无天日,你早上进去,进去之后就看不到太阳,晚上十一二点出来,出来之后,大家都已经睡着了。搞了两个月,然后终于上线了这个京东众筹,完成了从产品到商品的这个转变。"(位置33-33)

3. 敢于冒险

敢于冒险是指勇于挑战新领域,敢于直面创业的风险,具备一定的风险评估能力。

访谈原文举例：

"我觉得最大的是这个冒险精神，就是比较爱折腾。"（位置 20-20）

"但是我个人认为每个人的路都是不一样的，我觉得我应该走什么样的路，我就应该选择什么样的方向，而不是说大家都这么做，我就跟大家这么做，所以，我就花了那两年的时间休学创业。"（位置 23-23）

"当时我没有很多资金，一年多赚的钱基本上投了这个推广，打完这笔推广款已经没有什么钱了，然而当时代理只有十几个。我愿意投这笔推广的原因也很简单，前期微博引流的案例让我清晰地意识到，不产生持续的影响力，就无法持续地有收入，因为我不做广告，其他人其他品牌会做，我不引流，其他人会引流，资源都会导向强势的一方。"（位置 14-14）

"其实我到现在一直在就是面临抉择的时候，我都会去用的这种方法。因为我们大多数人往往在很多抉择两难的时候，会去找很多的证实自己初心的一些证据。还不断说服自己，弯弯绕绕，弯弯绕绕到最后其实选择的还是自己最初的初心。所以这一点我是一直记得，就是当进退两难的时候就 follow heart，就听从自己的内心，然后就去干。最后就是毅然决定放弃考研，怀着满腔的热血，充满希望地和团队一起跑到了北京。"（位置 15-15）

4. 适应变化

适应变化是指对于政策、环境变化的应对比较及时和灵活。保持平稳的心理状态，不骄不躁，平和应对曾经失败或不愉快的经历，保障创业项目的持续推进。

访谈原文举例：

"那时候就只能收缩一下业务线，然后主动理顺业务，其实就是接受那种状态，把一些核心业务保留，把一些非核心的东西全部砍掉了，就这样撑了一段时间，才逐渐撑过来的。"（位置24-24）

"疫情防控常态化之下，创业的方向没有变，只是方式方法上会有一些调整，比如说我们之前做的这种比较传统的线下医疗，那我们现在也在逐渐加上互联网的这个工具。以前主要是针对线下医院的一个服务，医院病人的一个服务。我们之前都是跟三甲医院合作，那这些现在有个问题是什么呢？有相当比例的外地病人，那疫情以后呢，这些外地人进不来，那我们的销量就会受到影响。所以现在我们在做一件什么事呢？就是说他这个病人他可以在北京看，也可以在当地看，我们通过一些医生协会、医师协会，老年协会、老年医学协会等这种协会的一个组织和架构，让北京的这些大专家来通过这种医联体去培训当地的医生，让他们掌握这个工具，给他们进行这种精准的诊疗。"（位置51-51）

"我们是搞人工智能算法的，新冠肺炎疫情暴发的时候，全国能处理的地方都在处理，而且国家也鼓励我们这些研发人员投身。新冠肺炎疫情可能就是2020年2月的时候真正开始暴发，我们的产品5月就已经做好了。所以这个速度很快，因为全国大部分的人都在奉献，大家受到了鼓舞，大家能干的都起来干了。"（位置55-55）

"因为现在的疫情，我们的项目还没有办法在盐碱地的实验室里面进行预实验，所以我们现在的项目基本上就是在实验室里面进行一些基础的盆栽实验，然后通过一些胁迫实验来检测植物的抗逆性。"（位置9-9）

5. 目标意识

目标意识是指能够根据实际情况设定合理目标，具备达成目标的持续行动力。

访谈原文举例：

"因为以上的一些事情，让我逐渐认识到了更多更重要的东西，或者说我的目标更远了，想得更多一些更大一些，所以我去做了自己的创业项目。"（位置23-23）

"所以一直都很坚定，没有什么能影响我们的一个想法，就是要走出农村，然后改变自己的家庭。我从小其实定下来的一个东西（未来的职业选择），第一，我要么就去经商，如果成绩可以一直好，以后是一定要经商的，从小就有这种想法，我是一定要自己做这些企业的。第二，如果成绩不好，没有读到多少书，那时候也不知道书能不能读好，因为全村就出了我一个大学生，那时候也没想过一定能读好，所以想如果读书读不好就去参军，然后去军队里面发展。"（位置29-29）

"诊断出来以后呢，这个只是第一步，其实我们后面还想做的是希望积累中国最大的心血管数据库，然后去挖掘我们中国人特有的一些靶点，去研发药物，这个是我们最终想做的。这个创业确实是未来可期的，值得在创业的这条道路上一直坚持下去。"（位置58-58）

"这个过程其实是我自己去思考的一个过程，是我查阅资料，然后跟医生沟通确定下来的结果。在很短的时间之内，我做出这个决定，然后告诉我的团队，并且确定了它的可行性，最后我们继续前进，然后发现真的成功了。"（位置37-37）

(四) 社会参与（坚守之心）

社会参与是指作为创业者能够处理好自身和社会的关系，具备社会责任感，实现个人价值的同时，能够以推动社会发展进步为使命。热爱国家，具备国际视野，能从全社会全人类的高度思考和行动。有理想信念，勇于担当。

1. 家国情怀

家国情怀是指热爱祖国，热爱家乡，具有人文情怀和奉献精神；有胸怀有大爱，关切全人类长远发展。在创业中有为实现中华民族伟大复兴的中国梦而不懈奋斗的信念和行动。

访谈原文举例：

"从2015年开始，我每年都会拿出固定利润的20%，带人在勤峰滩和甘蒙边境，沙漠化最严重的地方，种植梭梭树。一棵梭梭树，就能固定住方圆10平方米的沙土。现在，方圆3000多亩的土地上，已经种植了38万多棵梭梭树，改变了周围万余亩的生态环境。"（位置7-7）

"通过产业发展，还能带动当地就业，把村民变成产业工人，老百姓有事儿干，这样才能从根本上杜绝盗采的发生。"（位置5-5）

"不能等到自己以后有钱了，有很多钱、钱花不完的时候再去做公益。防风固沙、植树造林基本上是贯穿了我们一生的一件事情。我想要改变的不仅是家乡恶劣的环境，更想要挖掉世世代代的'穷根'。乡村振兴需要更多年轻人回到家乡，建设家乡。那如何能够让更多的年轻人回到家乡？光靠情怀是远远不够的，最重要的是从根本上解决生态问题。"（位置7-7）

"有一次我们经过夜以继日的一个研发，然后我们的产品最终在眉山，就是我们这边的一个地方,在那边的乡镇去处理污水,得到了有效的应用,然后应用了过后,那里的污水得到了有效的改善,我们就很欣慰,然后当地的领导也看到他们的污水情况能够得到有效改善,也很感谢我们,所以说我们也觉得很成功。"(位置24-24)

"其实我觉得,这个团队有能力为国家和社会做出贡献的时候,你才会坚定地走这条路。"(位置53-53)

"就希望更多承担一些责任,但是这个不是口号,确实我们内心深处就是这么想的,包括从团队离开也是这样的,不是说我的境界有多高,就是大家觉得你目前这个力量做不到那么多事,但我不一样,就是我一直强调就是一个人,当他面对一些困难的时候,或者他自己都缺血的时候,他给别人献血,这就体现出他的人生的价值啊,就是这样的。有很多事情不能等,比如说想要孝顺自己的父母,想要回报国家,等等。"(位置20-20)

2. 实干执行

实干执行是指具有超强的执行能力,勇于实践,快速反应,及时行动。能够脚踏实地,一步一个脚印地前进,不忘创业的初心。

访谈原文举例:

"最初在当地县林业局和母校的帮助下,我是很有信心的,我觉得自己从小就干农活,相比锄地耕种,黑枸杞培育更像是栽树,工作强度也更小。前两个月,基地上没有布鞋,我就穿着皮鞋下地。但我很快就发现,劳动强度远比想象中的要大,每天天不亮,我就要下地,挖坑,将野生黑枸杞种下去。没有水,就拉水过来,一个坑一个坑地浇。一个多月下来,三双皮鞋全都磨破了皮,到后来

政府有什么项目要去对接的时候,我都没有拿得出手的行头了。"(位置8-8)

"诉完了苦呢,这个正事儿还得干,在大学能做到的就是作品,他不管你的体积,管你个儿多大,只要功能能用,能让评委看得到功能就行了,所以对我们而言是很简单。那你要想把一个作品变成一个产品,其实是有很大的难度。从左边的这个3D打印的大疙瘩,变成右边的小手环我们用了一年的时间。"(位置22-23)

"最初的时候我也不知道我要做什么,就是纯粹想做事情,我们的项目也是从未知开始摸索,现在也还在探索之中。但在我看来只要愿意付出,就会有新的发现和收获。当然,付出也不是一味付出,要不断地总结经验、教训,时刻保持警觉,不错过任何机会。"(位置27-27)

3. 创新实践

创新实践是指具备长远的眼光,对行业发展有预测力,了解行业痛点,具备国际视野,善于开拓创新,能够不断在创业实践中创新。

访谈原文举例:

"我觉得有一点儿是比较重要的,就是我比较有创新精神,或者说敢想敢干的那种精神。很多事情勇敢去做就行了。对大学生来说,这是一个非常黄金的时期,勇于去尝试,勇于去探索。"(位置69-69)

"我意识到,要想在众多设计工作室中脱颖而出,必须有亮点有新意。而创新的前提是要不断积累,精进技术和优化团队。"(位置25-25)

"所以必须根据市场上的一个需求,对比市场现在状况,比如现在汽车市场有贴膜,有喷漆,有镀金什么的这些,我们结合这些东西,然后我们做出一个完全新的东西。但是新的东西我们这两年做市场这种过程中才发现,好多很好的产品,它存活也就是个 5 年左右的时间,你要是没有持续不断的这种新产品进来,或者是更新迭代一个产品出来的话,你很快就会被市场淹没。"(位置 18-18)

"我们现在做的一个新材料也是国内市场暂时有几家,但是都是做代理的,做国外代理,但是像我们这样自主研发的还没有。"(位置 14-14)

4. 技术应用

技术应用是指理解技术与人类文明的有机联系,重视科研转化,能将创意和方案转化为产品或服务,并不断优化。

访谈原文举例:

"脱贫攻坚,最简单的是帮他卖农产品。但是科技组是帮他们拔高,有科技意识和科技能力,可以带领乡村实现振兴,所以我们现在有这个科技组、科技方案。"(位置 40-40)

"然后第二个就是我们用到的灌草相间种植模式,这个也是我们项目的一大特色,用到了两种植物材料,它们两者呢,都具有很强的抗盐碱化能力,而且它们两种植物生态系统的抑制性非常高,相互耦合在一起后可以体现生物多样性,也可以增加能量流动和物质流动,这个就是我们用到的一些材料。"(位置 9-9)

"我们通过校企合作这样的桥梁,建立起一个很好的合作模式,真正把高校的技术应用在市场的需求侧,真正把我们团队在商业模式设计和渠道网络建设的能力发挥出来。"(位置 22-22)

"化学污染物还有微生物,这是目前我们聚焦的。就用我们材料去把化学污染物给分解掉，保证这个人的健康自由呼吸。那么微生物这也是一样，我们这个材料能实现抗菌消毒，这都是经过权威机构检测验证的。"（位置12-12）

"在经过了近两年的实验室论证阶段之后，一种新的分离技术应用在黑枸杞中的花青素提取上，为黑枸杞泡腾片的量产提供了可能。现在，这项技术已经成功申请了国家专利，正在为量产做着最后的准备。"（位置11-11）

5.责任担当

责任担当是指自尊自律，不忘初心；对团队和集体有责任感，具有规则和法律意识；立足社会实际，解决社会问题。

访谈原文举例：

"我觉得成功是在于社会对你的一个定义，这不是我们说成功就成功，而在于我们对社会所创造的价值。如果我们对社会生产的价值，由社会反馈给我们，社会认为我们是成功的，我觉得才是成功的。"（位置24-24）

"但是资本从各个方面来说，现在都很急功近利，没有人去做这种比较基础的，像我们这个数据的积累，靶点的挖掘，大家一窝蜂地涌向肿瘤啊这些比较短平快。我觉得作为创业者，你这个节奏要把握好，什么时候快什么时候慢，想着怎么养活这家公司，给大家挣钱发工资，然后又干一件星辰大海的事情。这种平衡，和这种和谐的掌握与过渡，是一个很大的课题。"（位置60-60）

"像我们自己做的这个养蜂这个项目，我们把公司的所有利润的3%，直接划做这个公益，然后单独设立一个小的账号，然后这笔钱我们就自己拿着去做一点儿公益。"（位置36-36）

"当时我们成立一个叫爱心天使支教团，我们这个支教团就我在学校这10年期间每年都会做这件事，之前一直去宁夏西海固地区嘛，我们每年大概腾出两周的时间组织，不仅我们自己学校的，还有周边其他高校，最多的时候有十几所高校吧，组织几十号人，相当于是独自掏腰包去这个地方支教，看到这个地方这么落后，这儿的孩子比我们苦得多，他们都能坚持，都想办法走大山，对我们影响很大。"（位置19-19）

第三节 大学生创业素养模型检验与修订

一、量表的预测及探索性因素分析

（一）问卷收集基本情况

问卷的调查对象选取来自北京、甘肃、云南、浙江、上海等32个省市、自治区的各个高校的创业大学生群体，预测阶段通过问卷星收集到1979份问卷，其中有效问卷1552份，有效率为78.42%。有效问卷中人口学变量如表3-2至表3-5所示。

表3-2 性别比例分布

性别	人数
男	831
女	721
总计	1552

表3-3 学生所在学校各省人数分布

省份	人数	省份	人数
河南省	143	黑龙江省	40
广东省	139	福建省	39
山东省	98	吉林省	35
四川省	94	重庆市	30

(续表)

省份	人数	省份	人数
湖南省	80	内蒙古自治区	29
广西壮族自治区	78	山西省	29
江苏省	73	上海市	29
安徽省	67	甘肃省	24
陕西省	66	贵州省	24
湖北省	62	北京市	22
河北省	57	新疆维吾尔自治区	19
辽宁省	56	宁夏回族自治区	14
云南省	52	海南省	6
江西省	48	青海省	4
浙江省	48	西藏自治区	3
天津市	44	总计	1552

表 3-4　最高学历分布

学历	人数
专科	616
本科	890
硕士	42
博士	4
总计	1552

表 3-5　创业年限分布

创业时间	人数
1 年及以下	1301
2—5 年	230
6—10 年	16
11 年及以上	5
总计	1552

（二）项目分析

本研究的项目分析主要关注极小值、极大值、平均数、标准差、偏度、峰度、区分度（题总相关）。具体结果见表3-6。

表3-6　问卷项目分析结果（N=1552）

题号	区分度	极小值	极大值	平均数	标准差	偏度	峰度
T1	.709**	1	5	3.87	0.978	−0.795	0.378
T2	.699**	1	5	3.97	0.971	−0.898	0.498
T3	.707**	1	5	3.74	0.964	−0.491	−0.176
T4	.730**	1	5	3.97	0.928	−0.795	0.383
T5	.639**	1	5	3.68	0.937	−0.4	−0.209
T6	.679**	1	5	3.76	0.892	−0.449	−0.004
T7	.701**	1	5	3.76	0.913	−0.452	−0.121
T8	.723**	1	5	3.73	0.913	−0.478	0.02
T9	.644**	1	5	4.15	0.9	−1.116	1.233
T10	.731**	1	5	3.95	0.875	−0.769	0.683
T11	.756**	1	5	3.84	0.895	−0.604	0.186
T12	.646**	1	5	3.67	0.925	−0.37	−0.151
T13	.716**	1	5	4.15	0.884	−1.194	1.704
T14	.723**	1	5	4.04	0.887	−0.887	0.749
T15	.755**	1	5	3.82	0.931	−0.63	0.184
T16	.671**	1	5	3.61	1.107	−0.579	−0.26
T17	.766**	1	5	3.83	0.953	−0.662	0.15
T18	.786**	1	5	3.8	0.966	−0.63	0.062
T19	.793**	1	5	3.85	0.947	−0.607	0.031
T20	.821**	1	5	3.86	0.936	−0.684	0.255
T21	.789**	1	5	3.78	0.942	−0.581	0.058
T22	.800**	1	5	3.89	0.925	−0.658	0.111
T23	.805**	1	5	3.84	0.926	−0.624	0.161
T24	.772**	1	5	3.8	0.959	−0.586	−0.009

（续表）

题号	区分度	极小值	极大值	平均数	标准差	偏度	峰度
T25	.839**	1	5	3.84	0.912	−0.651	0.336
T26	.832**	1	5	3.82	0.925	−0.572	0.054
T27	.820**	1	5	3.86	0.926	−0.659	0.153
T28	.796**	1	5	3.82	0.966	−0.619	−0.02
T29	.785**	1	5	3.77	0.94	−0.506	−0.097
T30	.685**	1	5	3.7	1.029	−0.616	−0.089
T31	.837**	1	5	3.93	0.891	−0.766	0.559
T32	.769**	1	5	3.71	0.975	−0.474	−0.211
T33	.811**	1	5	3.8	0.938	−0.643	0.229
T34	.848**	1	5	3.84	0.914	−0.585	0.182
T35	.846**	1	5	3.92	0.904	−0.786	0.625
T36	.790**	1	5	3.92	0.942	−0.723	0.221
T37	.831**	1	5	3.85	0.902	−0.682	0.458
T38	.821**	1	5	3.88	0.887	−0.675	0.406
T39	.833**	1	5	3.84	0.912	−0.689	0.462
T40	.812**	1	5	3.88	0.942	−0.688	0.241
T41	.826**	1	5	3.88	0.908	−0.648	0.246
T42	.840**	1	5	3.85	0.926	−0.637	0.118
T43	.764**	1	5	3.72	0.941	−0.487	−0.02
T44	.809**	1	5	3.8	0.921	−0.559	0.099
T45	.794**	1	5	4.05	0.908	−0.899	0.689
T46	.817**	1	5	4	0.935	−0.822	0.372
T47	.814**	1	5	3.98	0.946	−0.811	0.373
T48	.784**	1	5	4.08	0.941	−0.963	0.648
T49	.831**	1	5	3.99	0.913	−0.815	0.511
T50	.827**	1	5	4	0.906	−0.78	0.454
T51	.834**	1	5	3.91	0.924	−0.67	0.192
T52	.832**	1	5	3.91	0.932	−0.716	0.31
T53	.847**	1	5	3.94	0.908	−0.735	0.387

(续表)

题号	区分度	极小值	极大值	平均数	标准差	偏度	峰度
T54	.753**	1	5	3.8	0.96	−0.612	0.09
T55	.826**	1	5	3.91	0.925	−0.707	0.232
T56	.773**	1	5	3.84	0.951	−0.589	−0.051
T57	.792**	1	5	3.85	0.932	−0.564	−0.047
T58	.796**	1	5	3.97	0.913	−0.743	0.306
T59	.755**	1	5	4.11	0.926	−0.977	0.713
T60	.791**	1	5	4.11	0.931	−1.027	0.892

各题目上的得分平均分范围为 3.61—4.15，标准差范围为 0.875—1.107；题目偏度系数范围为 −1.194—−0.370，峰度系数范围为 −0.26—1.704，呈现正态分布。

量表总分平均分为 232.42，标准差为 43.407，偏度系数为 −0.805，峰度系数为 1.025，呈现正态分布。

1—60 题的区分度范围为 .639—.848，均达到显著水平（$p<.001$）。

（三）探索性因素分析：可行性检验

首先对项目分析后的 60 个题目进行因素分析的可行性检验，KMO=0.991，大于 0.9，Bartlett 球性检验 $\chi^2=96462.674$，$p<0.01$，说明数据适合进行探索性因素分析（EFA）。具体数据如表 3-7 所示。

表 3-7 问卷项目分析结果（N=1874）

KMO 和巴特利特检验		
KMO 取样适切性量数		0.991
巴特利特球形度检验	近似卡方	96462.674
	自由度	1770
	显著性	0

项目筛选：基于因素分析理论，运用主成分分析法、最大方差法正交旋转两种方式进行初步探索。在操作过程中，我们将因子载荷小于 0.4 或存在两个以上的因子载荷大于 0.4 的题目删除。最终，3 个因子特征值大于 1，累积解释率为 67.113%。

表 3-8 预测试问卷旋转后的成分矩阵（N=1874）

成分	1	2	3
T18	0.75		
T17	0.732		
T16	0.678		
T19	0.675		
T23	0.658		
T20	0.652		
T24	0.651		
T22	0.641		
T25	0.612		
T27	0.58		
T29	0.566		
T33	0.564		
T30	0.515		
T4		0.728	
T7		0.722	
T6		0.722	
T8		0.708	
T3		0.693	
T5		0.683	

（续表）

成分	1	2	3
T1		0.65	
T2		0.62	
T11		0.608	
T14		0.489	
T12		0.477	
T50			0.76
T49			0.736
T52			0.722
T47			0.718
T58			0.71
T54			0.689
T57			0.644
提取方法：主成分分析法			

大学生创业素养量表因素负荷矩阵，发现3个因素的项目数、负荷和解释的总变异分别为：因素一含有13个题项，因子负荷的范围为0.75—0.515；因素二含有11个项目，因子负荷的范围为0.728—0.477；因素三含有7个项目，因子负荷的范围为0.76—0.644。

（四）正式量表的形成及命名

经过分析及多次的EFA处理，共删除29个题目，保留满足条件的31个题目，归属于3个维度。量表采用李克特五点记分法，1表示"极不符合"，5表示"完全符合"。量表总分越高代表大学生的创业素养更强。维度命名及具体题目分布如表3-9所示。

表 3-9　中国大学生创业素养研究问卷题目分布

维度	题目序号	题目数量
科学精神	T1、T2、T3、T4、T5、T6、T7、T8、T11、T12、T14	11
要素技能	T16、T17、T18、T19、T20、T22、T23、T24、T25、T27、T29、T30、T33	13
社会参与	T47、T49、T50、T52、T54、T57、T58	7

二、量表的正式施测及验证性因素分析

（一）研究方法

问卷的调查对象选取来自北京、河北、黑龙江、湖北、上海等30个省、市、自治区的各个高校的创新创业学生群体，正式施测阶段通过问卷星收集到2568份问卷，其中，有效问卷2042份，有效率为79.52%。其他人口学变量如表3-10至表3-13所示。

表 3-10　性别比例分布

性别	人数
男	1094
女	948
总计	2042

表 3-11　学历分布

学历	人数
专科	794
本科	1204
硕士	37
博士	7
总计	2042

表 3-12 学科分布

学科	人数
工学	677
理学	328
人文（文学、历史学、哲学、艺术学）	283
社科（经济学、法学、教育学）	263
管理学	276
医学	215
总计	2042

表 3-13 地区分布

地区	人数	地区	人数
安徽省	98	江西省	75
北京市	16	辽宁省	50
福建省	44	内蒙古自治区	26
甘肃省	49	宁夏回族自治区	10
广东省	144	山东省	139
广西壮族自治区	106	山西省	53
贵州省	49	陕西省	89
海南省	6	上海市	20
河北省	51	四川省	183
河南省	202	天津市	32
黑龙江省	36	西藏自治区	1
湖北省	110	新疆维吾尔自治区	27
湖南省	146	云南省	61
吉林省	32	浙江省	39
江苏省	106	重庆市	42
总计			2042

（二）验证性因素分析

利用正式施测收集的数据，进一步验证预测试阶段得到的核心能力素质模型。首先我们进行了包含三个维度的一阶模型的验证性因素分析（题号重新编序）。初始模型结果表明，CFI=0.921，TLI=0.914，均大于0.9，SRMR=0.034，小于0.05，达到了心理测量学标准，说明模型拟合良好，具体见表3-14。一阶验证性因素分析模型图如图3-3所示。

表3-14　一阶验证性因素分析的模型拟合分析

模型	χ^2	df	CFI	TLI	SRMR	RMSEA（90%CI）
一阶模型	49964.733	465	0.921	0.914	0.034	0.067(0.065,0.069)

进一步构建二阶的中国大学生创业素养模型。将科学精神分为持续学习、独立自信、逻辑思维、理性思考、探索研究5个二级维度，要素技能分成领导凝聚、机会识别、团队合作、资源运用、人际敏感、内省反思6个二级维度，社会参与分为家国情怀、实干执行、创新实践、技术应用、责任担当5个二级维度。对中国大学生创业素养模型进行二阶验证性因素分析。结果如表3-15所示，模型图如图3-4所示。

表3-15　二阶验证性因素分析的模型拟合

χ^2	df	CFI	TLI	SRMR	RMSEA（90%CI）
1005.965	101	0.967	0.961	0.024	0.066（0.063　0.070）

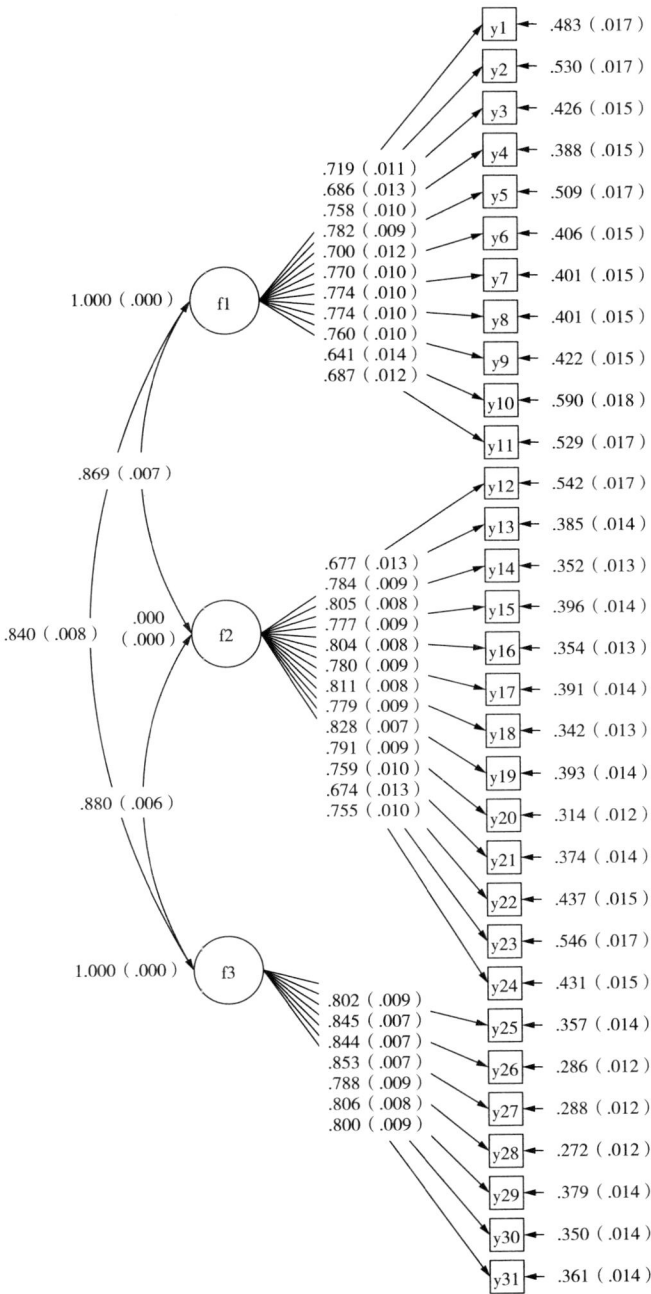

图 3-3 一阶中国大学生创业素养模型图

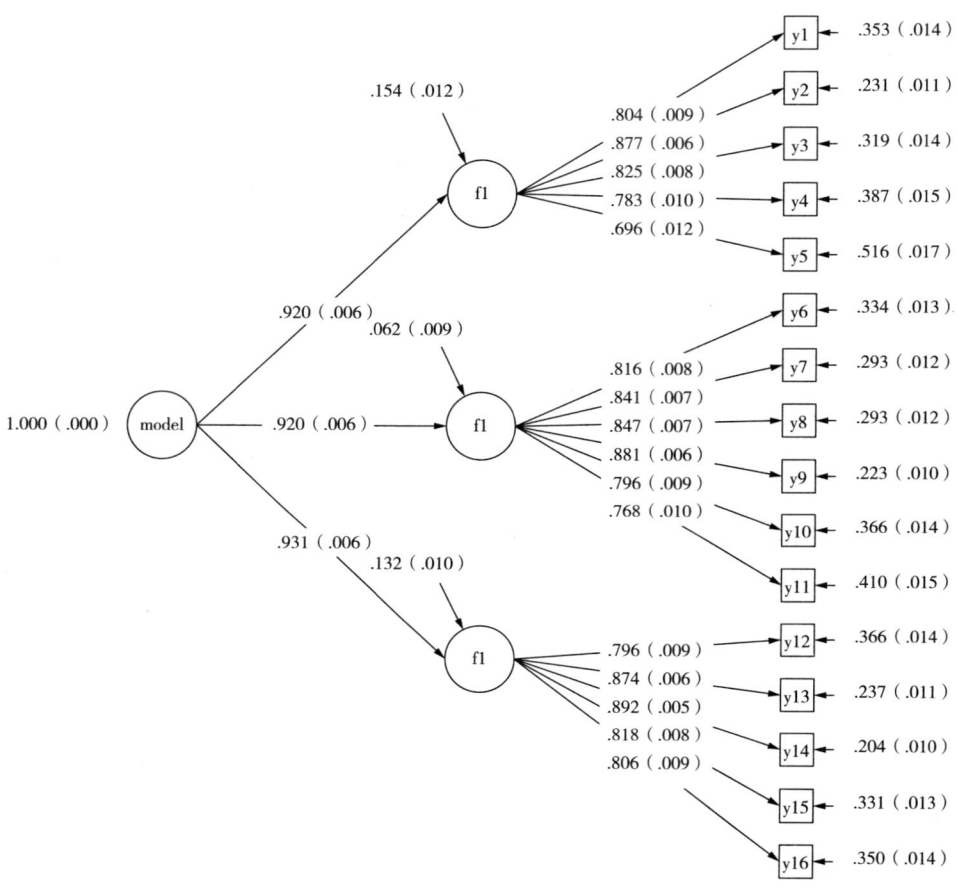

图 3-4 二阶中国大学生创业素养模型图

三、研究结论

通过探索性因素分析和验证性因素分析，在初始素质模型的基础上进行修订，形成 3 个一级维度，即科学精神、要素技能、社会责任，16 个二级维度和 31 项量表指标，具体见表 3-16。

表 3-16 中国大学生创业素养修正模型列表

一级维度	二级维度	量表指标
科学精神	持续学习	我求知欲很强,一直坚持学习各类知识,这对我的创业特别有帮助
		我愿意关注不同行业的发展,学习多领域的知识,从中得到启发
		我在学习过程中注重转化应用,能够触类旁通,举一反三
	独立自信	我善于独立思考,对一些问题有独到的看法
		我对自己的想法和决定非常自信
		我能从不同的角度分析问题,思虑周全
	逻辑思维	我的思维和表达都比较注重逻辑性,非常有条理
		我能够通过推理、比较、综合、抽象、概括等方法进行思考
	理性思考	我能运用科学的方法做决策,并且能够坚定地执行
		我做事非常严谨,一丝不苟
	探索研究	我觉得探索一些未知或者困难的问题是很有价值的
要素技能	领导凝聚	我是创业团队的领头人,团队成员对我很信服
		我能合理分配团队的分工,通过规章制度加强管理,提高效率
		我能够提高创业团队的凝聚力
	机会识别	我能够在生活和学习中发现创业的机会
		我能够结合自身的情况选择适合的创业机会去进行尝试
	团队合作	我们的创业团队是互利互补的关系,有共同的目标
		在团队出现分歧的时候我们有制度或方法能够有效解决
		我们的创业团队分工明确效率很高
	资源运用	我能够有意识地去寻找和获得创业所需要的核心资源
		为了积累创业资源我们会做很多准备和铺垫
	人际敏感	我能够在不同场合进行高效和适当的表达
		我在创业过程中获得了很多人的帮助
	内省反思	我经常通过复盘等方法发现创业中的不足,从而调整行动方案

（续表）

一级维度	二级维度	量表指标
社会责任	家国情怀	我在创业中甘于奉献，胸怀大爱
	实干执行	我在创业中努力实干，兢兢业业、勤勤恳恳地做好每一件事
		我在具体实施过程中能够不断完善方案
	创新实践	我在创业中始终研究行业的最新发展方向，保持长远发展的眼光
		我注意拓展国际视野，努力做到行业领先
社会责任	技术应用	我善于将技术创意和方案转化成实际的产品或者服务
	责任担当	作为创业者我一直在尽自己的力量解决各类社会问题

科学精神　　**要素技能**　　**社会责任**

持续学习 ｜ 独立自信 ｜ 逻辑思维 ｜ 理性思考 ｜ 探索研究 ｜ 领导凝聚 ｜ 机会识别 ｜ 团队合作 ｜ 资源运用 ｜ 人际敏感 ｜ 内省反思 ｜ 家国情怀 ｜ 实干执行 ｜ 创新实践 ｜ 技术应用 ｜ 责任担当

研究样本选取地域覆盖广泛，学校类型全面，人员类型分布合理，具有代表性意义。通过访谈进行实质性研究，并且通过两轮问卷施测进行探索性因素分析和验证性因素分析。研发的中国大学生创业素养调查问卷，能够应用于高校创新创业教育等各类领域。形成的素质模型结构合理，内容全面，具备区分意义。

第四章
大学生创业素养培育方法

第四章 | 大学生创业素养培育方法

大学生创业素养是大学生创业内生性要素，具有相对稳定性。虽然政策、经济发展状况、偶发因素等外部要素会对创业成功与否产生重大影响，但创业素养在短时间内不易受外界因素的影响。同时，对于准备开展创业活动的大学生而言，如何提升自身的创业素养也应该是最关心的问题之一。下面所列举七个创业要素，旨在与前面所实证的 3 个一级维度和 16 个二级维度相对应，并用这些要素案例来说明创业素养各维度元素的表现形式，进一步阐述大学生创业素养的培育方法。如图 4-1 所示：

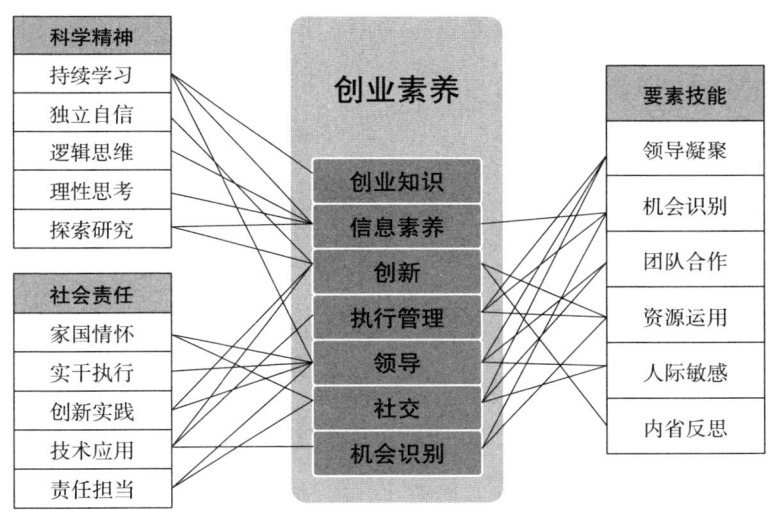

图 4-1　创业要素案例示意图

第一节　大学生个体创业素养提升

一、创业知识技能

创业知识技能是大学生自主创业成功的基本保证。大学生作为国家培养的具有新技术、新思想的高级专业人才，掌握一定学科专业的基本理论、基本知识，并且能够在已有理论知识的基础上进行创新，能够将掌握的理论知识用于指导生产实践，创造性地开展工作，属于知识技能型人才，这是大学生群体与普通社会公众的区别之一，也是大学生开展创业活动所具备的优势条件。

卡特尔（1963）把智力的构成区分为晶体智力和流体智力，其中晶体智力指对从社会文化中习得的解决问题的方法进行应用的能力，是在实践（学习、生活和劳动）中形成的能力。这种智力在人的一生中都在增长。知识技能就属于晶体智力的范畴，而晶体智力的性质就决定着知识技能提升的秘诀只在于两个字——积累。不积跬步无以至千里，不积小流无以至江河，大学生在日常学习中努力接受教师传授的专业知识，并积极通过阅读专业书目、参加专业讲座、开展专业研究和实践等方式提高自身知识技能。

（一）知识技能对创业的意义

蒸汽机的发明推动了第一次工业革命的产生和发展，使得英国成为世界的工业中心；电力的发明推动了第二次工业革命，直接造成社会生产力有了质的提升。就以近半个世纪的世界经济而言，也可以推断出知识技能在生产中的重要性。而随着社会生产力的发展，科学技术渐渐地取代了物质成为第一生产力，越来越多的高新科技企业蓬勃的发展都离不开科学技术的支持。这在我们的生活中也有许多生动的例子。

在20年前的世界富豪排行榜中，前10名几乎都与物质生产有关（如石油大亨），而当今的世界富豪排行榜，超过一半的富豪都从事高科技产业（如互联网大亨）。微软公司总裁比尔·盖茨早在1998年就已经拥有了580亿美元的个人财富，且连续10多年被《福布斯》杂志评为世界首富。微软公司仅仅通过认股权就造就了3000多个百万富翁。比尔·盖茨及微软公司的发展与成功无一不体现着知识技能的价值。学生时代的比尔·盖茨就体现了其在编程领域出众的天赋。盖茨在中学阶段就与他的同学保罗·艾伦（Paul Allen）利用一本指导手册，开始学习 BASIC 编程，并出售了他的第一个电脑编程作品。大学时代，盖茨为第一台微型计算机 MITS Altair 开发了 BASIC 编程语言的一个版本，并以 3000 美元的价格出售给 MITS，它的相应版税高达 18 万美元。

几乎没有人不知道，比尔·盖茨从哈佛大学辍学创立了微软公司，担任微软公司董事长、CEO 和首席软件设计师，最后以世界首富的身份闻名于世。但很少有人知道，在公司成立之初，他还同时在 MITS 公司做编程员，工资标准只有每小时 10 美元。但后来，微软成了全世界最大的电脑软件供应商，Windows 操作系统和 Office 办公软件几乎武装到了 90% 的个人电脑上；而 MITS 却很少走入人们的视线。1995 年 7 月 17 日，盖茨荣登《福布斯》全球亿万富翁排行榜榜首，个人财富为 129 亿美元，盖茨时年 39 岁。微软当年销售收入为 59 亿美元，员工量为 17801 人。

微软公司的成功并不是唯一的。苹果公司自 1976 年 4 月 1 日成立以来，仅用了不到 40 年的时间就成为世界上最大的科技公司，与其对知识技能的重视和创新应用有着密不可分的关系。在我国，近些年知识创新型企业也得到了超高速的发展，像 BAT（百度、阿里、腾讯）、字节跳动等，依靠知识和技术创新均在短期内获得了高速增长，这些知识创业者也成为中国最富有的人。

知识创业为社会创造了巨大的财富，创造了许多新的就业岗位，其带来的"知识就是力量"的示范作用，加速推动了社会的进步和发展。创业者在将知识转化为生产力的过程中，改变人类自我生存环境，给人类生产、生活带来了极大利益；同时也对社会变革与产业发展具有重大意义。

(二) 提高知识技能的途径

1. 不同类型知识的学习方法

现代认知心理学将知识分为陈述性知识和程序性知识两大类。陈述性知识主要用于回答"是什么"和"为什么"的问题，程序性知识则是用于回答"怎么做"的问题。

两者之间有明显的区别：①从输入输出看，陈述性知识相对静止，程序性知识则是活动的，它多是用于操作的程序或规则，输入的对象不同于输出的对象；②从储存看，前者主要以命题和命题网络的形式存在，而后者则以产生式和产生式系统储存；③从激活与提取看，前者速度慢，需要自主搜寻，后者激活速度快，能互相激活；④从学习与遗忘的角度看，前者学得快遗忘得也快，后者学得慢遗忘得也慢[①]。

这样不同的特性导致人们学习不同类型的知识的时候，需要采用不同的方法和策略，才能更加快速和牢固地掌握知识。

陈述性知识的获得主要靠理解和记忆，它的学习策略可以分为精致学习和组织化学习。所谓精致学习就是在新知识与人已有的更多的旧知识之间建立联系的过程。在这一过程中，人甚至还能在新旧知识间建立起多种联系的基础上，做出某种新的推论或补充。如记笔记就是一种典型的精致学习，第一步是记下听讲中的信息；第二步是使记下的信息对你有意义，即理解它们；第三步是整理笔记，

---

① 孟媛. 陈述性知识与程序性知识及其迁移[J]. 文教资料，2016（3）：126-128.

在笔记的适当位置加边注、评语等。如果笔记仅停留在第一步，对学习并无大的帮助。

程序性知识学习的策略有3个过程：

（1）条件认知策略：也被称作模式识别。模式是由若干元素集合在一起组成的一种结构，如物体、图像、语言、文字或人脸。模式识别是指会按照一定的规则去辨别或识别某种对象的情境，看它是否与该程序模式的条件模式匹配。如在处理一道数学应用题时，我们会先判断题型。

（2）选择有效操作步骤策略：完成某一任务可以有不同的途径，确定理想的程序模式必须选择有效序列。选择有效操作步骤是指在条件认知后寻求解决问题的步骤。

（3）反复练习策略：练习是指在反馈的条件下反复多次地进行一种动作。程序性知识自动化有赖于大量的练习，从而促进知识达到熟练和自动。

2. 拓展形成系统的知识体系

知识之间往往存在着一定的联系。比如英语水平较高的人去学习法语，会比英语水平一般的人来得容易，而个人对音乐的感知与其数学水平也有一定的关联。一方面，有研究认为这是由于某种功能脑区的发展会带动相近区域脑区的发展。另一方面而言，一个人的知识面越广泛，越能将新的知识与已有的知识连成一个体系，更有利于新知识的记忆。

随着科技和互联网的发展，人们获取各种信息和知识的途径越来越丰富。网络可以让一个人足不出户就了解到千里之外发生的新闻，也能让任何一个人学习到高校的各种课程。充分利用网络资源，帮助同学们达成扩充知识面的目标。

3. 通过参与实践来掌握技术

陆游在其《冬夜读书示子聿》中这样教导他的儿子：纸上得来终觉浅，绝知此事要躬行。俗语也有言，读万卷书，行万里路。知识与技能可以通过教师的传授而得到，但那只能算是间接经验，而实践能让个人对知识技能的理解更为深刻。

举个例子，就学习游泳而言，必须要进入水中，真正去执行那些动作要领，并且经过一个练习然后熟练的过程才能学会。仅仅在陆地上观摩是没有实际意义的。

（三）学习能力提升

1. 培养学习兴趣

兴趣是最好的老师，一个人一旦对某件事物有了浓厚的兴趣，就会积极主动开展学习、探索和实践，并在学习、探索、实践中产生愉快的体验，获得良好的学习效果。

内在动机是指由个体内在需要引起的动机，兴趣即属于内在动机的范畴，可以支持着个人克服学习过程中的困难和阻碍，提升其获得知识后的满足感。

2. 保持良好的学习习惯

习惯是行为模式的固化，习惯一旦养成，在进行行动的时候，不需要为行为进行特别的关注和努力，不需要调动自身的意志力，不需要外部力量的监督和控制，针对特定的环境和事态便会自觉地确定行动的规则。习惯一旦养成，就会成为支配行为的长效力量。良好的学习习惯可以增强个人的学习兴趣，提高其学习效率，降低学习带来的疲劳程度，最终实现学习能力的提升。

3.采用适合自己的学习技巧

我们常常能看到市面上销售得十分火热的教学辅导类书籍就是各类高考、中考状元们的复习笔记、学习经验,但是它对于提高其他学生的学习能力真的有用吗?为什么出版了如此之多的"状元笔记",却没有产生如此多的高分呢?

找对适合自己的学习技巧十分重要,盲目遵循他人的成功经验其实并不可取。每个人的记忆能力、思维方式、知识基础都不一样,对不同的人而言,最佳的学习方式也是不一样的。对于视觉信息比较敏感的个体可以采用图像记忆的方式学习陈述性知识,而对于声音比较敏感的学生则可以通过音频的方式。

二、信息素养

信息素养是"终身学习的核心,它能使人们在整个一生中有效地寻求、评价、利用和创造信息,以便达到其个人的、社会的、职业的和教育的目的,它是数字社会的一种基本人权,能促进所有国家的社会内涵"[1]。简言之,信息素养是指理解、获取、利用信息的能力及利用信息技术的能力,具体来说就是分析信息内容和信息来源,鉴别信息质量和评价信息价值,决策信息、取舍以及分析信息成本的能力。获取信息就是通过各种途径和方法收集、查找、提取、记录和存储信息的能力。利用信息即有目的地将信息用于解决实际问题或用于学习和科学研究之中,通过已知信息挖掘信息的潜在价值和意义并综合运用,以创造新知识的能力。[2]

创业信息素养包括:①分析信息技术的能力,即利用计算机网络以及多媒体

---

[1] 联合国教科文组织.信息社会:关于信息素养和终身学习的亚历山大宣言 [Z]. 2005-11.
[2] 陈媛媛,覃吉春.论大学生职业核心能力模型的构建 [J].科教导刊(中旬刊),2018(5):187-188.

等工具收集信息、处理信息、传递信息、发布信息和表达信息的能力。②信息意识,即人的信息敏感程度,是指人们对自然界和社会的各种现象、行为、理论观点等从信息的角度理解、感受和评价。通俗地讲,就是面对不懂的东西,能积极主动地去寻找答案,并知道到哪里、用什么方法去寻求答案。

提高信息意识对于提高决策的科学性、减少盲目性,具有重要的意义。

在创业过程中,迫切需要创业者做出正确的决策和判断,这就需要两个重要条件:一是要掌握有关的信息,要掌握多方面的,而不是片面的、残缺不全的甚至是虚假的信息;二是要有正确理解、善于分析和综合信息的本领。头脑中是否有自觉的信息意识,对于信息的敏感性以及学习、处理、应用信息的意识不同,创业者投入精力和努力的项目也就会产生完全不同的结果。

(一) 信息素养对创业的意义

信息在现代经济生活中的作用越来越大,已经成为市场竞争的重要手段。如果缺乏必要的信息,即使创业者掌握了资金、物资、能源、厂房等生产资料,企业的生产经营也将会遇到很大的困难,因此,对企业而言,信息有着非常重大的意义。在某种意义上,信息是最重要的资源,谁占有的信息多、掌握的信息准确,谁就有了制胜的先机。

信息的决定性作用不仅体现在商业上,因为掌握了某条重要信息,整个事件的走向就完全不同的案例,在历史上随处可见,最经典的就是中美之间的中途岛海战。

中途岛海战,是第二次世界大战的一场重要战役。这是一次航母战斗群对航母战斗群的战争,也是美国海军以少胜多的一个著名战例。其于1942年6月4

日展开，美国海军不仅在此战役中成功地击退了日本海军对中途岛环礁的攻击，还得到了太平洋战区的主动权，因此成为"二战"太平洋战区的转折点。[①]

而在这场战役中，促成美国获得胜利的根本原因在于：美国事先破译了日本海军的密码，在战役爆发前就了解了日本海军的作战计划和作战部署。这样就能集中力量伏击日军。

当时负责密码破译的莱顿中校向司令部预报："日本机动舰队将从西北方来，方位325度，将在离中途岛175海里的地方被我们发现，时间是中途岛时间6时。"

当在准确的时间发现日本舰队后，尼米兹向莱顿中校说："祝贺你，与你预报的只差了5海里。"反观日本，他们在战前没有搜集到任何有价值的情报，预定的侦察行动也由于种种原因取消了。因此对敌情做出了完全错误的判断。双方一明一暗，使美国享尽了先机之利。

一个准确的信息使得美国获取了中途岛战役的胜利，从而改变了太平洋地区日美航空母舰实力对比。从此，日本在太平洋战场开始丧失战略主动权，战局出现有利于盟军的转折。可以说，是这一个信息使得"二战"的格局发生了改变，继而改变了历史，在此，信息的重要性不言而喻。

而我们当前生活的社会，是一个泛在信息社会，其特点是：信息泛在、技术泛在、服务泛在。由于信息量的飞速增加以及信息传播技术的高度发展，人们也处于一个信息爆炸时代，面对急速膨胀的信息和多种获取信息的途径和渠道，人

---

① 百度词条"中途岛战役".

们更需要培养其信息素养能力，学会从纷繁复杂的信息海洋中找到自己需要的那一部分。这一点对于创业者来说尤为重要。

只有明确了解信息及信息素养能力在信息爆炸时代的价值，确定所需信息的范围，有效搜索、评价和利用所需的信息，创业者才能够凭借自己的信息素养能力高效地推进创业项目的进行。

所谓创业，并非仅仅掌握某项技术、生产某些产品；它更需要做的是对一个企业的运营和管理。而在企业的运营中，创业者会遇到不计其数意料之外的问题，需要涉及各式各样的不曾接触过的领域，例如，企业创建的法律形式、税法问题、融资问题、财务知识等，这时候即使创业者有相关专业的合作者或者员工，也需要对这些方面有些了解，这时他的信息素养就显得尤为重要。

在如今的数字信息时代，传统的纸媒和电视、广播媒体在信息传播的渠道中所占的比例不断减少，互联网成了信息传播的主要平台。因此信息素养就更多地体现在网络信息技能这一点上。

(二) 信息素养提升的途径

1. 从信息意识到信息创造

信息意识是一个人对信息的持续注意力、敏锐的觉察力、科学的洞察力，既是反映信息素养的外在表象，也是优势内在素质的外化和彰显。它是信息素养的构成要素之一，也是其中的关键，信息意识的高低决定着人们捕捉、判断和利用信息的自觉程度；信息意识的强烈与否对能否挖掘出有价值的信息、对文献获取能力的提高以及信息创造力的培养都起着关键的作用。

但仅仅有信息意识也是远远不够的，尤其是在创业中，具有敏锐的商业嗅觉可以理解为信息意识的程度较高，但是真正决定创业活动是否取得成功的是创业者有没有抓住机遇，进行创新实践。

方法创新是信息创造的基础，是推动信息创造和科学研究的基础条件，这应用在创业领域即是创造商机的一大手段。例如，当众人都在使用媒体广告以提高自身品牌的知名度时，另辟蹊径的创业者可能会提出通过用户体验型的活动来吸引自己的潜在客户。

2. 不断加强信息素养养成

（1）培养自身敏锐的观察力。尝试对微不足道、司空见惯的信息进行深层次的分析，努力做到透过现象看本质。

（2）培养自身丰富的联想能力。事物之间的联系是普遍而客观存在的，从一事物联想到另一事物有利于扩展思维的广度。

（3）培养自身准确的判断能力。善于从浩如烟海的信息中发掘对于自身有价值的信息。

（4）树立终身学习的意识。提高信息素养的核心在于终身学习，信息素养是伴随着终身学习而逐渐提高的。学习的范畴不能仅限于学习知识本身，而是要把学习先进的信息技术作为自己更好地吸收、传递信息的基础。要学会了解、检索和获取到所需的信息资源，并能够有效地利用甚至创新信息资源。

（5）通过实践提升信息素养。"纸上得来终觉浅，绝知此事要躬行"，提高信息素养不仅需要学习，更需要实践。在知识学习和技能提升的基础上，有效利用信息并应用于实践，才能有效提升信息素养。

（6）遵守信息使用的伦理道德。在信息爆炸的互联网时代，信息的使用必须要遵守基本的伦理道德，不能突破信息使用的底线。

三、创新能力

创新能力是在技术和各种实践活动领域中不断提供具有经济价值、社会价值、生态价值的新思想、新理论、新方法和新发明的能力。创新能力往往可以产生新思想，提出新概念，形成新设计，做出新成绩，创造新知识，解决新问题。1995年，江泽民同志在全国科学技术大会上提出："创新是一个民族进步的灵魂，是一个国家兴旺发达的不竭动力。"这一观点同样可以应用在商业上——创新是一个项目进步的灵魂，是一个企业兴旺发达的不竭动力！

当创业者的创造能力很强时，他往往敢于打破常规，能够从多个角度思考问题，想象力丰富。当创业团队遇到问题时，他的创造能力可能是帮助解决问题的支柱。没有创造能力的创业者就像是不会作曲的声乐系学生，只能演绎别人的曲目，也许他能流利甚至饱含深情地演奏贝多芬和肖邦，但他也只是一个演奏者而成不了一个钢琴大师。

克里斯·布洛根是商业杂志《Owner》的出版商和首席执行官，这个杂志侧重于帮助受众提升个人价值和商务公关能力。他曾写过一本书，名为《世界是怪咖的：全民创业时代的异类思维》，很显然，这个书名即说明了他的观点：想要在这个全民创业的时代里分一杯羹，最重要的就是——跟别人不一样。

可能你会有疑问："要是我奇怪过头了，没有人买我的账怎么办？""我要是出售香菜味的面膜，别人即使出于新奇会买第一次，但是还会有回头客吗？"本节主要讲述的就是，怎样利用你的创新能力为你的创业添砖加瓦，以及怎样提高你的创新能力。

(一)创新能力对创业的意义

英国最大的私有企业——维珍集团的创立者、全世界最引人注目的"嬉皮士资本家"理查德·布兰森曾说过:"一切行业都是创意业。"他用源源不断的创意,持续地在唱片、航空、铁路、饮料、银行、保险、化妆品等行业开疆拓土,成就了他的商业帝国。而他成功的秘密就在于他以创意产业的标准来对待每个行业,打破常规传统,挑战垄断,用固有产品的新鲜定位开拓市场。他的形象超出了我们的想象,虽然置身于名流社会,但却一头披肩长发,终日休闲打扮,玩世不恭,这一切使他更像摇滚明星,而不是一个商业世界"穿着西装的绅士",他充满个性别具一格的人生态度也成就了他自己的传奇人生。

少年时代的理查德·布兰森与自己的好友一起创立了名为《student》的杂志,并且迅速走红。理查德提出:"一桩生意必须涉及广泛,必须有趣,必须能激发你的创造本能。你出版一份杂志,就是努力创造出某种新颖的东西,它能经久不衰,并且说不定还具有某种实际用途。最重要的是,你希望创造出让你感到骄傲的东西。这就是我的商业哲学,一直如此。"[①]

他开办了一个邮购唱片公司——维珍(Virgin,中文为"处女"之意,用以暗喻他和他的合作伙伴都是商业领域的新手),这也是维珍商业帝国的雏形。后来由于英国爆发了邮政工人大罢工,邮购业务受到极大的影响,理查德自然而然在牛津街开设了第一间维珍唱片店。

你可以试着想象1971年的唱片店是什么样子:有很多的架子陈列着不少

---

① 理查德·布兰森.一切行业都是创意业[M].北京:同心出版社,2013:6.

唱片,也许会有古典的唱片机放着流行音乐,但绝对不如现在的唱片店时尚靓丽……但这绝对不符合维珍唱片店的形象。理查德希望维珍唱片店是一个有趣的地方,能够与顾客产生共鸣,而不是在顾客面前摆出一副高高在上的姿态;他希望通过营造气氛来获得额外的收入,以薄利多销的方式获得利润。于是,顺应着这种概念性的框架,维珍唱片店的形象就这样诞生了——它竭尽全力让顾客感到满意——向顾客提供头戴式耳机、沙发和懒人椅,让顾客能免费阅读流行音乐杂志,还提供免费咖啡,顾客想要在店里待多久就待多久。

这是一种前所未有的唱片销售方式,就算摆在如今的社会,也是走在前沿的。也正是这种贩卖气氛和文化的销售方式,奠定了维珍集团的基础。维珍集团通过坚持着创意业的关键词:趣味性、原创性、争议性、前瞻性、引领潮流、多元经营、新鲜定位、保持活力等,相继又投入了空运、服装、软性饮料、计算机游戏、电信运营、金融服务,甚至包括安全套等,终于成就了其维珍帝国的地位。

现代管理学之父彼得·德鲁克说过:"当今企业之间的竞争,不是产品之间的竞争,而是商业模式之间的竞争。"创新是企业获取长期竞争优势的根本保证。在这个信息飞速传递的世界,一个商业创意、一个产品样式诞生的同时,几乎用不了多久就会被模仿,企业只有不断地创新才能保证在自己领域内的领先地位。

(二)创新思维

1. 创新思维的内涵

创新思维是创新能力的本质——创新思维是指超过前人和常人的新思维,它主要是指在正常逻辑思维的基础上运用超逻辑的思维。

2. 创新思维的品质要求

（1）思维的流畅性和敏锐性：指思维在一定时间内向外"发射"出来的数量和对外界刺激做出的反应速度。

（2）思维的变通性：突出表现为思维高度灵活，可以在众多观点之间转变。

（3）思维的独特性：表现在思维的深度和新颖性上。

（4）思维的逻辑性：没有逻辑的思维只能被称为臆想，即使再活跃也失去了其植根的土壤，没有利用价值。

3. 创新能力提高的思维障碍

（1）从众型思维障碍：放弃独立思考，盲目相信大众，一切跟在别人后面，不出头、不冒尖的心理。

（2）习惯型思维障碍：对上一次的选择不加分析、不加思考地盲目重复。其特征是对问题的思考总往第一次的方向和顺序进行。

（3）刻板型思维障碍：思考的过程中不懂变通、思路单一。

（4）权威型思维障碍：对学识、能力比自己强的人产生尊重和崇敬，过分相信以致阻碍其在这个领域的创新思维。

（三）创新思维训练

创新思维训练是 20 世纪中期诞生的一种头脑智能开发和训练技术。其核心理念是相信"人脑可以像肌肉一样通过后天的训练强化"。经过长期的探索实践，今天人们不仅掌握了有效开发头脑智能的方法，而且也形成了诸多的思维训练流派，比较著名的有头脑风暴法和六项思考帽等。

1. 头脑风暴法

头脑风暴一词来源于美国英语词汇"brainstorming",《牛津高阶英汉双解词典(第6版)》(商务印书馆)对此的解释是:"A way of making a group of people all think about sth at the same time, often in order to solve a problem or to create good idea",中文意思:(常常是为了解决一个问题、萌发一个好创意)集中一组人来同时思考某事的方式。

当一群人围绕一个特定的兴趣领域产生新观点的时候,这种情境就叫作头脑风暴。由于会议使用了没有拘束的规则,人们就能够更自由地思考,进入思想的新区域,从而产生很多的新观点和问题解决方法。当参加者有了新观点和想法时,他们就大声说出来,然后在他们提出的观点上建立新观点。所有的观点被记录下但不进行批评。只有头脑风暴会议结束的时候,才对这些观点和想法进行评估[1]。

头脑风暴法的特点是让参会者敞开思想,使各种设想在相互碰撞中激起脑海的创造性风暴,其可分为直接头脑风暴法和质疑头脑风暴法,前者是在专家群体决策的基础上尽可能激发创造性,产生尽可能多的设想的方法,后者则是对前者提出的设想、方案逐一质疑,发现其现实可行性的方法,这是一种集体开发创造性思维的方法。

头脑风暴法力图通过一定的讨论程序与规则来保证创造性讨论的有效性,由此,讨论程序构成了头脑风暴法能否有效实施的关键因素。从程序来说,组织头

---

[1] 包崇斌.头脑风暴(一种创造能力的集体训练法)[Z]. http://blog.sina.com.cn/s/blog_824d3e-240102vo06.html.

脑风暴法关键在于以下几个环节：[①]

（1）确定议题：一个好的头脑风暴法从对问题的准确阐明开始。因此，必须在会前确定一个目标，使与会者明确通过这次会议需要解决什么问题，同时不要限制可能的解决方案的范围。一般来说，比较具体的议题能使与会者较快产生设想，主持人也较容易掌握；比较抽象和宏观的议题引发设想的时间较长，但设想的创造性也可能较强。

（2）会前准备：为了使头脑风暴畅谈会的效率较高，效果较好，可在会前做一点准备工作。如收集一些资料预先给大家参考，以便与会者了解与议题有关的背景材料和外界动态。就参与者而言，在开会之前，对于待解决的问题一定要有所了解。会场可作适当布置，座位排成圆环形的环境往往比教室式的环境更为有利。此外，在头脑风暴会正式开始前还可以出一些创造力测验题供大家思考，以便活跃气氛，促进思维。

（3）确定人选：一般以8～12人为宜，也可略有增减（5～15人）。与会者人数太少不利于交流信息，激发思维。而人数太多则不容易掌握，并且每个人发言的机会相对减少，也会影响会场气氛。只有在特殊情况下，与会者的人数可不受上述限制。

（4）明确分工：要推定一名主持人，1～2名记录员（秘书）。主持人的作用是在头脑风暴畅谈会开始时重申讨论的议题和纪律，在会议进程中启发引导，掌握进程。如通报会议进展情况，归纳某些发言的核心内容，提出自己的设想，

[①] 包崇斌.头脑风暴（一种创造能力的集体训练法）[Z]. http://blog.sina.com.cn/s/blog_824d3e-240102vo06.html.

活跃会场气氛，或者让大家静下来认真思索片刻再组织下一个发言高潮等。记录员应将与会者的所有设想都及时编号，简要记录，最好写在黑板等醒目处，让与会者能够看清。记录员也应随时提出自己的设想，切忌持旁观态度。

（5）规定纪律：根据头脑风暴法的原则，可规定几条纪律，要求与会者遵守。如要集中注意力积极投入，不消极旁观；不要私下议论，以免影响他人的思考；发言要针对目标，开门见山，不要客套，也不必做过多的解释；与会者之间相互尊重，平等相待，切忌相互褒贬；等等。

（6）掌握时间：会议时间由主持人掌握，不宜在会前定死。一般来说，以几十分钟为宜。时间太短与会者难以畅所欲言，太长则容易产生疲劳感，影响会议效果。经验表明，创造性较强的设想一般要在会议开始10～15分钟后逐渐产生。美国创造学家帕内斯指出，会议时间最好安排在30～45分钟。倘若需要更长时间，就应把议题分解成几个小问题分别进行专题讨论。

2. 六顶思考帽

"六顶思考帽"是爱德华·德·波诺博士开发并流行于西方企业界的最有效的思维训练。它提供了"水平思维"的工具，从而避免将时间浪费在互相争执上。

任何人都有能力发挥以下六种基本思维功能，这六种功能可用六项颜色的帽子来做比喻，如表4-1所示：

表4-1　六顶思考帽之六项颜色的帽子

帽子的颜色	比喻内容
白帽子	白色是中立而客观的。代表着事实和资讯。中性的事实与数据帽，处理信息的功能。

(续表)

帽子的颜色	比喻内容
黄帽子	黄色是乐观的。代表与逻辑相符合的正面观点。乐观帽,识别事物的积极因素的功能
黑帽子	黑色是阴沉的颜色。意味着警示与批判。谨慎帽,发现事物的消极因素的功能
红帽子	红色是情感的色彩。代表感觉、直觉和预感。情感帽,形成观点和感觉的功能
绿帽子	绿色是春天的色彩。是创意的颜色。创造力之帽,创造解决问题的方法和思路的功能
蓝帽子	蓝色是天空的颜色,笼罩四野。控制着事物的整个过程。指挥帽,指挥其他帽子,管理整个思维进程的功能

在解决问题的思考过程中,要从6个角度去审视,简言之,即白纸(中立)、黑脸(批评)、红人(热情)、黄金(乐观)、绿野(创造)、蓝天(统合)。"六顶思考帽"思维方法使我们将思考的不同方面分开,这样,我们可以依次对问题的不同侧面给予足够的重视和充分的考虑。就像彩色打印机,先将各种颜色分解成基本色,然后将每种基本色彩打印在相同的纸上,就会得到彩色的打印结果。同理,我们对思维模式进行分解,然后按照每一种思维模式对同一事物进行思考,最终得到全方位的"彩色"思考[1]。

在思考一个问题的时候,可以在一个时间里扮演一个角色去思考,最后进行整合。但六顶帽顺序如何选择,也是具有创造力的事情。一般来说,最先"戴"上的是蓝色的帽子,它可以让人对问题进行明确界定,即首先提出正确的问题,然后为下一步如何使用帽子进行计划与安排。而且最后还需要"戴"上蓝色的帽子进行结论的总结与实施计划的制定。但是,如果是要进行写作或者创作,则可以一开始就"戴"上红色的帽子使情绪高涨,让内心的灵感激荡。还有的时候,

---

[1] 李敏,包景岭."六项思考帽"下对我国中等城市绿色交通的界定[J].经济导刊,2012(3):54-55.

个别的帽子可以弃之不用。

总之，六项思考帽的方法，就是让人拓展思考的维度，试图从多个角度来思考，从而使人从头脑与决策混乱的困境中解脱。

四、执行管理能力

大学生自主创业者在组织创立的初期阶段，往往身兼多职，而管理者的身份必然也落在他们的身上。虽然这时的组织结构分化模糊，规模也较小，但管理却依然是不容忽视的一个问题，那么如何去管理一个组织呢？设定了目标，制定了计划之后如何去达成呢？这就涉及执行能力。

对于一个企业而言，执行能力包括3个层次：企业层次、部门层次和个人层次，本节将主要从企业层次论述执行管理能力的重要性以及其提升方式。

作为大学生创业者，参加创业活动的一大主要原因是想获得自己职业生涯的主导权利，为自己的事业掌舵，因此他们在团队中往往扮演着领导者和管理者的角色。要想胜任这个角色，需要做的就不仅是提高自身的执行能力，更要兼顾整个团队的执行能力，通过以身作则树立团队的执行文化、赏罚分明激励成员的执行精神、知人善用提高整个团队的执行效率，这正是一个创业者所要努力做到的。

（一）执行管理能力对创业的意义

近年来，"执行"一词在管理中十分火热，其实早在2001年，全美企业经理人员协会就将"执行"作为经理人员必须掌握的技能之一。由此可见，执行能力在企业管理中的重要性。简单地说，执行就是将计划落到实处，本质上是一个实现目标的过程。但这种解释仍旧是抽象的，并不具有操作性。

拉里·博西迪在他的《执行：如何完成任务的学问》一书中对执行做出了

详细而具体的描述："执行是一套系统化的流程，它包括对方法和目标的严密讨论、质疑、坚持不懈的跟进，以及责任的具体落实。它还包括对企业所面临的企业环境做出假设，对组织的能力进行评估，将战略与运营及实施战略的相关人员结合，对这些人员及其所在的部门进行协调，以及将奖励与产出相结合。它还包括一些随着环境变化而不断变革前提假设和提高公司执行能力以适应野心勃勃的战略挑战的机制[①]。"

由此可知，执行能力并不只是单纯地完成计划，它还包括先前的计划制定的过程以及后期对计划的修改过程；而执行失利也不仅是实施者的问题，也可能是由于前期计划制定的失误。

松下幸之助说："一个企业的成功，20%在策略，80%在执行。"杰克·韦尔奇说："企业目标达成的关键就在于企业的执行力。没有执行力，一切都是空谈。"这些知名管理大师用他们切身的经验不可辩驳地告诉我们：一个高效能的单位一定是个执行力强的单位[②]。

执行能力如此重要，那么如果一个企业缺乏必要的执行能力会发生什么呢？美国施乐公司的失败例子就给了我们一个血的教训。

美国施乐公司是全球最大数字与信息技术产品生产商，是一家全球500强企业。它是复印技术的发明公司，具有悠久的历史，目前其在复印机市场占有率，特别是彩色机器的市场占有率，占据全球第一位。我国二代身份证的制作使用的

[①] 拉里·博西迪等著.刘祥亚译.执行：如何完成任务的学问[M].北京：机械工业出版社，2011：6.
[②] 王兆云，许峻峰等.经营管理策略在创建健康服务品牌中的运用[J].中国医药导报，2015（10）：147-150.

即是施乐公司的设备。但在 2000 年时，施乐公司曾遭到过毁灭性的打击，股票价格由 64 美元跌至 7 美元，为了满足现金需要，甚至被迫出售了一些子公司。而这全是因为施乐公司在执行方面出现了问题。

施乐公司于 1997 年聘请理查德·托曼为首席运营官，并于 1999 年提拔其为 CEO，希望他能够为公司带来变革。而他自上任起，就开始致力于将施乐公司从一家产品和服务型公司转变为一家解决方案提供商。他为公司制定了新的发展目标：将软件、硬件和服务结合起来，帮助客户整合纸面文件和电子信息流，并着手与微软、博康这样的公司建立合作伙伴关系以建立新的系统。①

但战略毕竟不是现实，施乐公司是一家没有执行文化的公司，所以托曼制定的目标也就远远超出了该公司的实际能力。比如，在公司转型期开始的早些时候，托曼提出了两个至关重要的方案，其中一个是要将公司的 90 多家管理中心（其主要业务为账目处理和客户服务）合并为 4 家。另一个就是要为施乐公司组建一支 30000 人的销售大军，由原来的以地区为单位进行销售转变为以行业为单位。

两个提议对于企业转型来说都是非常必要的。合并方案将大大削减成本，并提高效率，而销售队伍的重组将为施乐公司转向为客户提供解决方案的计划铺平道路。但到了年底的时候，施乐公司却陷入巨大的困境。

在实施合并方案的过程中，由于人员调动较大，出现了订单遗失，甚至服务电话也无人应答的情况。而销售代表们也被迫花很多时间去适应新的工作方式，

---

① 拉里·博西迪，拉姆·查兰，查尔斯·伯克. 执行：如何完成任务的学问 [M]. 北京：机械工业出版社，2016：38.

就好像进入一个新的组织一样。由于客户对象发生了变化,他们不得不建立一套新的客户关系,这同时也不可避免地疏远了与施乐以前许多忠诚客户的关系。

整个公司的士气开始低落,运营过程中的现金流开始变成负值,投资者们也开始对施乐公司的财务情况失去信心,股票价格由 64 美元跌至 7 美元。为了满足现金需要,公司被迫出售了一些子公司。就计划层面来说,转型似乎迫切需要这两个提议,那么施乐公司的问题出在哪里呢?托曼的批评者认为,问题在于他没有与计划的执行层进行及时的沟通,可以说他的计划仅仅存在于他的设想之中,根本没有得到有效的执行。作为一个外来者,托曼并没有被他下属的管理层接纳,没有权利指定自己的管理队伍,而企业的转型期也正是企业的用人之际,必须在关键岗位上用对人,才能让计划得到真正的落实,才能抵消那些抵制变革的力量。

(二)执行的三个核心流程

也许在大学生创业者名下的,尚在萌芽阶段的团队尚不能被称为企业,但它作为企业的雏形,在执行体系的构建上与企业有着异曲同工之妙,在管理和执行的操作上可以参照一些企业的做法,这也为创业者组织日后的扩大打下了坚实的基础。

那么,企业又是如何设立其执行体系的呢?

在管理大师拉姆·查兰看来,执行的核心在于 3 个流程:人员选育流程、战略制定流程和运营实施流程,这些过程彼此紧密地联系在一起,需要体现出互动性。选育的人员和制定的计划以及运营的过程都需要整个团队一起进行讨论,为了实现目标,所指定的每一项任务都应该有人负责落实,而且所要达到的目标需要经过具体负责人的认可,并且给予表现优异者以适当的奖励。如果实际执行的人员与计划的制定者缺乏交流,十分容易造成一种现象——执行人员根本没有承诺要将这些计划付诸实践,而且这种情况下制定出来的计划也很难具有合理性。

这些流程开展的过程实际上就是一个执行决策的过程,而且最重要的是,企业或组织的领导者必须亲自参与到这3个环节中,而不是单纯地由战略规划人员提出一个计划后随随便便地进行评估。作为领导者,应该不断跟进整个计划,以确保计划得到正确执行[①]。

1. 人员选育流程

在执行的3个核心流程中,人员选育流程比战略制定或者运营实施流程都更为重要。因为无论是对于市场情况的判断、根据判断制定相应战略,还是将这些战略付诸实施,人的因素都是至关重要的。简单地说,如果人员管理流程出了问题,企业将永远不可能充分发挥自己的潜力。

一个运营有效的人员选育流程至少要完成3个方面的任务:对个人进行深入而准确的评估;为培养新的领导层提供指导性框架;建设完备的领导梯队。

一个强有力的人员选育流程实际上提供了一个强有力的框架,该框架足以确定整个组织在今后一段时期内的人才需求水平,并帮助领导者为满足这种人才需求水平做出相应的行动规划。

2. 战略制定流程

战略定义了一个企业的发展方向,但很多人忽略了一个问题——战略并不是

---

① 内容参考百度文库《执行如何完成任务的学问》,有一定修改。

闭门造车出来的，它的细节必须是由对实际操作过程、市场现实、现有资源都有深刻了解的人员来进行规划。一份符合实际的战略计划实际上就是一份行动计划，企业的领导者完全可以依赖它实现自己的目标。在制定这份计划的过程中，领导者必须对企业的战略要求以及具体实施能力有着清晰的认识；为了使计划更符合实际，领导者必须将其与公司的人员选育流程结合起来。

战略评估则是战略流程中最主要的互动沟通机制，是测试和验证一项战略的最有效的方式，也是在计划实施之前的最后一次补救机会。

3. 运营实施流程

企业的战略制定流程通常只是定义了企业未来的发展方向，人员选育流程定义的则是战略实施过程中的人员因素，而运营计划则为这些人员开展工作提供了明确的指导方向。它把企业长期的目标分解为一些阶段性的任务，而领导者则需要就这些阶段性任务做出许多具体的决策，将其整合到组织的运营中，并且根据市场情况的变化及时进行调整。

通常，一份运营计划包括企业准备在一年之内完成的项目——它们将保证企业能够在收益、销售和现金流等方面达到预期的目标。

在运营计划中，领导者的主要任务是监督计划的实施工作，如设定目标，将运营实施流程中的细节与人员选育流程及战略制定流程结合起来，并领导大家进行评估。他需要在面临许多不确定性的时候果断地做出判断和取舍。

（三）执行管理能力提升

1. 以身作则，树立团队执行文化

团队领导人的理念、风格和一言一行都会直接或间接地影响团队文化。团队文化是一个团队由其价值观、信念、仪式、符号、处事方式等组成的其特有的文化形象。团队文化是一个团队的灵魂，包含丰富的内容。团队文化的核心是团队价值观，即创业团队、团队成员和企业员工所持有的价值观念，体现在企业的生产和经营全过程，是面对各种利益时所做出的取舍和重要性排序。团队文化是推动团队发展的不竭动力。

所以，想要建立一个执行管理力较强的团体，领导者必须要做到以身作则，提升自身的执行力度，严格遵守制定的计划，不拖延、不半途而废。如此一来，上行下效才能建立有执行管理力的团队文化。

2. 赏罚分明，提高成员的执行力

一是开展绩效管理和绩效考核。绩效管理是指各级管理者和员工为了达到组织目标共同参与的绩效计划制定、绩效辅导沟通、绩效考核评价、绩效结果应用，使绩效提升的过程。绩效考核是对部门和个人某一阶段工作成果的评估和等级确定过程。通过绩效管理与考核可以对团队成员的个人绩效进行准确识别和有效区分，从而为激励机制的应用提供基础。

二是建立基于绩效考核的奖惩制度。一位优秀的领导者应该具备赏罚分明的能力，并把这一精神传达到整个团队当中，以此来增强团队成员的凝聚力和归属感，进而增加为团队做贡献的动力。只有如此，才能建立起一种执行型的团队文化。

基于绩效考核的奖惩制度能让团队中的每个成员都了解到，他们得到的奖励和尊敬都是建立在他们的工作业绩上的，由此，团队执行目标对于成员个体而言会更加贴近其自身的利益，进而能推动团队执行能力的提升。

3. 知人善用，把握执行中的关键

创业就像是带兵打仗，最后成功的人往往不是身先士卒的悍将，而是懂得用人的智将，在创业中，只有能够将合适的人放到合适的位置才能使团队的执行力得到提升。

（1）进行人员评估。传统的面试基本上只能帮助领导者和管理者了解到应聘者过去的职业经历，却很难衡量出他在以前的工作岗位上所表现出来的执行能力。

管理学大师拉姆·查兰认为，面试官在面试应聘者的时候要学会深入了解，要知道如何从对方的回答中选择信息以及如何收集更多的补充信息。他认为，对于应聘者的关注点应该首先落在他对执行的热情上：是否会因为完成一项任务而激动万分？是喜欢具体的执行工作还是只停留在对一些战略或者理念性的东西夸夸其谈的层面？是否能详细地描述自己在以往工作中遇到的困难？

他还认为，对人员的评估应基于事实而非臆想，传统机械式的评估中，人们很容易了解应聘者是否完成任务，但对于其取得成功的方式却缺乏了解。有时候，以一种错误的方式完成任务会带来极为严重的后果。正确的评价方法是，领导者应当对被评估者完成任务的方式抱有同样的关注。

（2）实现人岗匹配。人岗匹配的原则：①岗位职责与员工个体特征相匹配是基础；②岗位报酬与员工需要、动机相匹配激励员工行为是关键，也就是事得其才、才尽其用，即员工的才能高适用、高发挥。[①]

---

① 王晶."互联网+"背景下企业员工招聘的机遇与挑战[J].商，2016（28）：38.

人岗匹配的3个步骤[①]：

①清晰界定和岗位描述。基于岗位分析，按照岗位工作流程和工作内容进行工作描述，这是企业进行人力资源管理的基础性工作。

②定义胜任能力标准。所谓"胜任力"，就是指决定员工胜任某一岗位并能够产生高绩效的个人特质总和，它包括了6个维度：知识、技能、社会角色、自我认知、品质和动机。正确的选人方式应该是以"胜任力"为标准考量人的能力素质与岗位任职要求是否匹配。

③寻求有效评价方法。通过人机测评、情景模拟、结构化面试等评价技术的综合应用，对照胜任能力标准，对竞聘者的知识水平、能力结构、工作技能、职业倾向、发展潜能进行逐项测量和评价，并参考心理测评结果、以往业绩表现等，综合测定应聘者能力特征与岗位胜任能力标准的匹配度，在此基础上预测其未来的业绩表现，从而在短时间内实现对人较为准确的评价。

五、领导能力

领导能力是一系列能力的综合，包括了交流与沟通能力，也包括了各项知识技能，更不能缺少影响力，同时它也是一系列行为的组合，而这些能力和行为将会激励人们跟随领导去要去的地方，而不是简单地服从。不同的领导者有不同的行为风格，对待目标和困境可能会有不同的应对方式，但是卓越的领导者往往存在着共同的行为习惯[②]。

[①] 李琰. 我国石化企业管理人员招聘人岗匹配甄选评价研究 [D]. 大庆：东北石油大学，2012.
[②] 詹姆斯·M.库泽斯著，徐中等译. 领导力：如何在组织中成就卓越 [M]. 北京：电子工业出版社，2004.

（1）明确自己的价值观，并使行动与共同的价值观保持一致，为他人树立榜样，以身作则。

（2）展望未来，描绘共同的愿景，感召他人为共有的愿望奋斗。

（3）通过捕捉创业和从外部获取创新方法来寻求改进的机会，勇于挑战现状。

（4）通过与合作者建立信任和增进关系来促进协作，同时通过增进下属的自主意识和发展能力来增强其实力。

（5）善于表彰个人的卓越表现，认可他人的贡献，并通过创造一种集体主义精神来庆祝价值的实现和胜利。

领导力不是天生注定的，它并不是由基因决定的。领导力其实是在实践中人们能看到的有效的一系列技巧和能力，而任何技巧都可以被学习、强化、修炼和提高。但领导力却也并不是所有人都能学习的。因为想要成为卓越的领导者就必须有非常强烈的进取愿望，有非常强烈的信念认为技巧和能力是可以学到的，并且愿意不断地学习并付诸实践。事实上，最好的领导者也是最好的学习者。[①]

虽然不同气质、不同性格的领导人会有不同的领导模式，但是领导能力的强弱却不关乎性格，它直接与行为有关。

（一）领导能力对创业的意义

只有当创业者具有较高的领导能力时，才能激励伙伴自愿地在组织中做出卓越成就；才能通过实际行动，把价值转化为行动，把愿景转化为现实，把障碍转化为创新，把分裂转化为团结，把冒险转化为收益；才能创造一种氛围，激发人

---

① 詹姆斯·M.库泽斯著，徐中等译. 领导力：如何在组织中成就卓越[M]. 北京：电子工业出版社，2004.

们抓住具有挑战性的机会,取得非凡的成就。

从1997年乔布斯回到苹果,到2011年8月乔布斯因病辞任苹果CEO,在大约14年的时间里,苹果从一家即将倒闭的企业脱胎换骨,市值从1997年的不到40亿美元,到乔布斯辞世时达到3428亿美元,成为全球市值最高的企业,而乔布斯也当之无愧地被《哈佛商业评论》评为"全球最佳CEO"。

对于他为何能取得如此成就,用户体验咨询公司User Insight的创始人这么评价:"他相信他人身上的潜力。"乔布斯身边是一群他称之为"A"的选手。他相信他们,相信他们在产品开发与程序设计上的超群技能。在乔布斯生命中,有许多这样的例子,他们都把他这种能力称为"现实扭曲力场"。

乔布斯很会激励人和影响人。他很擅长于敦促别人去完成不可能完成的任务。与乔布斯共过事的人都承认,这种特质可能让人窝火,但他们也确实因此创造了非凡的业绩。乔布斯让员工充满了激情,使他们致力于创造具有突破性的产品,并相信自己能够完成看似不可能完成的任务。

从乔布斯的例子中,我们可以看出鼓励和表彰员工的重要性。另外,展望未来,描绘共同的愿景也同样重要,这可以从乔布斯的另一个特质中体现出来。

乔布斯曾说:"简单比复杂难。你必须辛苦工作后,才能让你的思路清晰直至简单。但是它最终值得拥有,因为一旦你抵达简单境界,你可以移动大山。"在Ken Segall所著的图书《疯狂的简洁》中,我们可以看见这样的描述:

"一切始于简洁"是苹果公司的核心价值观。它时而激发人们的灵感,时而代表着苹果公司的精神。但无论何时,"简洁"始终是苹果区别于其他科技公司的根本,也是苹果在纷繁复杂的世界独占鳌头的力量源泉。苹果始终对"简洁"

有着近乎虔诚的信仰。

早在乔布斯和斯蒂芬·沃兹尼亚克（Stephen Wozniak）共同执掌苹果公司之初，"简洁"就已成为推动苹果前进的动力。苹果和其他一些企业不同，当那些企业还在埋首处理数据时，苹果已经致力于推出"简洁"的电脑，以求帮助人们做更多的事情[1]。

乔布斯对简洁有着近乎虔诚的信仰，他将"简洁"作为苹果的核心价值观，并且在行动中以身作则，于是"简洁"也就成了苹果企业文化中最重要的特征，也成了所有人共同奋斗的愿景。

领导者是组织共同价值观的代言人，他们的承诺是向世人展示组织的价值观和标准，他们最神圣的责任就是尽其所能为组织价值观服务。乔布斯以他个人的行为树立了一个"简洁"的榜样，并且教导他人践行这个共同的价值观，同时创造出一种以简洁为核心的企业文化，从而让组织中的每一个人都把自己的行为与共同价值观一致起来。

（二）提升领导能力的行为准则

詹姆斯·M.库泽斯在其著作《领导力：如何在组织中成就卓越》中对提升领导能力的行为准则进行了归纳阐述。

1. 以身作则——领导的起点和基础

领导者必须通过自己的清晰理念、声音和言行一致来回答追随者的三个基本问题——你是谁？你要带我们去哪里？如何去？并且树立榜样，才能够影响和带

---

[1] 李善友. 如果只能学苹果一件事，那你应该选择——《疯狂的简洁》[Z]. https://www.huxiu.com/article/22219.html.

动他人。

2. 共启愿景——展望未来,放飞梦想

通过共启愿景可以找到激动人心和富有吸引力的共同奋斗目标和意义感,生动描绘实现目标的美好画面,让人们形成高度的共识、共鸣和共振。

3. 挑战现状——敢为天下先

追寻机会,解放思想,打破返利,实现突破,要有敢为天下先的勇气和魄力,冲破旧有的观念、制度、管理和行为约束,鼓励冒险,善于创新,积小胜为大胜,从错误和失败中学习和成长。

4. 使众人行——发挥团队的力量

充分发挥团队中每个人的积极性和潜能,通过相互尊重、建立信任、团结合作、平等参与、授权赋能、相互支持、分担责任、共享信息、分享权力和利益,让每个人都以主人翁的心态投入工作,打造一支士气高昂的卓越团队。

5. 激励人心——团队持续发展

克服前进中的困难、挫折带来的心理压抑,不断保持和激发人们的工作意愿和激情。通过多种富有创造性的活动,有效地认可、表彰人们的进步和成绩,营造一个乐观向上、鼓舞人心的集体氛围。

(三)领导能力的内在核心是影响力

影响力,是社会人际关系中普遍存在的一种现象,政治家运用影响力来赢得选举,商人运用影响力来兜售商品,推销员运用影响力诱惑你乖乖地把金钱奉上。即使是你的朋友和家人,不知不觉之间,也会把影响力用到你的身上。

有观点认为,领导能力的核心就是影响力。影响力看不见摸不着,但存在于生活的点点滴滴中：超市的商品促销、干部们的选举拉票，甚至是家人与你相处之间都存在着影响力的影子。提升自身的影响力可以让你在做事的时候事半功倍，但有一句谚语说得好——从来没有一只耳朵被一只嘴巴真正地说服。可想而知，仅仅用语言是很难影响别人的。

对于领导者而言，提升自身的影响力是势在必行的一件事，但是怎样才能将影响力作为自己的武器，利用其去达到自己的目的，而不是被动地接受别人的意见和观点呢？我们可能需要了解一些关于影响力的原理。

1. 互惠原理

互惠原理认为，人们会以类似的行为和方式去报答他人为他们做的一切。简单地说，就是当别人帮助了你的时候，内心的原动力会驱使你做出回报，而非不理不睬甚至是以怨报德。

在生活中就有这样的例子，当你生日时一个交情并不深的朋友送了你一份生日礼物，即使你们的关系没有那么亲密，但是当到了他生日时，你会记得也献上自己的心意。这在进化学中也有其依据，互惠原理使得一个人在将资源给予他人时，却并不真正地损失这种资源，从而降低了一对一资源交换的天然门槛，促进了人类的进步。

因此，如果想要团队中的成员认真执行领导者所布置的工作，领导者必须首先让成员们感受到团队对他们的付出和价值，在互惠原理的引领下，成员们会主动地在内心亏欠感的作用下，认真地执行团队任务。

2. 承诺和一致原理

承诺和一致原理认为，一旦做出了一个选择或采取了某种立场，人们就会立即碰到来自内心的外部压力迫使他们的言行与它保持一致。在这样的压力下，他们会想方设法地用行动证明自己先前的决定是正确的。

举个经常在小说或者电视剧中看到的例子，某个富家小姐不顾家庭父母的反对，执意要嫁给一个穷小子，她的观点是爱情与家庭背景无关，没有很多金钱她也会过得很幸福。事与愿违，婚后她被柴米油盐酱醋茶等生活琐事而累，没准儿还有婆媳关系的问题，但此时的她依旧会努力说服自己，并且表现出幸福的样子。

利用这个原理，领导者们可以通过让成员立"军令状"，定下一个双方都觉得合适的绩效目标，来督促其执行的力度。当然这种方式比较直接，在工作过程中，领导者也可以通过潜移默化的会议或者访谈来让成员们自己谈谈他们对绩效的期待，这样可以不动声色地使承诺和一致原理得到应用。

3. 社会认同原理

社会认同原理认为，在判断何为正确时，人们会根据别人的意见行事，尤其是当人们在特定的情况下时。这与心理学中的从众现象有些类似。

人们在看见别人正在做一件事时，都会倾向于认为这种行为是恰当的，因为以符合社会规范的方法行事，总比跟它对着干犯的错误少，而大多数时候很多人正在做的事确实是正确的。

人们由此产生社会认同，但是社会认同的反映方式完全是无意识的、天然反射式的，利用这个原理，领导者可以通过营造一个强执行文化的团队环境，影响成员们的行为。

4. 权威

权威具有强大的力量，会影响人们的行为，即使是具有独立思考能力的成年人，也会为了服从权威的命令，而做出一些完全丧失理智的事情。

当然，我们对于权威的应用显然是正向的，增强领导者自身的专业水平和领导能力有利于培养其权威性，从而达到统领团队的目的。

(四) 获取领导力的秘诀

成功的秘诀在于保有一颗爱心。美国陆军少将约翰·H. 斯坦福出身贫寒，连六年级都没读完就退学了，但他坚持自学，取得了美国宾夕法尼亚州州立大学奖学金。他从越南和朝鲜战争中生还，战功卓著，对军队极度忠诚。在海湾战争期间，他领导了美国军事交通管理指挥委员会。从部队退役后，他先是任职于富尔顿县，后来受雇担任西雅图公共管理学院的主管，在那里他发起了公共教育领域里的一场变革。

当他被问及是如何成为领导者的，是在大学里、军队中、政府部门、非营利组织还是在私有商业公司，他回答说："成功的秘诀在于要保有一颗爱心。爱给予你点亮他人心灵的火把，爱让你看透他人的心扉，爱能够使你比其他人拥有更加强烈的渴望去成就事业。一个人如果没有爱的情感，那么他就不会真正感受到那种兴奋，这种兴奋感能够帮助他们迈步向前，引领他人，取得成就。在生活中再也没有任何东西能够比爱更令人兴奋、更积极有效的了。"

只有做到真正关心合作者，才能获得他们的真心拥护，这样产生的领导力才能可持续发展；而以一个权威者、领导者的立场去一味要求员工达到某个标准，可能只会半途而废。组织是由个人组成的，只有组织整体与组织中的个人共同得到发展，才是可持续发展。

六、社交能力

社交能力是指妥善处理组织内外关系的能力。包括与周围环境建立广泛联系和对外界信息的吸收、转化能力，以及正确处理上下左右关系的能力。[①] 它包括以下几个方面：

（1）表达能力，是指能够将自己内心的思想表现出来，让他人清楚地了解自己的想法，以及理解他人表达的能力。一个人的表达能力，也能直接证明其社会适应的程度。[②]

（2）理解能力，指是否能够体验到人的情绪和想法的能力，它和人的个性（如内外向等）有极大的关系，但又不完全取决它。

（3）沟通能力，指通过沟通协商来取得双赢，是双方都获取自己所需，制定双方都能接受的条款的能力。

（一）社交能力对创业的意义

进入社会，首先你要理解社会，要理解别人为什么要这么做，并且用超越的眼光看待这个社会。做企业也是这样，一个企业家，假如不能和社会同存却又不超越于社会，就会很麻烦，所以社交能力对一个企业家或创业者来说，十分重要。

对创业者来说，社交能力体现在多个方面，例如：表达能力强，能够激发他人的情绪，如风险投资家、可能的顾客、潜在的雇员等。实际上，风险投资家经常会投资给那些在展示商业计划时充满激情的人。社交能力也体现在较高理解能力，能够较容易地判断出他们的对手的真实意图。在成功的谈判中了解对手的实

---

① 毕娟.基于社区就业视角下的大学生实践能力培养探析[J].中小企业管理与科技，2013-3-25.
② 王瑛.浅析人际交往能力及人际关系对大学生的影响[J].文教资料，2011-6-25.

际底线非常重要。因此对于想注册公司的创业者来说，较高的社交感知是一个重要的有利条件。另外，社交能力还能利用在创业者选择合作者以及关键岗位员工的时候。

同时，社交能力强的个人往往具有较高的社会适应能力，他们能很好地解决面前的困境和难题，而且社交能力较高的人能够与任何人谈论任何事情，毫不矜持地向陌生人做自我介绍，适应各种各样的新社会环境。

在创业初期，社交能力的重要性显得尤为显著。创业初期的企业家往往缺少资金、设施、场地甚至经验，如果能够通过与人沟通获得一定的便利会十分有利于企业的后期发展。以往人们总是强调自主创业，但如今这种观念正在改变，人际关系在创业中的作用逐渐加大，人脉圈日益成为创业信息、资金、经验的"蓄水池"。

（二）社交能力的提升

1.学会积极倾听

倾听并不只是礼貌地注视和频频点头而已，它还应该包含更多的东西。

（1）倾听的定义

很多人认为听与倾听是同一回事，但其实两者大不相同。听是声波传到耳膜引起振动后经听神经传送到大脑的过程；而倾听是大脑将这些电化学脉冲重构为原始声音的再现，并赋予其意义的过程。

除了耳部病变的人外，我们无时无刻不在进行着"听"的活动，但我们却不一定在倾听。有时候，我们会自动或者无意识地"屏蔽掉"一些我们所厌恶的声音，如街道上汽车的噪声和电视广告等。

倾听包含的要素包括：①听到：这是倾听的生理维度，是耳部捕获声波并传达到脑区。②专注：这是倾听的心理过程，过滤掉无关信息，选择对我们有意义信息的过程。③理解：弄清楚信息所表达的意思。④回应：对说话者给予清楚的回馈。⑤记忆：记住倾听的信息。

（2）有效倾听的准则

①少说话。芝诺是古希腊哲学家，斯多葛学派创始人。他曾说过：我们生来有两个耳朵，却只有一个嘴巴，是为了让我们多听少说。在倾听的时候，我们的主要目的是了解说话者的意思，那么就应该避免自私地抢夺说话者的舞台或者一味转换话题，发表自己的看法。

②摆脱注意力分散。在面对倾听对象的时候，尽可能地消除那些会让我们分心的内在和外在的干扰。简单来说，把手机关机或者调成静音模式是对说话者的尊重，也可以让我们专心于倾听。

③不要过早评断。在真正地了解了所有信息的意思之后再去评论。

④寻找关键信息。人们在倾诉的过程中，难免会夹杂着一些无效信息，此时我们要利用思考的速度快于对方说话的速度的能力，从一堆言辞中摘出其核心意思，而不是失去耐心放弃倾听。

（3）如何回应

倾听能力在很大程度上体现在个人对他人言辞的回应方式上，常见的回应方式有以下几种：①借力使力：有时候倾听者的最佳反应是顺水推舟地让说话者继续自己的话题，这个方式涉及使用沉默和简短的言辞来鼓励对方多说一些话，也就是中文中常说的"此时无声胜有声"。当你无法帮助别人做决定时，这是一种很棒的回应技巧。②问话：可以通过提问更深入地了解事实和细节，更加了解对方的感受,并了解对方的期望。③释义:倾听者将自己所读到的信息以自己理解的方式重新说一遍,重点在于用自己的措辞,以此来对信息进行交叉检验。④支持:有时候,人们在倾诉时想要听到的不仅是你与他们相似的体验,而是你对他们的真实看法和感觉,支持性反应就是听者表明自己与说话者处于同一立场。⑤分析式回应:对别人的困境做出分析与解释,可以帮助对方思考问题的许多替代性症结,从而帮助他解决问题,或者让混乱的问题清晰起来。⑥忠告式回应:通过向对方提出解决问题的办法达到帮助对方的目的。忠告有时候是有益的,但是必须以一种尊重、关怀的方式提出来。

2.学会流畅表达

(1)表达的几个原则

考虑到创业过程中的多数人际交流都需要创业者以及其合伙人主动出击,因此表达能力在创业中显得尤为重要。只有流畅、适宜、抓住对方注意力的表达才能让创业者获得机会,达成目的。下面我们就来简单介绍一下表达的几个原则。①

①简单原则:KISS 原则(Keep It Simple and Stupid),说话要简单明了,开门见山,不要绕弯子。

② SOFTEN 原则(有关非语言方面的原则),即:

S——微笑(Smile)。很多人在听他人讲话时会忘记这一点。他们在认真地听他人和自己讲话时,容易忽略了自己的表情。微笑能够表达自己的友好,并无

---

① 内容参考百度文库《如何提高沟通表达能力》,有一定修改.

言地告诉对方你从心底里喜欢这样的交流。

O——注意聆听的姿态（Open Posture）。随时处于聆听的姿态能够给对方极好的暗示：你已经准备好了听他讲话，并且关注他的每一个观点和看法。聆听的姿态往往表现为面对讲话人站直或者端坐。站直身体时全身要稳，站立时不要显得懒散，也不要交叉双臂抱在身前。

F——身体前倾（Forward Lean）。在交谈中不时地将身体前倾，以此表示你专心在听。

T——音调（Tone）。声音的高低、语速、音量、声调都会对谈话的效果产生重要影响。

E——目光交流（Eye Communication）。在沟通的过程中，要有必要的目光交流。因为目光交流是沟通过程中必要的非语言因素。

N——点头（Nod）。偶尔向对方点头，不只表示你的赞同，同时还说明你认真地听了他的讲话。

（2）沟通高手的特质

尽管对于社交能力没有普适性的定义，但是以下几种沟通高手的特质却在大多数的沟通情境中有所体现：①拥有多样的行为反应，懂得在不同的情境中运用最有效的行为，并能够有效地表现所需的沟通技巧。②具有较高的认知复杂度，能用更多的方式去了解并解释他人的行为，更全面更复杂地描述情境。③具有同理心，能从另一个人的角度来感知世界，体会他们的感受，并且真诚关心对方。④能做到自我监控，观察自身的行为并借此调整不恰当的行为。⑤真诚地与对方交流，愿意做出承诺，努力理解对方谈论的内容。

3.学会解决冲突

人生活在社会当中,就必须与他人进行交流,这一过程中就难免会产生冲突。可能大部分人都觉得冲突是一个十分让人厌恶的字眼,认为这是一件应该避免的事情,但是实际上,通过正确的沟通技巧,冲突也可以成为一种交流观点和意见的手段,解决冲突的过程可以帮助冲突双方重新建构彼此的关系,并且在最后达成共识。

(1)冲突的内涵

有相关研究如此定义冲突:至少两个相互依赖的个体在实现他们目标的过程中,其中一方察觉到了彼此目标的互不相容、资源的不足以及来自另一方的阻挠,并通过争斗的形式表达出来。

它包含几个要素:①表达出来的斗争:并不一定是言语或行为,沉默以对或者逃避都是斗争的表现形式。②感觉到互不相容的目标:所有的冲突看起来都是当一方有所收获时,另一方有所失去。③察觉到资源的不足:冲突也因为没有足够的资源而产生,其中最典型的就是金钱的不足。④相互依赖:虽然处于冲突中的人会感受到对立,但又通常是彼此相互依赖的,一个人的福祉和满足依赖于另一个人的行动。⑤另一方的阻挠:不论一个人的立场与另一个人有多不相同,冲突也不会随便发生,除非这个人阻碍了另一个人的目标。

(2)冲突的类型

上文我们提及冲突的一个基本要素是表现出来的斗争,但这种斗争可以分为多种形式,并非所有的冲突都是大吵一架或者干脆动起手来,以下将为大家介绍几种不同的冲突类型。

①逃避：发生在人们不知所措地忽视或者跟冲突保持距离的时候。逃避可能是身体上的，表现为发生争执以后绕道而行不再接触；或者是语言上的，表现为改变话题或者否认问题的存在等。逃避反映出对待冲突的消极态度，双方抱有没有好方法解决这个问题的信念。虽然逃避可以暂时保持和平，但是却最容易导致不满意关系的产生。

②调适：发生在一方允许采用另一方的方法，而不再坚持自己的观点的时候。当调适者的动机是仁慈、慷慨和爱的真诚行动时，有可能会增进双方之间的关系，但是要注意，一味退让也可能会对双方关系造成伤害。

③竞争：与调适相反，强迫对方接受自己的观点和方式以解决冲突。竞争同样也有其利弊。

④妥协：至少给予双方少数他们想要的东西，虽然双方也都牺牲了部分目标。例如在购买商品时讨价还价的行为，对于购买者和店主来讲，就是一种妥协。

⑤合作：是在冲突中寻找双赢的解决之道，需要同时高度关心别人和关心自己，最佳的合作状况会带来双赢的结果，大家都能从中得到自己想要的。

（3）解决冲突的技巧——合作的步骤

①确认你的问题和未满足的需要。切实了解自己所面临的问题可以让你在进行协商的时候更加精确地处理问题，减少防卫反应的机会。

②订立约会。在冲突双方都做好心理准备的时候去商谈这个话题可以避免破坏性的争吵。因此当你对问题有了清楚的想法时，试着要求你的伙伴找一个双方都满意的时间一起解决它。

③描述问题和需求。有时候，冲突的存在仅仅是因为对方对你的需求毫无了

解。当你完整又正确地描述你的问题以后，也许矛盾就自然解开了。

④思考对方的观点。厘清你的伙伴在这件事情上的需求，要明白他与你一样有获得满意结果的权利。

⑤商议解决之道。尽可能多地去发现潜藏的解决方式，并且进行评估，选择一个最能满足每个人需要的方法。

⑥追踪解决方案的后效。在测试过一段时间以后，安排一些时间去讨论关于问题解决方案的进展情况，调整当初的方案。

七、机会识别能力

创业是一个机会发现过程，知识和决策在其中扮演了重要角色，机会是创业的核心和关键问题。机会识别能力在创业过程中具有十分重要的作用。而实际上，机会识别能力与创新能力也具有紧密的关系。这涉及创业中对"机会"的定义，要回答什么是创业机会识别能力，就必须了解"创业机会"的本质。

对于"创业机会"的概念，不同学派曾持有不同的观点。比较有代表性的是奥地利学派和以 Sarasvathy 为代表的学者，前者认为创业机会是客观存在的，是"可以被发现的"；后者则表示机会存在于创业者的主观世界中，是"可以被创造的"。学界倾向于以融合的视角揭示创业机会的本质，认为创业机会"既需要被发现亦需要被创造"，归根结底，创业机会是存在于市场中一定时间并且需要创业者发现、评估、改进的商业机会。创业机会识别的一般过程包括：机会发现——机会评估——机会改进等步骤[①]。因此，我们可以在一定程度上将"机会识别能力"

---

① 王飞，姚冠新. 大学生创业机会识别能力提升研究 [J]. 国家教育行政学院学报，2014（8）：57-60.

与"创新能力"视为近义词,而显然"机会识别能力"的概念范围又大于"创新能力","创新能力"一般仅表示机会识别过程中的"机会改进"这一步骤。

(一)机会识别能力对创业的意义

1.机会识别能力的定义

机会识别能力作为一种复合能力由几种不同的基础能力构成:创业警觉能力、创业认知能力、专业知识以及社会关系能力。其中的创业知识以及社会关系能力,与我们前几节所论述的知识技能水平和沟通能力比较类似[1]。

(1)创业警觉能力:机会识别作为一种态度变量,是创业者对机会存在的潜在性具备的敏感、警惕以及洞察力。创业者对所处环境中的各种信息高度敏感,善于发现厂商和消费者方面出现的问题、市场上未得到满足的需求以及新的资源组合方式,这种高警觉性必定有助于提高发现机会的概率。

(2)创业认知能力:创业认知是指个体对创业认识与理解的心理历程,是创业者做出创业行为以及相关决策的重要因子之一。包括:接受和评估创业信息的过程;产生应对和处理创业问题方法的过程;预测和估计创业结果的过程。它主要由认知结构和认知过程两个方面构成。

(3)专业知识:创业者的知识、经验在机会识别过程中起着重要作用,创业者个体独特的知识构成了知识走廊,它是机会识别的重要因素。这里指的专业知识不仅限于大学生掌握的本专业的知识,还包括对所涉及领域的详细了解,特别是对创业相关理论的掌握。据叶国爱等对我国中部地区高校的一项调查显示,

---

[1] 高峰,余洁.大学生创业机会识别能力培养刍议[J].教育界,2013(5).

94.6%的创业学生所从事的行业与自己所学专业无关,大学生创业的范围主要在服务咨询、饮食行业、娱乐业等服务性行业。

（4）社会关系能力：社会关系网络能带来承载创业机会的有价值信息,个人社会关系网络的深度和广度影响着机会识别。社会关系网络是个体创业机会识别的主要来源。创业者利用创业机会成功建立起新的企业离不开大学生在社会关系方面的能力。大学生作为企业创建者,其在社会关系方面的才能（如领导沟通能力、情绪控制能力、挫折抗压能力、决策影响能力）关系着企业的生死存亡。

2. 机会识别能力的作用

机会识别对企业的战略决策的制定和执行有着深远的影响,发现一个很好的商业机遇可能会影响企业的战略决策,改变企业的发展行业和发展的方向,或者有利于企业战略决策的实现。机会识别贯穿于企业战略决策整个过程,影响着企业的生存和发展。

大学生创业者作为富有学识与激情、"嗅觉"敏锐、充满梦想和创意的群体,往往也是机会识别能力较强的群体。而90后创业者刘茳——如是娱乐法的创始人,则是抓住了机会的一个人,按她自己的话来讲,她"在最娱乐的行业做最专业的法务"。

对于怎么发现的这个创业机会,刘茳这样说:"我创业的起因很简单,就是想找一个喜欢的事情作为职业。……我想做喜欢的事情,作为一生的职业,才不至于觉得浪费时间。

"在大三的一次知识产权课上,老师讲了话剧《天下第一楼》在首轮演出的时候发生的一个产权纠纷。恰巧,这部戏我头天晚上刚在剧场看过,所以听得异常仔细。但我发现老师讲的判定侵权的理由很笼统,结合戏剧中的情节,怎么想都不应该被认定为侵权。所以我当场问老师,是不是讲错了?这时候你会发现北大的老师真好,她没有因为我的质疑挑战了课堂权威而生气,而是鼓励我回去研究。我把整理好的资料和写的文章发给老师后,她把我叫到办公室,告诉我:随着中国文化产业的发展,必然会产生很多法律诉求,如果感兴趣的话可以将来向这个方向发展,非常有前景,一些美国的法学院都有专门的课程甚至专业。在好莱坞,这是非常专业的一个领域。

"于是我像发现金矿一样决定以'娱乐法'作为以后的研究方向,并把这件事告诉了当时我所在《北大法律评论》编辑部的老板——当时的主编,我现在的合伙人徐斌师兄。他也觉得这个领域不错,跟我说不如成立个团队,一块儿做这件事情,研究一下看能做出什么。于是我们开始从整个文化产业的法律政策的梳理入手,建判例库,翻译好莱坞合同。我甚至还去体验了做小剧场喜剧的制作人,寻找投资,让演员签合同——别人玩实验戏剧,我实验'娱乐法'。我觉得当你体会过制片人的心态,以后给制片人当律师,就会知道他们更需要什么。"[①]

她所从事的领域在国内完全是一个空白的行业,没有前例可循,但也正是缺乏系统化和体系化的娱乐法现状,才给了刘茏一个创业的机会。凭着一股年轻人的激情,以及对自己所热爱事业的执着,在开创事业的同时,实现了自我价值。而成就这一切的前提是,她抓住了课堂上一闪而过的灵感,抓住了这个创业机会。

[①] 腾讯互联网与社会研究院. 我是90后,我是创业家:17个90后的创业故事[M]. 北京:机械工业出版社,2015.

(二）创业警觉能力的提升

1. 关注身边的变化

用专业的眼光发掘创业机会，比如：多阅读行业报纸杂志、关注创业类专题网站，培养自身信息意识和收集信息的能力，多参加相关专业技术前沿专题讲座以及科技政策和产业政策报告会，从多方面获取创业信息，增强对创业的敏感度。

比亚迪老总王传福的创业灵感来自一份国际电池行业动态，一份简报似的东西。1993年的一天，王传福在一份国际电池行业动态上看到日本宣布本土将不再生产镍镉电池，他立刻意识到这将引发镍镉电池生产基地的国际大转移，自己创业的机会来了。果然，随后的几年，王传福利用日本企业撤出留下的市场空隙，加之自己原先在电池行业多年的技术和人脉基础，做得顺风顺水，财富像涨水似的往上冒。他于2002年进入了《福布斯》中国富豪榜[①]。

创业者的敏感，是对外界变化的敏感，尤其是对商业机会的快速反应。

2. 重视积累拓展人脉

创业者资源，可分为外部资源和内部资源两种。内部资源主要是创业者个人的能力，其所占有的生产资料及知识技能，家族资源等。拥有一份良好的内部资源，对创业者个人来说无疑是重要的。

但外部资源的创立，同样不可或缺。其中最重要的一点是人脉资源的创建，即创业者构建其人际网络或社会网络。

一个创业者如果不能在最短时间内建立自己最广泛的人际网络，那么他的创

---

① 五月. 经典：中国创业者的三种类型与十大素质 [Z]. https://www.douban.com/group/topic/1613080/.

业一定会非常艰难，即使其初期能够依靠领先技术或者自身素质，比如吃苦耐劳或精打细算，获得某种程度上的成功，我们也可以断言他的事业一定做不大。

增加自己的社会资源，积极参与社会活动，构建属于自己的社交网络，提高自己的社会化进程。

同时积极参与学校组织的创业实践类活动，为自己以后的创业积累经验和教训，学习创业所需的各种知识，如融资能力等，以期在以后的创业活动中产生对问题以及行为方式的独到观点和认识。

（三）创业识别能力的培养

1. 提高识别政府提供的政策机会能力

近年来，全国各地政府相继制定促进大学生创业的各项优惠政策。对于大学生创业者来说，对症下药选择合适政策，在各种有利的政策中选择挖掘创业机会就显得非常重要。尤其要注重识别"低准入门槛"领域的政策机会，识别财政贷款、基金扶持领域的政策机会，识别政府导向型新兴行业的政策机会。

澳瑞特健康产业集团位于山西长治，是由做过矿工的郭瑞平在一个破产的小自行车厂基础上组建的，创立时间只有短短10来年，年产值现在已超过上亿元。郭瑞平创业成功的秘诀便是顺势而为。郭瑞平利用了当时国家竞技体育与群众体育两手抓、两手都要硬的政策大势，将创业目标定位于"群众喜欢用群众乐用的健身器材"，避开了与国内众多专业竞技体育器材生产厂的竞争，又利用国家发行体育彩票，其中一部分收入指定用于群众健身器材投资的机会，首先将一整套"群众性体育健身器材"安装在了国家体育总局龙潭湖家属院，然后又从这个家属院走向了全中国。你现在走到北京街头一看，都是这种刷成黄色、红色、橙色的健身器,一组下来少的也有10来件,上面都标着"澳瑞特"的字样,仅这一单生意,就让郭瑞平创业得以成功[①]。

2.提高识别社会创造的市场机会能力

一是识别现有的市场机会。在市场经济环境中,由于信息不对称、竞争不充分等原因,市场中会存在一些尚未得到全部满足的需求。创业者发现和利用这些现有市场中存在的机会,是一种相对自然和经济的选择,可以减少寻找创业机会的成本,降低创业的风险,有利于成功创业。一般来说,现有的创业机会存在三个领域:不完全竞争下的市场空隙、企业集群下的市场空隙和规模经济下的市场空隙。

二是识别潜在的市场机会。随着市场经济的发展,人们的需求呈现变化、升级的趋势。社会普遍性经济水平的提升,必然带来消费升级;科技迅速发展,必然引发人们消费欲望的提升和消费需求的多样化。这种市场环境的变化,带来潜在的市场机会。创业者可以在细分市场里发掘尚未满足的潜在市场机会,也可以根据消费趋势的变化,预测并捕捉可能出现的创业机会,还可以根据自身掌握的最新科学技术,创造和引领消费需求,创造市场机会。

三是识别衍生的市场机会。由于市场经济活动的多样化和国家产业结构战略的调整等原因,会造成一定的衍生市场机会。社会需求的易变性、高级化、多样化和个性化,使产品向优质化、多品种、小批量、更新快等方面发展,为大学生创业提供了丰富的机会。国家提出的各类产业发展战略,如企业要适应消费需求升级和服务便利化要求,重点围绕托育、养老、家政、乡村旅游等领域开展经营

[①] 桑国元.国外21世纪学生发展核心素养的讨论及启示[J].教育科学研究,2016(10).

活动，为中小企业的发展提供了广阔的空间，也必然衍生出大量的市场机会。

第二节 大学生团队创业素养提升

一、大学生创业团队的概念

（一）团队的定义

美国著名的管理学教授，组织行为学的权威斯蒂芬·P. 罗宾斯认为：团队就是两个以上的、相互作用、相互依赖的个体，为了特定目标而按照一定规则结合在一起的组织[①]。

举一个简单的例子，一支足球队或者一个公司就可以称为一个团队，因为他们具有一定的目标和规则，足球队的目标是取得足球赛的胜利，而公司的目标是获得利益；但一个旅行团或者公交车上的乘客就不能称为团队，其中最大的区别在于，旅行团和乘客只是因为偶然和巧合才聚集在这样的一个情境下，他们并没有相同的目标，他们最多只能被称为"群体"。

1. 团队与群体的区别

团队和群体经常容易被混为一谈，但它们之间有根本性的区别：

（1）目标方面。群体并没有明确的目标，但团队中有明确的目的，并且有为了达到目的一起努力的动力。

（2）领导方面。群体既然没有共同目标，那也不需要领袖和灵魂人物；团队就不一样，团队发展需要强有力的领导，才能保证团队的发展方向正确。

（3）协作方面。群体和团队最根本的差异是协作性的不同。群体的协作性一

---

① 姚兰，艾训儒，朱江等.新时代地方高校课程群教学团队建设实践[J].中国多媒体与网络教学学报（上旬刊），2021（1）：144-146.

般是较低水平的,成员间的协作性不高,甚至容易分裂为不同的对立团体。团队的协作性相对较高,在大多数情况下是一种齐心协力的气氛。

(4)责任方面。群体行为的责任分散,并没有明确的责任人,而团队作为一个整体,每一个团队的成员共同负责。

(5)技能方面。群体一般没有明确的目标,因而对其成员没有相关技能的要求,成员所拥有的技能可能是不同的(临时、随机组成的群体),也可能是相同的(特定人员组成的群体);团队有明确的目标,而团队成员的技能直接影响团队目标的达成,因此,高效团队成员的技能应该是相互补充的。因此,进行团队建设时,需要有意识地、主动地把不同知识、技能和经验的人综合在一起,形成角色互补,从而达到整个团队的有效组合。

(6)结果方面。群体的绩效往往是群体每一个个体绩效的加总,甚至全体总体的绩效会低于个体的绩效之和。团队的结果或绩效是由大家共同合作完成的产品。

2. 大学生创业团队

大学生创业团队属于团队的范畴,从字面上就可以理解为其团队目标在于创业,而其团队主要成员都是大学生。

大学生创业团队与其他团队相比,由于其目标和主体的不同,具有其特殊性。大学生群体相对于其他人群而言,更富有挑战性和独立性,而且具有较高的学习主动性,也更向往成功,成就动机较高,这也造成了大学生们组成的团队往往非常富有激情,忠实于自己的观念与理想,很少被社会现实束缚。另外,随着年龄的增长,大学生群体的思维能力日趋成熟,抽象逻辑思维逐渐取代经验型思维而占据了主导地位，使得他们更加富有创造精神。而作为创业者的大学生则更好地发挥了他们的心理行为特性，将这些优势充分利用在了创业活动上。

（二）大学生创业团队的构成要素

创业团队的构成要素包括：目标（Purpose）、人员（People）、定位（Place）、计划（Plan）和权限（Power），也被概括为5P要素。这5个要素中的每一个都是优质的团队所必不可少的部分，缺少其中的任何一个部分都会导致团队偏离原计划的目标，因此创业团队中的构成要素也是本章所论述的影响创业团队绩效的最主要因素。

完备的大学生创业团队的构成要素也符合其5P的原则，但由于大学生创业团队在创立之初往往处于试运行阶段，不仅资金较少，人员也不多，每个人员往往身兼多职，甚至由于主创人员过于熟悉和亲密，有些权限的界限也是模糊的。但如果一个团队想要得到更加深化的发展，就必须在团队的发展过程中解决这个问题，努力让自己的团队规范化。

1. 目标：具有共同的理念和愿景

由共同的目标而产生的共同理念和共同愿景是凝结团队的基础，是团队克服困难、战胜挫折的精神支柱。当一个团队清楚地了解自己所要达到的目标，并相信这一目标包含的重要意义和价值时，这个团队就有了共同的理念。愿景代表了企业的长远目标，体现了团队的立场和信仰，是对"我们希望成为什么样的企业？""我们代表什么？"的未来状态的设想。

大学生创业团队由一些有一定技能、一定专业知识并且志同道合的同学自愿组成，所以在创业之初他们往往会有比较一致的创业理念，然而，随着创业团队成员不断与外界接触，成员的眼界和自身能力也在不断地变化，这个过程中很可能有团队成员改变当初的创业理念和愿景，因此团队要通过及时、开放、有效的沟通不断加强共同理念和愿景的营造。

而通过营造共同的理念和愿景来提升团队的凝聚力和士气，是大学生创业团队得以长远发展的必要途径。只有当团队成员的个人目标与企业的愿景一致，即认同团队的努力目标和方向时，团队成员才会把个人目标整合到组织目标中去。为了这个目标，团队所有成员都齐心协力致力于企业价值的创造，逐步使自己的企业区别于其他企业，显现出自己的社会价值，吸引到投资人。

2. 人员：具有核心创业者

人员是创业团队构成中最重要的因素，不管是任务的执行还是目标的实现，都有赖于人员的力量。人力资源也是所有创业资源中最重要的资源。而对于一个创业企业来说，需要至少拥有一个核心的创业者。他可以是发起者、组织者或创意者。

核心创业者的核心素质代表了他搭建精英团队的能力，开发高门槛产品的能力以及创业信念的坚定程度。这决定了他是否要创业，何时创业，选择怎样的团队成员，设定怎样的企业目标以及制定怎样的战略来实现目标。

一个大学生创业者要对自身和外界环境有一个清晰的认识，并且对创业动机、能力、前景进行认真评估，才能做出有效决策。当决定要创业时，第一步就是建立团队，创业者在人员选择时要考虑人员的能力如何，各人员间技能是否互补，人员的经验如何等问题。另外，作为团队领导者，除了有能力领导一个团队外，还要有对宏观局势的把握。他要考虑各种各样的问题，如现行的政治、经济政策对我们的创业有何支持和威胁？行业中哪些是竞争者，哪些又是合适的合伙人？需要哪些与行业相关的技术支持？等等。

3. 定位：团队成员的准确分工

团队成员的角色定位是指创业团队各成员在创业活动中扮演什么样的角色，即创业团队的分工定位问题。定位问题关系到每一个成员是否对自身的职责、权限和工作程序有着清醒的认识。

一个好的项目的成功推进，不仅需要企业能够寻找到合适的商机，同时也需要整个创业团队能够各司其职，形成一种良好的合力。当创业团队各成员在企业中担任的职务和权力越明确，组织各成员间的冲突就越少，就越能推进企业的发展。

大学生创业团队的成员在专业知识和技能上具有互补性，但由于初创企业的变数多，一开始往往不能明确各自的职责、权力和分工，即使一开始有分工，在多变的环境中也无法真正做到。这就要求大学生创业团队成员对自己严格要求，定期进行自我测评，持一个理性的自我角色定位，并及时和团队成员沟通，相互间形成良好反馈，这将有利于加强团队成员间的相互合作，提高决策的效率，建立一个优势互补的一流团队。

因此，每个创业团队成员都应当对自身在团队中的位置有正确的定位，并且根据正确定位充分发挥主观能动性，共同推进企业成长。

4. 计划：团队未来的发展目标

计划是创业团队未来的发展规划，也是目标和定位的具体体现。

计划的制定可以指导团队成员分别在什么时间做哪些工作以及怎么做。

目标最终的实现，需要一系列具体的行动方案指导，计划就是为了达到目标制定的具体工作程序。

按计划实行可以确保工作目标的进度。在计划的操作下团队才可以一步步完成任务，最终实现目标。

在计划的帮助下，大学生创业者可以有效制定创业团队短期目标和长期目标，可以提出目标的有效实施方案以及实施过程的控制和调整措施。

因此，为了充分推进创业过程，创业团队成员们不断磨合，才能形成一个拥有共同目标、人员配置得当、定位清晰、权限分明、计划充分的团队。事实上，一些团队组建的时候，会通过一个试用期来检验团队成员之间能否形成必要的默契，这就在很大程度上降低了团队组建的风险。

5. 权限：团队工作的权力分配

团队工作的权力分配会随着团队的发展而相应地发生变化，特别是团队领导人的权力，对创业成功与否影响非常大。一般来说，在创业初期团队发展的初期阶段，团队领导人的领导权相对比较集中，随着企业的成长和团队的成熟，领导权的集中度应逐渐减小。

团队权限关系的两个方面：

（1）整个团队在组织中拥有什么样的决定权？比如说财务决定权、人事决定权、信息决定权。

（2）组织的基本特征，比如说组织的规模多大，团队的数量是否足够多，组织对于团队的授权有多大，它的业务是什么类型。

大学生创业团队在发展初期往往面临着人员稀少、每个人员身兼多职、成员之间的权限分割不清等问题。这些问题在团队规模较小的时候，可以通过协商解决，可以说，这一团队人员权限模糊的过程是团队发展中的过渡过程。但是当团队发展得越来越庞大，形成一定的规模时，必须要让团队规范化起来，否则权限模糊引起的责任模糊将会给团队的发展带来毁灭性的打击。

（三）团队精神

所谓团队精神，简单来说就是大局意识、协作精神和服务精神的集中体现。团队精神要求有统一的奋斗目标或价值观，而且需要信赖，需要适度的引导和协调，需要正确而统一的企业文化理念的传递和灌输。团队精神强调的是组织内部成员间的合作态度，为了一个统一的目标，成员自觉地认同肩负的责任并愿意为此目标共同奉献[①]。团队精神与团队构成中的目标因素有些相似，但却并不完全相同。团队精神脱胎于团队的目标，但是它要比团队目标更为广泛而深刻，是企业文化的雏形。

在经济文化迅速发展的今天，只有以精神的、物质的、文化的手段，满足员工物质和精神方面的需要，以提高企业的向心力和凝聚力，激发职工的积极性和创造精神，才能提高企业经济效益。而团队精神正具有这方面的作用，它可以传递一种相同的价值观，让团队更加具有凝聚力，具有更强的执行力，也是影响团队绩效的一个重要因素。

团队精神主要包括以下4个方面：

1. 团队信任

成员之间相互信任是高效团队的显著特征，也就是说，每个成员对其他人的品行和能力都深信不疑。但是信任的建立需要一个长期的过程。

---

① 房喜凤.关于建设服务型研究型教师进修学校团队的思考[J].大连教育学院学报，2011（1）：54-55.

研究表明，信任有一个连续的发展过程。信任不断发展到更高阶段时，团队内部信任会表现出一些强的韧性。此时，信任程度加深，偶尔的信任破坏也很容易修复。就发展的阶段而言，信任开始是一种"计算型信任"，即被信任方会仔细计算：如果自己得到对方的信任，会有什么收益；如果自己失去对方的信任，会承担什么后果。在这种信任模式下，信任方高度重视被信任方的行为表现，计算因为信任他人而可能带来的收益与风险。信任方只有在确认信任对方会给自己带来净收益时，才会选择信任对方①。

随着时间的推移，成员之间交流增多，信任越来越不用做特别检验，这样彼此之间的信任程度就会得到加强。"计算型信任"在很大程度上属于理性的范围，其基础是被信任方的一贯表现和可靠程度②。随着这种可靠程度越来越强，成员间信任就可以发展到最高的水平，即"认同型信任"。在这个阶段，双方完全了解彼此的需求和愿望，非常信任对方。他们知道对方最关心什么问题。在这个阶段，双方认同彼此的价值观，能够建立起情感联系。

与计算型信任相比，认同型信任有更多的情感因素，双方更加关怀彼此的需要，并努力去满足对方。在团队中建立起认同型信任，则团队关系会非常牢固。团队成员彼此信任，也相信团队整体的决定。这时，给团队成员安排合适的角色，成员就容易接受并胜任。

2. 大局意识

大局意识就是把自己的利益需求与团队利益目标放在一起考虑的意识。因为

---

① 王娟娟. 大学愿景管理研究 [D]. 武汉：武汉大学博士学位论文，2011：113.
② 高福生. 案例研究：LW 公司人力资源开发体系建设 [D]. 广州：华南理工大学，2013.

在团队中，每个人的价值判定最终是以团队成果为大前提的。因此，自身利益的达成，需要在团队利益达成的基础上才可能实现。以这样的思考方式实践，就需要在个人利益与团队利益有冲突时，对个人利益做出适当的让步。

3. 协作精神

团队需要用心维护三种关系：成员之间的关系、团队与成员间的关系、团队与客户间的关系。如果团队成员能够站在对方的位置上思考，争取理解对方，那么他其实就是在用自己的行动向对方证明彼此的关心。这种换位思考，就是协作精神的内核。如果团队成员都能够认识自己的情绪，并进行换位思考，那么就可以使团队有一种协作的精神状态。因为换位思考其实体现的就是一种彼此的尊重。每个人都希望被尊重，而且受到尊重会使人有更强的自信心，团队成员间关系更稳固。

4. 服务精神

团队内的服务精神，其实就是一种大客户中心观念。因为在团队中，成员之间彼此协作，这时协作方都是彼此的客户，需要从对方的需求出发，最大限度地满足"客户"需求。所以，服务精神的本质就是一种客户中心意识，随时反思自己的"客户"价值实现状态。只有团队内部有这种深入的彼此服务精神，才有可能使团队呈现出一种有效的客户服务风格。

身在团队中的个人，需要从上面 4 个大的方面来主动培养、强化自己的团队精神。

（四）团队的发展

大学生创业团队是一个动态的、具有生命力的单位，因此我们不能仅仅从静态的角度去分析它的影响因素，在团队的发展过程中，也有许多影响创业团队最后绩效的因素。

1. 团队沟通

大学生创业团队成员可能是最具有活力和创造力的一群年轻人，当他们通过畅通的渠道交流信息，会使创业团队成员之间有顺畅的信息反馈机制。当遇到困难、复杂、有冲突性的问题时，大学生创业团队应当积极组织小组会议，将问题放到团队中来讨论，自由表述各自的观点并加以论证，使彼此坦诚相待，让每个成员以真实的想法在交流中碰出火花、得到成长。

有效的沟通不仅可以保证信息的通畅，也可以减少团队成员之间的摩擦和不必要的争执。在确保信息正确明朗的情况下，各个成员都保持一种高昂的斗志为团队做出更多的贡献。

在团队中的个人需要理解、共情、宽容与沟通的能力，理解、共情和宽容是良好沟通的前提条件，另外，有效的团队也可以促进个人这些能力的提升。

（1）理解：就是明确人与人之间的不同，能够公平公正地对待彼此。

（2）共情：通过"站在别人的角度与立场上思考"来达成对他人观点的理解。

（3）宽容：要以开放的心态面对别人不同的价值观、态度和行为。

（4）沟通：开放的沟通是必需的，只有通过沟通才能化解彼此的矛盾，使问题得到及时处理。

2. 团队学习

对于一个大学生创业企业来讲，创业元老要有持续学习的精神和吃苦耐劳的品质。大学生创业团队最初的成功往往是因为有创业激情，敢拼敢干，但随着团队进入一个规范发展的时期，他们自身意志的限制和学习能力的不足反而会成为创业团队发展的阻力。

因此，大学生创业团队要积极打造学习型创业团队。首先，建立学习型组织，保持整个团队的创造力和学习力。企业通过培养弥漫于整个团队的学习气氛，充分发挥团队成员的创造性思维能力，增加团队的压力与动力，不仅可以促进分工与协作，而且还可以保持创业团队良好的创造力和学习力。这使得组织具有持续学习的能力，具有高于个人绩效总和的综合绩效。其次，创业团队要定期开展业务学习，以提升团队的创业能力。

（五）团队的领导与支持

1. 团队的领导风格

最早的领导理论是领导特质理论，他们将研究的重点放在找出杰出领导者所具有的某些共同的特性或品质上；后来，随着行为主义的兴起，领导行为理论也曾风靡一时。

Burns（1978）提出的领导风格理论将领导类型按风格分为两个类型：变革型和转换型，此后，这成为领导理论研究中使用频率最高的一种分类方式。

变革型领导风格是指通过让下属意识到所承担任务的重要性，从而激发下属高层次的需求，促使下属为了团队或组织的利益而超越个人的利益，并产生超预期的工作结果。变革型领导的行为特征，主要包括领导魅力或理想化的影响、动机鼓舞、智能激发和个性化关怀4个方面[①]。变革型领导会鼓励下属将组织利益置

---

① 缪宇峰，董临萍.大学生创业团队领导风格与绩效关系研究[J].教育教学论坛，2011（35）：27-29.

于个人私利之上，能提高下属的组织承诺，激励下属对组织尽最大的努力。

转换型领导是指建立在交易或者契约基础上的领导风格，领导者以员工的努力和绩效作为依据来为其提供奖励及惩罚。

转换型领导者善于引发下属的动机，且将组织的使命与下属个人的价值联结起来，提升下属的自尊及成功的信念，借此激发组织成员的工作热诚及提高对团队的承诺，改善团队绩效。

不同的创业类型对领导风格的需求不同，举例来说，公益创业比较需要变革型的领导作为团队工作的领袖；而对于销售业的创业团队而言则是交易型的领导更能促进团队创业的发展。

2. 内外部的支持

团队绩效的达成，需要获得来自内、外部的各种资源的支持。这里的外部包括团队所在组织、所在集团，甚至是来自市场的成果回馈。内部的支持则表现为一套合乎团队特征的管理规范、评估、激励体系，从而使团队成员之间更多的管理职责达成自组织状态。只有内、外部的支持都能起到激励作用的时候，才能推动团队的持续发展。

团队精神不仅是一种口号、一种语录，还是每个队员对于某些问题的共同价值观以及在关键问题上的一致理解与行为，只有从团队日常的点点滴滴中孕育出适合自己品牌的团队精神，才能引导着团队成员形成团队凝聚力，并在向目标前进的过程中相互支持，辅助团队的组织和管理。

二、大学生创业团队素养评估

(一) 大学生创业团队素养评估要素

1. 团队创业经营管理水平[①]

(1) 团队整合能力:主要体现在合作和共赢两个方面,创业团队的亲情和友情能够使团队在面对困难和矛盾的决策时,通过激发成员间的合作意识而使决策更加高效。同时,在创业过程中对创业渠道拓展和创业利益分配的合理理解,可以有效地促进团队的可持续发展。

(2) 组织协调能力:主要包括在创业过程中处理内部、外部和内外部矛盾的能力。团队内的内讧、团队间的不正当竞争等通常会威胁到企业的存亡,因此有效协调好这几者之间的关系才能够保证企业的良性发展。

(3) 风险控制能力:主要包括对机会风险、技术风险、市场风险、资金风险、管理风险和环境风险的防范能力。

(4) 财务分析能力:包括对自身经营状况的有效控制能力。通过财务分析可以正确评价企业过去的经营情况,全面反映企业目前的财务状况,预测企业未来的发展趋势。

2. 创业导向

创业导向是创业团队解决问题与响应环境变化的一系列相关活动在管理实务上的具体表征。创业导向的创业团队能自主行动,具备创新和风险承担的态度,面对竞争对手时能积极应战,面临市场机会时能超前行动,从而避免了在创业过

[①] 陈娇. 大学生创业团队胜任力研究 [J]. 科教导刊(上旬刊), 2013 (1): 201-210.

程中遇到困难时措手不及。

3. 创业资源

（1）人脉资源：包括对创业活动中人脉关系的使用、维持情况。在创业的过程中，人脉关系具有举足轻重的作用，然而对于刚刚走上社会或者还在学校内的大学生创业者而言，人脉关系往往比较少，因此，有效地利用仅有的人脉关系来开展自己的事业，显得尤为重要。

（2）资金资源：包括创业过程中创业资金的启动、增资的资金筹措情况。资金是一个企业经济活动的第一推动力和持续推动力，企业能否有稳定的资金来源，以及能否及时足额筹措到生产发展所需要的资金，对于企业的经营和发展都是至关重要的。

（3）信息资源：包括对创业市场信息和创业环境信息的认知情况。要获取信息资源，可以通过顾客调查法、认知图法、小组讨论法等直接技术，也可以通过文献查询、聘请专业公司等间接技术，还可以通过同行、专业机构、政府部门等渠道进行收集。

（4）技术资源：主要包括对本行业最新的研究成果以及产业化运作的认识情况。大学生创业者知识和技能水平相较于社会普通创业者要高，因此，大学生创业团队可以开发具有自己独立知识产权的产品，在了解本行业最新的研究成果和产业化运作的情况下，设置相应的技术壁垒，形成团队竞争优势。

4. 创业决策能力

（1）创业项目：指适合某个特定领域或行业的创业机会。好的创业项目是创业成功与否的必要条件。创业者在选择创业项目时应该首先认识到该项目的创业政策如何、盈利状况如何、投入资金多少、竞争激烈程度如何、市场前景如何等信息。巧妇难为无米之炊，纵使创业者具有其他好的能力，可是创业项目不具有可发展性，那创业也必将走向失败。

（2）创业机会：指在创业活动中对技术机会、市场机会、政策机会的认知程度和把握程度。机会能力是指通过各种手段捕捉和孕育机会的能力，大学生创业团队应该具有敏锐的眼光发现和分析机会，有效地抓住和利用某些有利的机会，从而抢先占有市场。

（3）创业计划：指对所有的创业活动事项进行总体的安排。大学生创业计划竞赛起源于美国，是风靡全球的重要赛事，国内的创业计划竞赛最早于1998年在清华大学举行，以后基本每两年举办一次，可见创业计划对大学生创业的重要性。

5. 创业学习能力

创业学习能力主要包括持续学习能力和专业技术能力。目前科技发展日新月异，大学生创业者在自身专业技术相对于其他社会创业者占优势的同时，应该持续学习相关专业技能，这样才能不断更新产品，满足市场的需要。

6. 创业品质

创业品质是指大学生创业所具备的个性心理特征，主要包括自省自信和诚实热情两个方面。大学生接受的文化程度较高，因此在创业过程中应根据自身实际情况对创业定位准确把握，并且应该做到求真、务实。

（二）大学生创业团队素养评估

1. 团队测评的普通方法[①]

一是利用客户关系图来确定。当团队的存在主要是为了满足客户的需求时，最理想的方法是采用客户关系图法。团队必须要考虑客户对团队的需求，客户的需求是团队绩效测评维度的一个主要来源。客户就是那些需要团队为其提供产品和服务并帮助他们工作的人，可以是组织内部的同事，也可以是组织外部的顾客。

二是利用组织绩效目标来确定。该种方法最适用于那些为帮助组织改进绩效目标而组建的团队。组织的绩效目标体现在压缩运转周期、降低生产成本、增加销售额、提高客户的忠诚度等方面。对此，我们首先要界定几项团队可以影响的组织绩效目标；如果团队能够影响这些组织绩效目标，接下来就要回答这样一个问题：团队要做出什么样的业绩才能有助于组织达到其目标？把这些成果作为考核维度并把它们添加到业绩考核表内。

三是利用业绩金字塔来确定。业绩金字塔的出发点首先是明确业绩的层次。你将通过回答以下有关工作成果的问题来构筑业绩金字塔：什么是整个组织的宗旨或功能？组织要创建的是什么样的业绩？要什么样的业绩来产生组织绩效？在这些业绩中的哪几项是团队负责创建的？

四是利用工作流程来确定。工作流程图是描述工作流程的示意图。用工作流程图来计划工作流程，并把它作为确定团队业绩测评维度的工具有以下几点好

[①] haishui 的博客. 团队绩效考核案例分析_绩效考核 [Z]. http://blog.sina.com.cn/s/blog_68232b1c010193ho.html.

处：可以把质量与流程改良计划和绩效管理联系起来，那些有清晰工作流程的团队能够对它们在工作流程方面的有效性进行评估，可以确定简化和重新设计流程的机会，从而形成更好的工作流程。

2. 大学生创业团队的特殊性

我们前面提到过，一方面大学生创业者们由于其年龄和知识水平，具有富有激情和动力以及富有创新精神等特点；另一方面大学生创业团队在创立之初往往处于试运行阶段，不仅资金、人员较少，往往每个成员还身兼多职，甚至有些权限的界限也是模糊的。

（1）富有激情和行动力；

（2）富有创新精神；

（3）富有开放精神；

（4）富有理想主义。

这些特点是大学生创业者们的优势，同时也是他们的劣势。激情和行动力可能会导致缺乏计划性的盲目行动；而不拘泥于形式也可能会导致管理漏洞，出现问题以后责任不明晰等。

但正是基于这种特殊性，我们对于大学生创业团队的评价，不能直接照搬对于一般团队的评价方式，要更加关注于团队的发展潜力，从更加全面的角度加以评价，而非单单以绩效来论其成败。对于大学生创业团队的评价我们要以鼓励和支持为主，不能抹杀其中创意的部分，尤其要努力做好创业孵化器的工作。

3. 大学生创业团队的整体评估

正如上文所言，对于大学生创业团队的评估，不能以大型企业的评估为模本，而要重视其主体的特殊性，以其发展潜能为主要测评因素。对于影响团队因素中的过程中的细节部分可以做选择性忽略，因为大学生创业者们不拘一格的行事风格可能会使他们在任务的执行过程上比较随性，由此可见，工作流程图等对过程内容要求较高的测评方式并不适用于大学生创业团队，而以绩效为测量标准的测评体系则比较适用于大学生创业团队。

当然，选用以绩效为主的测评标准的时候，还要结合团队构成、团队精神、团队发展等情况，对团队做出客观评价。需要注意的是，如果过分注重绩效在测评中的作用，可能会导致团队成员出现急功近利的心态，做出不利于团队可持续发展，甚至有害于团队声誉的行为。

在具体的工作中，可以从团队凝聚力、团队合作以及团队问题解决3个方面，使用《创业团队整体状况的评估量表》来开展创业团队的整体评估。

（三）团队中的成员评估

当然，除了对团队整体绩效的评估外，我们也要对团队中的成员进行评估。团队是由个体组成的，马克思主义哲学认为关键部分对整体起决定性作用，因此我们要重视团队中的个体，特别是领导者以及主创成员的个体素质以及其沟通、领导与合作。

对团队成员的评估包括对成员个体素质的评估，如人格气质类型、自我效能、成就动机等，也包括成员之间沟通与合作能力的评估。

三、大学生创业团队素养提升

大学生创业不是一个人的活动，而是一群志同道合的伙伴一起来实现自身梦想、完成生涯目标，以期在某项事业上取得成功的活动。既然是一群人的活动，那么就免不了人与人之间的沟通和接触,也难免会产生冲突和矛盾。

那么,怎样才能将创始人这些独立的个体凝结成一个具有高效行动力的团队呢?本节的主要内容即聚焦于大学生创业团队素养的提升,并分别从团队组建、团队维护及团队合作3个方面展开论述。

(一) 团队组建

工欲善其事,必先利其器。想要做好一个项目,仅仅靠一个人单干是很难成功的,就以刘邦夺得天下为例子而言,他靠的还是知人善用,将萧何、张良、彭越、樊哙、韩信融合到了他的争霸团队中,才最终逐鹿天下问鼎九州。

1. 做好前期准备

团队之所以能成为一个团队,是因为他们有一同前进的方向,放在创业上而言,就是大学生创业团队想要达成的目标。

列夫·托尔斯泰曾讲过:理想是指路明灯,没有理想就没有方向,没有方向就没有生活。对于大学生创业团队来讲,也是如此,只有在创立团队之前,思考清楚了这个团队为何而存在,将去往何方的问题,才能保证在后期团队执行的过程中,具有高效的执行力和强劲的凝聚力。

组建创业团队前需要思考的问题[①]包括:①想创建什么样的企业,规模大小:小的便于掌控还是大的引领行业?②为何要创立这家企业,抓住这次商机的目的是什么?金钱,荣誉还是事业?③是否知道创业的牺牲和风险有多大?是否有抗击风险,抵抗压力的能力?是否需要找一个风险导向不同的合作人?④是否

---

① 储盈. 创业兵团 [M]. 上海:立信会计出版社, 2014: 401.

有魅力吸引到公司所需要的人才，并且成为团队的灵魂人物？是否能协调团队成员之间的关系？⑤想清楚这家企业的盈利模式与否？是做自有品牌还是贴牌生产（做自有品牌除了生产人员，还需要大批的市场营销人员）？⑥是否具有那些与行业、市场及技术有关的专业知识和经验，这些知识和经验是否能带来核心竞争力？创业者的个人优势和企业优势是否能对企业获得成功起到关键作用？⑦是否拥有必需的关系网络（客服群，销售网络，技术专家等），还是需要在这方面找合适的合作者？

2. 打造团队精神

除了目标和方向外，团队精神在团队建设中也十分重要。如果说团队成员是构筑创业大厦的砖块，那么团队精神就是其中的混凝土和水泥，起到稳固团队的作用。仅仅有砖块是建不出高楼大厦的，简单地堆砌而缺乏个体之间的联系反而会造成极大的危害。

团队精神，简单来说就是大局意识、协作精神和服务精神的集中体现。团队精神的基础是尊重个人的兴趣和成就。核心是协同合作，最高境界是全体成员的向心力、凝聚力，也就是个体利益和整体利益统一后而推动团队的高效率运转。

团队精神的形成并不要求团队成员牺牲自我，相反，挥洒个性、表现特长保证了成员共同完成任务目标，而明确的协作意愿和协作方式能产生真正的内心动力[①]。没有良好的从业心态和奉献精神，就不会有团队精神。

---

① 张皓. 通过大学生体育比赛审视团队精神的作用及社会价值 [J]. 科技信息，2013（22）：282.

3. 组建团队成员

不同的事业对团队的构成要求并不相同。但其大体结构是不变的，都需要具有领导能力的带头人、相互信任的创业团队成员以及一些专业领域的负责人员[①]。

（1）有领导力的带头人

在企业管理和市场营销中，我们经常谈论领导者的核心竞争力；事实上，在创业团队中，带头人作用更加重要。很多人曾接到多个朋友、同学发来的加盟创业邀请，但多是一口回绝了。原因可能非常多，但关键的一点是，他们没有一个好的领导人。

创业团队中必须有可以胜任的领导者，而这种领导者，并不是单单靠资金、技术、专利来决定的，也不是谁出好的点子谁来当。这种带头人是团队成员在多年同窗、共事过程中发自内心地认可的。

（2）知己知彼的团队成员

绝大多数创业团队的核心成员都很少，一般是三四人，多也不过十来人，如此少的团队成员从企业管理角度来看，因为人数太少，几乎每个从事管理工作的人都觉得能够轻易驾驭。但实际上，虽然这个创业团队成员少，但是每个人都有自己的想法，有自己的观点，更有一股藏于内心不服管的信念。因此，我们对创业团队中的每个成员都不能抱以轻视的态度。

优秀的创业团队的所有成员都应该相互非常熟悉，知根知底。在一个优秀的创业团队中，团队成员都非常清醒地认识到自身的优劣势，同时对其他成员的长

---

① 包逢春. 科技型小微企业 A 公司创立研究 [D]. 南昌：南昌大学硕士学位论文，2015.

处和短处也一清二楚，这样可以很好地避免团队成员之间因为相互不熟悉而造成的各种矛盾、纠纷，迅速提高团队的向心力和凝聚力。

（3）才华各异、相得益彰的创业团队

创业团队虽小，但是"五脏俱全"。创业团队成员不能是清一色的技术流成员，也不能全部是搞终端销售的，优秀的创业团队成员各有各的长处，大家结合在一起，正好是相互补充，相得益彰。相对来说，一个优秀的创业团队必须包括以下几种人：一个创新意识非常强的人，这个人可以决定公司未来的发展方向，相当于公司的战略决策者；一个策划能力极其强的人，这个人能够全面周到地分析整个公司面临的机遇与风险，考虑成本、投资、收益的来源及预期收益，甚至还包括公司管理规范章程、长远规划设计等工作；一个执行能力较强的成员，这个人具体负责下面的执行过程，包括联系客户、接触终端消费者、拓展市场；等等。

4. 解决成员间问题

由于大学生创业人员多是校园内相互熟知的伙伴，因此他们之间存在着过于"和谐"，从而导致职权和责任分割不清楚的问题。例如仅仅为了体现彼此的平等地位而做出的事务平均分配的操作。

创业者们必须认识到，民主的含义在于决策过程中有众人的参与和商讨，而不是权力的平均。权力过于平均容易造成责任的分散，人人负责就等于人人都没有责任。

因此，创业者们在合作达成一致之前，最好明确建立起一套完善的退出机制，这种机制既可以帮助合伙人体面地分手，同时还可以调节团队内部成员之间包括股权分配、角色地位等在内的权责利的调节与平衡。

（二）核心创业团队建设

1. 团队建设定义

团队建设是指为了实现团队绩效及产出最大化而进行的一系列结构设计及人员激励等团队优化行为。

2. 团队建设的各个阶段[①]

（1）形成阶段。这个阶段是指团队确定其任务宗旨，并且被团队成员广泛接受的过程。在这个阶段，团队成员第一次被告知，他们的团队成立了。而且，团队成员也都大致了解了团队成立的原因、使命和任务。在团队组建初期，企业内部的职能部门与团队的关系是非常重要的。

（2）锤炼阶段。在该阶段，团队成员们开始逐步熟悉和适应团队工作的方式，并且确定各自的存在价值。在这个阶段，矛盾会层出不穷，主要包括团队成员之间的矛盾、团队成员与经理人之间的矛盾、还有团队规则与企业规则之间的矛盾。而这时候最好让矛盾和分歧充分地暴露，将各种冲突公开化，并且学会倾听、理解和调整。

（3）规范阶段。这个阶段经过锤炼期后，团队逐渐平静下来，走向了规范。那么这个阶段的主要任务就是协调成员之间的矛盾和竞争关系，建立起流畅的合作模式。要让成员们意识到，团队的决策过程是大家共同参与的，应当充分尊重各自的差异，重视互相之间的依赖关系。合作成为团队合作的基本规范，而这时

---

① 黄波，许敏. 领导力开发[M]. 上海：上海高教电子音像出版社，2016.

团队应该不断充实自我，努力让自己的团队成为学习型团队。

（4）运作阶段。团队成员们开始忠实于自己的团队，并且减少了对上级领导的依赖。成员们相互鼓励，积极提出自己的意见和建议，也对别人提出的意见和建议给出积极评价和迅速反馈。

团队的每一个阶段都是有机联系的，不能把每个阶段分裂开来看。要建造一个高效的团队，作为一个管理者，在每个阶段都不能掉以轻心。只有在整个过程中抓好每一个环节的工作，才能建立起一个好的团队。

3. 团队规范

没有规矩，不成方圆。一个团队想要良好地运行，其必定需要规章制度对组织成员进行约束和管理。

团队规范包括隐含规范与明文规范。前者是大家都明白，但没有写在文件上的规范。后者是经过团队讨论、大家一致同意的规范，并以书面形式表现出来，全体成员都需要遵守。团队规范能够指导成员行为，从而营造积极氛围；在团队脱离正轨的时候，可使用规范进行纠正。

在规范制定过程中，个人因素希望团队规范赋予每个成员权利、社交、尊重、奖励等需求。而集体因素则强调整体性，注重和谐，并且寻求集体利益最大化。

当个人和集体因素作用都低时，成员之间会彼此隔阂。而当个人与集体都有较好地参与规范制定，则能够营造富有创造力的环境。在这样的团队里，全体成员都遵守同样的规范，也允许每个人表达自己的观点，这才是充分发挥集体因素作用和个人因素作用的优秀团队。

团队规范的制定可以通过会议方式讨论完成。一般可能需要讨论以下这些问题：

（1）团队决策方针是什么——是大多数人说了算还是必须经过全体成员同意才决定？

（2）怎样做才能提高团队效率、节约时间？如果有团队活动，对成员的出席率、准备程度、专心程度、讨论内容都有什么要求？

（3）团队需要如何处理特别事件？谁将作为关键事件的负责人？

（4）什么样的行为符合成员共同的期望？什么样的行为是团队不能允许的？

（5）需要做哪些事情来持续保持团队内部的积极氛围？

（6）团队如何进行信息沟通与客户信息反馈？团队如何发布信息？由谁来发布？

（三）团队组建后的维护

1. 定期的团队评估

每一个高效率的团队，都希望对自己的绩效做出客观评估。而要做出有效的团队绩效衡量，就需要按照预设的质量标准进行定期的客户调查。特别要强调的是，这里的客户是指你所服务的对象。作为团队领导者，需要建立一个定期获得客户反馈的信息回馈机制，可使用定期客户问卷调查的方式。可以了解客户对团队 7 个方面的评价：团队工作能力、诚实守信、换位思考、积极配合、方便联系、跟踪服务、信息共享。当然，获得客户反馈信息，还需要使用一些访谈的方式，了解客户更详细的反馈资料。

团队只有带着明确的目标，并获得客户真实而及时的反馈，才能知道其自身状态。然后在这个数据的基础上，就可以实施对团队成员的强化与激励。如果团队成果显著，就需要对团队成员进行适当的强化激励。可以在团队内部设置诸如"最优秀客户服务奖""最佳创意奖""超前完成任务奖"等名目，一方面强化团队的目标与规则，另一方面强化团队成员的执行力。

另外，如果用户反馈的信息表明团队存在大量问题，则需要进行及时的总结与教训反省，而且一般这类活动需要通过会议的方式，让全体成员共同参与、集体决策。

2.定期团队休整

团队需要从日常压力中解放一段时间加以休整，在这样的时段里，团队可以重新审视自己的价值观、目标、规范、工作方法，加深对自己的认知，并促使团队成员产生更密切的团队认同感和归属感。另外，在日常压力的工作氛围里，团队成员的焦点都集中在任务以及要解决的客户问题，比较难以从更宏观与长远的角度思考问题。通过休整，就可以在一种放松的氛围下，从更深远的角度来思考客户的问题，明确团队的目标。

3.团队成员人尽其用

团队精神就是在尊重团队成员的个人兴趣和成就的基础上，团队成员间协同合作，共同实现团队目标，其最高境界便是团队和团队成员利益的统一，团队成员具备较强的向心力和凝聚力。团队精神要求团队成员充分发挥其个性而不是牺牲自我，在共同目标的激励下，每个团队成员具有明确的协作意愿，了解具体的协作方式，从而产生真正的团队协作内在动力。团队精神是企业文化的核心部分，良好的团队精神和团队文化可以让每个团队成员适配合适的岗位，充分发挥团队个人和团队整体的潜能。团队精神的建设需要良好的企业管理文化，需要培养团队成员的职业心态和奉献精神。

一个好的团队，不是一群能人的各自为战，而是围绕目标的有效执行。从管理角度来说，要用人所长。因为"物以类聚，人以群分"，需要针对事情这个物的"类"来安排有针对性的人来做，这样才能达到团队效率的最大化。为此，作为一个团队领导者，需要建立起所有团队成员的特征资料。这些资料包括成员的核心能力、追求的价值点、人格特征等信息。

（四）促进团队合作

团队合作是团队全体成员为了完成团队的既定目标而表现出来的合作意愿和共同努力的精神。团队合作通过自动驱除所有不和谐与不公正现象，给予奉献者适当的回报来调动团队成员的所有资源和才智。由团队成员自觉自愿而形成的团队合作，必然带来团队效率的极大提高和持久提升。

团队合作有三个基础性工作：团队信任、团队凝聚力和团队沟通。

1. 团队信任

团队信任是团队生存的基础，团队的成功起源于团队成员之间的相互信任。信任对于团队的重要性主要体现在以下几个方面：促使团队成员之间进行合作；团队成员间信任度的提高，有助于相互间信息共享程度的进一步提高；团队信任有助于提高个体成员工作满意度，从而有助于提高个体对团队、组织的忠诚度；团队信任有助于团队绩效的提高和团队工作的顺利进展及成功。

团队成员在工作场合需要专业上的信任。专业上的信任指："我相信你能胜任这项工作，你会与大家分享相关的信息，而且你对整个团队有良好的动机。"从广义上讲，这是对成员沟通、承诺以及能力的信任。

那么，如何在一个团队中建立这种信任呢？

（1）倾听。团队中的每个成员特别是团队的领导要对其他成员所说的东西感兴趣，以表示对团队成员意见的重视。因此，努力地去倾听，是有效沟通和对话的前提。

（2）坦率地解决问题。创业团队中的每个人都非常优秀，都具有不一样的个性。信任的建立依赖于团队成员具备相当的勇气去与"给他们带来麻烦"的人进行坦率的沟通，而不是回避。另外，团队成员之间彼此勇于说出"我办砸了""我错了""我需要帮助""我很抱歉""你在这方面比我强"这样的话。当建立起以人性脆弱为基础的信任，一个团队才更容易产生直率的建设性冲突。

（3）及时分享和沟通信息。在沟通中，要敢于真诚地暴露自己真实的想法，这样才能使双方获取有价值的信息。当团队在讨论问题的时候要及时地提出自己的观点和想法，而不是在事后去互相埋怨，使其他团队成员觉得措手不及，反而伤害了彼此的信任感。

（4）信守承诺，当不能守诺时提早告知。当事态发展不合计划时，尽力做到透明和提前告知。

2. 提升团队的凝聚力

团队凝聚力是指团队对成员的吸引力，成员对团队的向心力，以及团队成员之间的相互吸引。团队凝聚力不仅是维持团队存在的必要条件，而且对团队潜能的发挥有很重要的作用。一个团队如果失去了凝聚力，就不可能完成组织赋予的任务，本身也就失去了存在的条件。

如果想提升团队的凝聚力，就要让团队成员对共同的利益认同。同时，团队成员的报酬按照贡献来分配应有一定的规范并达成共识。避免损害整体利益的行为。整个团队以未来发展目标作为激励。

团队凝聚力的产生有内在因素和外在因素两个方面。内在因素来自团队成员本身，外在因素来自环境的压力。团队凝聚力可以是团队成员关于情境的理解与反应趋向一致的过程，也可以是成员对他人行为的附和，还可以是成员共同持有一种特定的价值观。这种价值观的主要内涵就是要遵循四条基本原则：一是对共同利益的认同原则，将团队的共同利益与大家讨论清楚。二是以贡献论报酬的公平原则。三是杜绝损害整体利益的公正原则。四是强调发展目标的激励原则。

3. 提升团队沟通效率

团队沟通是随着团队这一组织结构的诞生而应运而生的。团队沟通是指两名或两名以上的能够共同承担领导职能的成员为了完成预先设定的共同目标，在特定的环境中所进行的相互交流、相互促进过程。

沟通的重要性在于任何团队项目的完成离不开团队协作，而合作的关键在于：对团队内各成员具体负责的工作进行有机整合，以实现项目目标。由于团队内各成员背景、学识、性格以及彼此人际关系与具体工作的差异，需要一个良好的协调机制，团队成员彼此之间才能自发完成良好的合作。而协调机制的重点正是沟通。

在团队协作上，沟通主要体现在纵向的上下级及横向同级成员间的相互交流上。良性的沟通事实上往往建立在项目组内部良好融洽的人际关系上。上下级互相尊重，而同级人员则相互信任，而不是钩心斗角。同时在加强沟通时，要避免沟通过度，即过于频繁的团队会议会导致沟通效率的低下以及时间的浪费。

团队内部自发的相互的沟通往往会遇到很多障碍：等级利益冲突、个人矛盾等都会影响到沟通的顺利进行，团队内个人的工作也就无法整合成有机的整体。此时就需要领导者出面协调，协调的作用首先是协调各成员所负责的具体工作，使之可以得到顺利的衔接，得到有机整合；其次是协调各成员彼此间的人际关系，从而促进合作的积极性，使得整个团队可以更紧密协作。因此，一个合格的领导者必须具备良好的沟通能力[1]。

另外，团队内部应保证有足够的沟通时间、适宜的沟通空间与渠道、良好的沟通氛围。

在沟通时间上，可以根据任务的需要安排每天或每周的某个固定时间或其他合宜时间，各成员汇报最近的任务进展情况、新的想法、新发现的问题等，以便能即时调整，避免不必要的人力、物力浪费。

要保证有沟通的空间与渠道，沟通的场所可以选择在办公室、会议室、休息室、餐厅等，渠道可以是面对面交流、电话、网络等，场所与渠道的多样性与优质性可以方便成员间进行快捷、有效的沟通，保证信息在团队内部的畅通以及知识和信息的共享。

营造良好的沟通氛围就是要让各成员敢于表达、愿意表达、能够表达自己的思想，以集思广益。营造良好沟通氛围应注意成员之间要相互信任（信任的四个要素，即获得成效、一致性、诚实和表现关注）、相互尊重彼此的想法，把交流的中心集中在任务上，对事不对人，避免伤及他人感情，团队中的领导或权威人

---

[1] 周娟. 销售团队建设研究——以 LG 中央空调为例 [D]. 北京：北京交通大学硕士论文，2011：23.

物对成员发言进行评价时要慎重,避免伤害发言者或欲发言者的积极性,为了让成员打开思路,可以对其发言进行追问,不要急于评定其想法的优劣,另外,也可考虑延迟评价[①]。

(五)应对团队冲突

团队合作的过程也是团队成员之间相处和交流的过程,每个人的世界观、价值观都存在一定的差异,对事物的理解角度也不尽相同,因此,矛盾和冲突也必然会产生。那么,当团队冲突不可避免的时候,我们又该如何将团队合作进行下去呢?

1. 团队冲突概述

冲突是指两个或更多的人或组织在看法上的差异,冲突会使每一方都试图影响与各方有关的情景。团队冲突指的是两个或两个以上的团队在目标、利益、认识等方面互不相容或互相排斥,从而产生心理或行为上的矛盾,导致抵触、争执或攻击事件。

根据冲突的性质不同,团队之间的冲突可以分为建设性冲突与破坏性冲突。

建设性冲突的主要特点有:①冲突双方对实现共同的目标都十分关心;②彼此乐意了解对方的观点、意见;③大家以争论问题为中心;④互相交换情况不断增加。

破坏性冲突的主要特点有:①双方对赢得自己观点的胜利十分关心;②不愿听取对方的观点、意见;③由问题的争论转为人身攻击;④互相交换情况不断减少,以至完全停止[②]。

---

① 杨胜利. 浙江中小型防盗门企业竞争力研究——以 Z 公司为例 [D]. 绵阳:西南科技大学硕士学位论文,2012.
② 百度文库. 团队冲突的管理策略 [Z]. https://wenku.baidu.com/view/81532cbecebff121dd36a32d7375a-417876fc1c1.html.

2. 团队冲突的应对

一般来说，根据团队成员对自己的关心程度和合作精神的高低，可以将冲突处理分为竞争、避免、妥协、包容和协作五种类型。介入冲突之前，应当向自己提出四个问题：对方在任务和关系方面关心的问题是什么？谁有权力？我对自己及任务的关心程度如何？我对其他各方及其关系的关心程度如何？

要有效管理团队之间的冲突，需要遵循以下三条原则：①要分清楚冲突的性质。建设性冲突要适当鼓励，破坏性冲突则应该减少到最低限度。②要针对不同类型的冲突采取不同的措施。个人与个人之间、个人与团队之间、个人与组织之间、团队与团队之间、团队与组织之间都可能产生冲突，要分别采用不同的管理对策。③充满冲突的团队等于一座火山，没有任何冲突的团队等于一潭死水，因此既要预防团队之间的冲突，也要激发团队之间的冲突。

第五章
中国大学生创业素养培育实践探索

第一节　大学生创业素养培育概述

一、国际大学生创业教育概述

随着创新成为经济发展的主要驱动力，依托高等学校开展创业教育在世界各国逐渐兴起。1947 年，美国哈佛大学商学院麦赖斯·麦斯（Myles Mace）开始为 MBA 学生开设《新创企业管理》课程，是公认的创业教育的起点[①]。此后，美国创业教育快速发展。百森商学院唐娜·J.凯洛伊（Donna J Kelloy）教授 2009 年撰文指出，美国从哈佛第一次开设创业课程以来，目前已有超过 3000 所学校开设了 5200 个以上的创业教育课程，形成了比较完善的体系结构。课程内容涵盖创业构思、融资、设立、管理等各方面，其中最典型的有"创业启动""风险投资""商业计划书撰写""创业营销""机会识别""创新评价""创业研究""创建和运营新企业""成长性企业管理""家族企业的创业管理""小企业管理""创业领导艺术及教育""企业成长战略"和"如何写创业计划书和技术转移"等二十几门课程[②]。

与此同时，欧洲主要国家、日本、韩国、澳大利亚、新加坡、印度等国也都竞相仿效，并取得了相当的成绩[③]。20 世纪 80 年代末，联合国教科文组织在面向 21 世纪教育国际研讨会上，提出了"创业教育"这一新的教育理念，要求高等学校必须将创业技能和创业精神作为高等教育的基本目标。1998 年世界高等教育大会发布的《世界高等教育会议宣言》明确指出："高等教育应主要培养学生

[①] 郭建鸾.创业企业与创业投资[M].上海：上海财经大学出版社，2008.
[②] 沈蓓绯，刘明霞.美国高校创业教育特色分析[J].教育发展研究，2010（5）：52.
[③] 葛建新，周卫中，林嵩等.创业管理实务[M].北京：化学工业出版社，2011.

的创业技能与创业精神,毕业生将不再仅仅是求职者,而首先将成为工作岗位的创造者。[①]"

二、中国大学生创业教育概述

(一) 中国大学生创业教育的起源与发展

1989年,联合国教科文组织在北京召开了"面向21世纪教育国际研讨会",会上提出了"enterprise education"(即"创业教育"的概念),"创业教育"获得了同"学术教育""职业教育"相同的地位,被联合国教科文组织称为教育的"第三本护照"。之后,我国各大高校均掀起了不同程度的创业热潮。国务院在1998年发布的《面向21世纪教育振兴行动计划》中提出"要推动知识和技术创新""高校要深化对教师和学生的创业教育,激励他们自主创建高新技术企业"[②]。2002年,我国教育部拟定了清华大学、中国人民大学、北京航空航天大学、上海交通大学、南京财经大学、武汉大学、西安交通大学、西北工业大学、黑龙江大学等九所创业教育改革试点院校,标志着创业教育在我国高校教育中正式登上历史舞台。在2003～2010年,为了推动创业教育的发展,国家出台了一系列创业教育促进政策措施,如2005年在高校中实施的大学生创业加护、2008年专门创建的30个创业教育类人才培养模式创新试验区等,初步形成了创业教育由重点高校逐渐向地方本科院校以及应用型高职院校推广普及的局面。

2007年,《教育部办公厅关于印发〈大学生职业发展与就业指导课程教学要

---

① 赵中建.21世纪世界高等教育的展望及其行动框架——98世界高等教育大会概述[J].上海高教研究,1998(12):4.
② 李娜.新时代大学生创新创业能力结构与现状研究[D].长春:东北师范大学,2019.

求〉的通知》（教高厅〔2007〕7号）要求"各高等学校要按照《教学要求》，结合本校实际，制定科学、系统和具有特色的教学大纲，组织实施本校的大学生职业发展与就业指导课程建设和教学活动，积极促进高校毕业生就业"。《教学要求》共有六个部分，其中第六部分是创业教育。这是教育部首次以正式文件的形式在全国范围内要求各高校广泛深入开展创业教育。以此为契机，教育部在每年发布的有关大学生就业创业的年度文件里都会对大学生创业教育暨大学生自主创业工作进行专门部署。

2010年5月，教育部下发了《教育部关于大力推进高等学校创新创业教育和大学生自主创业工作的意见》。在前期积累的经验基础上，文件围绕创新创业教育、创业基地建设、创业政策完善、创业指导服务等体系建设，成立了"教育部高等学校创新创业教育指导委员会"，要求教育部高教司、科技司、学生司、就业指导中心等主要司局联合联动，开始从顶层设计层面系统化指导高校全面推进大学生创业教育工作。2012年8月，教育部办公厅印发了《普通本科学校创业教育教学基本要求（试行）的通知》，通知要求各高校面向全体学生单独开设"创业基础"必修课。2013年6月，教育部组织编写出版了《创业基础》示范教材；召开高等学校创业教育和大学生自主创业工作经验交流视频会议，组织录制了微课模式的28集视频公开课"一起学创业"。这一系列重要举措标志着我国创新创业教育开始步入完善期，高校创新创业教育成为一种常态[①]。

2015年5月，国务院办公厅印发了《关于深化高等学校创新创业教育改革

---

① 任一波. 大学生创新创业生态体系构建初探——以浙江工商职业技术学院为例[J]. 大庆社会科学，2018（6）：111-112.

的实施意见》，提出了完善人才培养质量标准、创新人才培养机制、健全创新创业教育课程体系、改革教学方法和考核方式、强化创新创业实践等一整套任务措施。

2020年，《教育部关于应对新冠肺炎疫情做好2020届全国普通高等学校毕业生就业创业工作的通知》（教学〔2020〕2号）要求"强化线上就业创业指导""充分利用各类国家、省和高校教育资源，开发、共享一批线上就业创业精品课程和就业创业讲座视频，方便毕业生点播观看"；《教育部关于做好2021届全国普通高校毕业生就业创业工作的通知》（教学〔2020〕5号）要求建立"全国大学生就业创业指导专家库"，打造大学生就业创业指导"名师金课"。所有这些都表明，尽管受到新冠肺炎疫情影响，教育部有关创业教育的工作要求从未中断，保持了政策供给以及工作部署的高度稳定性与连续性。

2021年10月，国务院办公厅印发了《关于进一步支持大学生创新创业的指导意见》（国办发〔2021〕35号）提出了要深化高校创新创业教育改革，将创新创业教育贯穿人才培养全过程，建立以创新创业为导向的新型人才培养模式。强化高校教师创新创业教育教学能力和素养培训，改革教学方法和考核方式。加强大学生创新创业培训，打造一批高校创新创业培训活动品牌。

作为大学生创业教育的重要组成部分，创业实践活动始终是大学生获得创业经验的一个重要途径。早在2008年，《教育部关于当前形势下做好普通高等学校毕业生就业工作的通知》（教学〔2008〕21号）就提出要"加大创业教育工作力度，实现高校毕业生自主创业人数明显增加""各地教育行政部门和高校要充分利用当地的经济技术开发区、高新技术开发区、工业园区和大学科技园区，为高校毕业生和在校学生构建创业孵化基地,组织创业实践。对有创业意愿的学生提供项目引导、技能培训、专家指导、法律援助等公益性服务"。2020 年,《国务院办公厅关于提升大众创业万众创新示范基地带动作用进一步促改革稳就业强动能的实施意见》(国办发〔2020〕26 号)进一步明确要求"提升高校学生创新创业能力。支持高校示范基地打造并在线开放一批创新创业教育优质课程,加强创业实践和动手能力培养,依托高校示范基地开展双创园建设,促进科技成果转化与创新创业实践紧密结合"。在《教育部关于做好 2021 届全国普通高校毕业生就业创业工作的通知》(教学〔2020〕5 号)年度文件中,教育部决定实施"2021 届全国普通高校毕业生就业创业促进行动",加大"双创"支持力度,会同有关部门落实大学生创业优惠政策;继续举办中国国际"互联网+"大学生创新创业大赛;组织开展"高校毕业生创业服务专项活动",发挥创业孵化基地作用,推动各类创新创业大赛获奖项目成长发展、落地见效,带动更多毕业生实现就业。

高素质的创业教师队伍是做好创新创业教育的基础,教师的专业程度直接影响大学生创新创业教育的水平。2015 年,《教育部关于做好 2015 年全国普通高等学校毕业生就业创业工作的通知》(教学〔2014〕15 号)明确要求"要把就业指导教师专业技术职务评聘工作落到实处,进一步推进就业创业指导教师专业化、专家化"。《教育部关于做好 2016 届全国普通高等学校毕业生就业创业工作的通知》(教学〔2015〕12 号)进一步强调要"加快建设一支职业化、专业化、专家化的就业创业指导工作队伍,高度重视解决就业创业指导教师专业技术职务评聘问题。在专业技术职务评聘中充分考虑就业创业指导教师的工作业绩,并在同等条件下予以适当倾斜"。

从近些年国家发布的关于大学生就业创业的各类文件来看，国家鼓励各高校聘请行业专家、企业家、创业校友等担任大学生创业团队的指导教师，鼓励专业教师、科研人员、实验室教师全程参与和指导大学生创新创业；要求各高校要加快建设一支专业化、专家化、职业化的创新创业指导队伍，在专业技术职务评聘、教学工作量计算和绩效考核等工作中充分考虑指导教师付出，并给予适当的支持。建立创新创业指导教师的培训机制，开展专业化的师资培训，鼓励创新创业指导教师到企业开展挂职锻炼。

应该说，国家出台的这些文件规定，既表明了持续推动大学生创新创业工作的政治自觉和坚强决心，同时也为我国高校开展创业教育、提升大学生创业素养提供了政策指引与制度保障。

(二) 中国大学生创业素养培育的历史成就

综合来讲，中国大学生创业素养培育的历史成就主要体现在以下三个方面：

1. 保障政策体系初步形成

随着国际竞争环境的变化，我国对创新创业型人才的需求大幅提升。同时，随着高等教育"大众化"发展，高校毕业生的就业形势日趋严峻，大学生创业工作的重要性日益凸显。党的十七大报告中第一次提出："以创业带动就业"；党的十八大报告中提出："鼓励多渠道多形式就业，促进创业带动就业，做好以高校毕业生为重点的青年就业工作。加强大学生职业技能培训，提升就业创业能力，增强就业稳定性"；党的十九大报告中提出："要不断激发和保护企业家精神，进一步健全公共服务体系，促进高校毕业生等青年群体多渠道就业创业"。党和政府高度重视大学生创业，把创业教育作为高等学校促进大学生创业的基础性和关键性工作，成为高校落实"立德树人"根本任务，为中国特色社会主义培养德、智、体、美、劳全面发展的建设者和接班人的重要途径。从 1998 年发布的《面向 21 世纪教育振兴行动计划》，到 2021 年开展的"2021 届全国普通高校毕业生就业创业促进行动"，我国已经建成了促进和鼓励大学生创业的政策体系，初步形成了促进创业教育的基础政策保障体系，为高校开展创业教育综合改革，不断提升大学生创业素养，提升大学生创业的参与率和成功率提供了综合保障。

2. 实践教育体系初具规模

大学生创业教育是知识传授和创业实践相结合的教育，实践教育是创业教育最重要的环节。通过实践教育，可以帮助大学生巩固所学到的创业理论知识、启迪创业意识、激发创业活力、提升创业实战能力。当前，我国大学生创业实践教育体系已经相对完善，在国家、省市、高校层面形成了各类实践教育载体。在国家层面，出台了建立"大众创业万众创新示范基地"的有关政策，支持区域示范基地与高校、企业共建面向特色产业的实训场景，加快培养满足社会需求的实用型技能人才；组织开展了中国国际"互联网+"大学生创新创业大赛活动，并与"挑战杯"全国大学生课外学术科技作品竞赛（俗称"大挑"）和"挑战杯"中国大学生创业计划竞赛（俗称"小挑"）等各类创新创业竞赛一起，共同丰富了大学生的创业实践载体，提升了大学生的创业素养。在省市层面，各级地方政府通过出台大学生创业实践的产学研促进政策，建立大学生创业园区、创客空间、创业孵化器、科技创业实践基地等形式，充分发挥本地创业孵化企业的优势，开展创业实践教育探索。在高校层面，很多高校结合本校的学生状况、学科设置等实际情况，为大学生开展创业实践提供辅导培训、实训基地、免费孵化支持、创业融资帮助、创业法律援助、创业项目咨询等多方面的创业实践服务，切实提升了大学生的创业实践能力。

总体来看，我国大学生创业教育实践体系初步形成了政府、社会、高校三级协同的联动机制，实践教育体系初具规模。

3.特色教育模式探索形成

在2002年九所创业教育试点院校的引领下，各高校积极开展创业教育模式的探索。经过几十年的发展，初步形成了一大批各具特色的创业教育模式，如以浙大、人大为代表的课程化教育模式，以北航、西交大为代表的实践化教育模式，以清华、上海交大为代表的混合式教育模式，以黑龙江大学为代表的"融入式"教育模式，以武大为代表的"协同育人"教育模式等。教育部从2016年开始，连续4年每年评选50所"全国创新创业典型经验高校"，创业典型经验高校评选旨在深入贯彻党中央、国务院关于做好大学生创新创业工作的重要决策部署，积极发挥典型引领作用，推动全国高校进一步深化创新创业教育改革，提升创业指导服务工作水平。以此为契机，相关高校坚持把创业教育作为深化人才培养模式改革的重要突破口，持续推动创业教育融入人才培养全过程，构建起校内外协同联动的创业教育模式，取得了良好的创业教育工作成效。

综上所述，我国大学生创业教育得到了各级政府的大力支持，得到了全社会的重点关注和鼓励，得到了高等学校的充分重视和积极探索，取得了良好的成绩，大学生创业的比例和成功率逐年提高。这些成绩的取得也充分证明了大学生创业教育可以有效提升大学生的创业素养，显著提升大学生创业的实效。

(三) 中国大学生创业教育的短板

总体来看，经过几十年的探索和实践，我国高校开展创新创业教育取得了一定的成绩，主要包括创业基础课程的设置和普及、学生课外活动的丰富和小部分群体的创业实践，也涌现了一批大学生创业典型。但是，从高等教育人才培养的角度来看，创业教育的规模和内涵还远未达到预期，目前开展的形式主要以课堂讲授为主，辅之以社会实践、企业实习、企业家讲座、创业计划大赛等第二课堂活动，高校创业教育尚没有形成系统完善的创业教育理论与实践体系，还存在一些亟待解决的困难与问题，总体仍然处于"初级阶段"[1]。主要表现在以下几个方面：一是价值定位模糊，"功利主义"倾向较为普遍。认为开展大学生创新创业教育的目的就是成立"学生创业公司"、企业家速成班，这种拔苗助长式的创业教育违反了创业教育的本质与要义，也无法从根本上培养创新创业人才。二是"第二课堂论"的制约。认为创新创业教育就是第二课堂活动，创业教育主要局限于操作层面，如创业计划大赛、讲座论坛、参观企业等，从而导致创业教育与专业教育和基础知识学习的严重脱节。三是创新创业教育课程体系单一。大多数高校还没有把创新创业能力的培养视为高校人才培养的重要组成部分，认为只是通识教育的一门公共课程，教学方式单一，缺乏师资，缺乏深入系统的创业学术研究和学科支撑。四是缺乏有效的创业实践环节，辐射度和受益面有限。创业实践主要局限于创业园孵化、创业竞赛等方式方法，效果有限，且仅使一部分学生受益，没有形成创业实践的大氛围，也无法提

---

[1] 方伟.高校创业教育的现状、问题及发展对策[J].现代教育管理，2013（7）.

供大学生创业所必需的创业知识和技能。五是创新创业教育支撑体系缺乏协同性。政府、高校、企业、相关社会机构还远没有形成开放、互动的合力结构,政府的许多创业政策在地方和高校也没有得到真正落实,深入的创业指导和服务更是凤毛麟角,等等。

解决上述问题的关键是回归到大学生创新创业教育的根本目的和基本要义的正确轨道上来。美国创业教育的领袖人物杰弗丽·蒂蒙斯教授认为:真正意义上的创业教育,应当着眼于为未来几代人设定创业遗传密码,以造就最具革命性的创业一代作为其基本价值取向。我国高校的创新创业教育也理当以此为旨归。中国高校应深刻理解创新创业教育的内涵和它的遗传密码价值,从中提取出适于自身发展的属性,并把其融入大学的文化和教育理念中,从而科学指导创新创业教育体系建设。在我们看来,大学生创新创业教育的根本目的与基本要义即是培养学生的创新精神、创业意识和创新创业能力,创新创业教育的过程也即是把创新精神、创业意识、创新创业能力传递到每个学生的过程,这也是高校创新创业教育的出发点和落脚点。国务院办公厅《关于深化高等学校创新创业教育改革的实施意见》明确指出:"到2020年建立健全课堂教学、自主学习、结合实践、指导帮扶、文化引领融为一体的高校创新创业教育体系,人才培养质量显著提升,学生的创新精神、创业意识和创新创业能力明显增强,投身创业实践的学生显著增加"。就现阶段而言,打造中国创新创业教育升级版,确保投身创业实践的学生显著增加,提高以实际创业能力为重点的大学生创业素养尤为重要,这也是本书的主旨之所在。

第二节　大学生创业素养培育实践策略

一、大学生创业教育的原则和价值取向

（一）大学生创业教育的原则

1. 以"立德树人"重要思想引领大学生创业教育

党的十九大报告指出："要全面贯彻党的教育方针，落实立德树人根本任务。"大学生创业教育要以"立德树人"为根本的价值引领。"立德树人"是习近平总书记关于中国特色社会主义教育思想精髓的系列重要论述之一，该系列论述将教育的目的任务、价值标准、实现路径作了深刻阐述与揭示，是思想道德教育、价值观教育、品质心理教育的综合统一[①]。立德树人是"立德"和"树人"思想的统一，是教育目标与方式方法的有机结合，"立德"与"树人"二者是辩证统一的关系。立德就是要培养高尚的思想品德，树人就是要培养高素质的合格人才，二者将道德塑造和能力培养有机融合，体现了教育的目的性和价值性的统一[②]。

"立德树人"是新时代教育事业发展总的指导思想，实现"立德树人"对大学生创业教育的价值引领，不仅是促进中国特色创业教育工作的现实路径，也是拓展大学生思想政治教育的必然选择，而大学生创业教育作为一种特殊形式的思想政治教育同样需要"立德树人"的价值引领[③]。在我国的市场经济中，企业的生存和发展必须要有正确的价值观、道德观和信用观，即企业的生产经营活动必须

---

① 张俊亮.创业教育[M].北京：科学出版社，2015.
② 张项民.创业教育与专业教育耦合研究[M].北京：科学出版社，2015.
③ 卢风.生态哲学：新时代的时代精神[M].北京：中国社会科学出版社，2017.

要与企业的社会责任相一致，不能唯利是图而损害社会公共利益，必须坚持诚信经营等。作为企业的控制者，创业者及其团队的创业素养水平直接决定了企业生产经营的发展方向和发展水平。因此，在培养未来的企业管理者时，必须将德育和创业教育进行有机融合，在创业教育的有关内容中融入社会主义核心价值观、中国梦等有关内容，引导大学生将社会主义核心价值观、中国梦、中国传统道德观内化为内在修为和素养。

以"立德树人"重要思想引领大学生创业教育，需要做到"三个融入"，即要在创业教育中融入党的教育方针、融入社会主义核心价值观、融入中华优秀传统文化。

（1）党的十九大报告指出："要全面贯彻党的教育方针，落实立德树人根本任务，发展素质教育，推进教育公平，培养德智体美全面发展的社会主义建设者和接班人。"高等教育要坚持以人为本、全面实施素质教育，坚持"文化知识学习与思想品德修养提升、理论学习与社会实践、全面发展与个性发展"三个统一，促进大学生的全面发展，着力提高大学生服务国家、服务社会、服务人民的社会责任感，善于解决问题的实践能力和勇于创新创业的实干精神。

（2）2013年12月，中共中央办公厅印发《关于培育和践行社会主义核心价值观的意见》，明确提出将"富强、民主、文明、和谐、自由、平等、公正、法治、爱国、敬业、诚信、友善"确立为社会主义核心价值观。核心价值观不仅仅是每个公民应该遵循的价值观，也是社会活动中每个经济单位（企业）应该遵循的价值观。因此，大学生创业教育必须加强社会主义核心价值观的引导和教育，以保证创业教育所树立的价值观和社会大环境保持一致，使创业大学生的思想观念扎根中国，符合社会要求。在对大学生开展创业教育时，要旗帜鲜明地引导大学生把创业行动同建设中国特色社会主义的共同理想相统一，把创业的必要性和当前的国际、国内发展的需求相统一，把创业活动和当前的国际、国内发展的需求相结合，把创业梦想与中华民族的伟大复兴的中国梦相统一，给大学生创业者注入源源不断的精神动力。

（3）中华优秀传统文化凝聚着中华民族普遍认同和广泛接受的道德规范、思想品格和价值取向，具有极为丰富的思想内涵和传承价值。创业是一个充满不确定性和风险的活动，是一个艰苦奋斗的过程，不可能一帆风顺、一蹴而就，中国传统文化中蕴含的百折不挠、自强不息、奋发向上的精神，可以帮助大学生创业者承受住考验，实现创业成功。因此，中华优秀传统文化应该成为创业教育的基本内容。在创业教育体系中融入中华优秀传统文化，需要引导大学生培养家国情怀和爱国精神，不断加强社会关爱教育和人格修养教育，完善自身道德品质，培育理想人格，提升政治素养。

总之，以"立德树人"引领大学生创业教育，在创业课程、创业指导、创业实践等方面融入"立德树人"理念，构建"立德树人"课程和实践体系，可以有效促进大学生的全面发展。

2. 以"发展战略"谋划大学生创业教育

大学生创业教育要适应、满足、发展和引领社会需求。改革开放四十多年来，我国已经建立了世界上较为完备的工业体系，拥有世界上品类齐全的制造业产业链，成为制造业大国和经济大国，同时，我国在量子通信、载人航天、高铁、月球和火星探测、北斗卫星、超级计算机、大飞机等领域创新成果喜人。但是，我国在芯片、航空发动机、超精密制造、新材料、生物医药等领域，核心技术仍被国外企业垄断，特别是近几年以美国为首的西方国家，凭借对芯片等领域行业上游的控制权，以"国家安全"为由对我国企业随意打压，导致我国在相关领域的发展遭遇短暂的巨大困难。改革开放的历史经验证明，核心技术是无法通过"购买"或"市场换技术"等手段获得的，只能靠自主创新。

建设创新型国家，培养创新型人才，是中国未来发展的大方向，为此，国家提出了创新驱动发展战略。习近平总书记指出："实施创新驱动发展战略，是应对发展环境变化、把握发展自主权、提高核心竞争力的必然选择，是加快转变经济发展方式、破解经济发展深层次矛盾和问题的必然选择，是更好引领我国经济发展新常态、保持我国经济持续健康发展的必然选择。"创新驱动发展战略有三层含义：一是要用科技创新驱动我国未来的发展，逐步改变传统的劳动力以及资源能源驱动方式。二是创新的目的是驱动发展，加快创新产业化进程，而不是只发表高水平论文。三是要建立以企业为主体、以市场为导向、产学研结合的创新体系，让企业成为创新主体。《中共中央关于制定国民经济和社会发展第十四个五年规划和二〇三五年远景目标的建议》中提出要"坚持创新在我国现代化建设全局中的核心地位""深入实施科教兴国战略、人才强国战略、创新驱动发展战略，完善国家创新体系，加快建设科技强国"；要"强化企业创新主体地位""推进产学研深度融合""发挥企业家在技术创新中的重要作用"，"培养具有国际竞争力的青年科技人才后备军"和"加强创新型、应用型、技能型人才培养"。这些国家战略的实施，需要我国教育系统培育一大批创新创业型人才，需要不断提升大学生的创业素养。这就要求大学生创业教育围绕国家创新驱动战略和社会经济转型发展方向，提前谋划，科学布局，构建良性运转的大学生创业教育生态系统。

联合国教科文组织在《学会生存》中指出："应该把培养人的自我生存能力，促进人的个性全面和谐发展，作为当代教育的基本宗旨。"历史经验和时代发展告诉我们，创业教育是国家长期发展的重要驱动力量。当前，提高大学生创业素养已经成为世界各国高等教育改革和发展的重要部分。对我国而言，培育大学生的创业素养，是高校落实国家创新驱动发展战略，持续推进"大众创业、万众创新"，实现人才培养为社会经济服务的根本举措，是社会发展的必然趋势，更是时代提出的要求。加强大学生创业教育的核心内涵是培育大学生的创业素养，实现大学生在社会中的价值，促进学生的全面自由发展。

同时，在人类命运共同体概念的引领下，我国大学生创业教育要在理论研究、培养模式等方面加强改革发展，强化大学生创业教育的全球布局，进一步融入全球教育生态体系，着力打造全球化的创业教育共同体，提升我国创业教育的国际影响力，着力培养大学生的国际化创业素养。

3. 以"多维协同"完善大学生创业教育

加强大学生创业教育，应该注重整体性、全面性和系统性，着重建立社会、高校、家庭和学生自身四个维度的多维联动、综合施策、协同推进系统，从系统和整体上探寻大学生创业教育的特点和规律。高校单打独斗既不符合创业教育的规律，也不符合大学生创业素养培育的需求。大学生创业素养培育和大学生创业教育需要社会、高校、家庭和大学生本人的深度参与和良性互动。

大学生创业教育应该以高校为中心，通过实施人才培养模式改革，不断优化高校内部资源，吸收利用校外资源，共同打造"教育主体多元，教育功能多维，教育手段多样"的创业教育综合体系。高校主要负责制定系统化创业教育人才培养方案，结合自身的办学定位、历史传统、学科特色和资源优势，更新创业教育理念，加强创业教育师资力量，构建一二课堂协同联动、线上线下融合创新的创业教育课程体系，构建专业教育与创业教育、科技创新与创业教育、思想政治教育与创业教育相结合的课程内容，探索大学生创业知识传授、创业能力实训培养、创业精神影响塑造、创业价值认同、创业理论课题研究等融合创新的大学生创业素养培育模式，完善教育教学保障、工作约束激励等体制机制建设，确保创业教育取得育人实效。国家和社会要合理统筹各类创业教育资源，推动大学生创业教育相关支撑政策的制定和实施，鼓励社会要素积极参与大学生创业教育活动，组织高层次的创业竞赛，营造积极向上的创业氛围。大学生家庭也要及时了解国家有关大学生创业支持政策，积极转变观念，为大学生创业提供物质或精神支持。

在具体的教育过程中，还要注重创业教育与各项教育的融合创新，共同培养大学生的创业素养。一是要和专业教育相结合。大学生创业的一个鲜明特征就是创业活动与大学生所学的专业以及高科技结合非常紧密，创业教育不能脱离大学生的专业教育，必须在专业教育的过程中注重学生基本素质的培养，注重创新和创业的互促和转化，潜移默化地进行创新思想和创业意识的教育，同时在创业教育过程中强调专业对大学生创业活动的积极促进作用。要将创新教育作为创业教育的基础，开展与专业学习紧密结合的科技创新大赛，并引导和指导学生将大赛的相关成果转化为创业成果。二是要和素质教育相结合。联合国教科文组织《21

世纪的高等教育展望与行动世界宣言》《高等教育改革和发展的优先行动框架》等文件中,都强调要把培养学生的创业素养作为高等教育的基本目标。创业教育绝不是为了暂时解决就业压力的"权宜之计",也不是仅仅为了完成"创业率"的目标,而是为了提升大学生创业素养,促进其全面发展的重要举措。创业教育要培养大学生的创业知识、创业能力、创业思想品质等,帮助学生学会学习、学会做人、学会做事、学会合作、学会生存,最终目的是培养大学生的终身可持续发展能力,这与素质教育的内涵、目标和手段存在高度一致。三是要和实践教育相结合。创业是一种实践,创业教育是一种实践性很强的教育。在创业素养的培育方面,显性的创业知识、能力等可以通过系统的课堂学习得到较大的提升,但隐性的要素则往往需要在创业的实践中获得。四是要和生涯发展教育相结合。无论是读研、留学,还是就业、创业,大学生在毕业后都要做出某个选择。高校需要通过开设生涯发展教育课程等形式,帮助大学生掌握生涯规划的知识和技能,从而做出科学合理的选择。创业教育和生涯发展教育相结合,可以启发大学生的创业意识,引导大学生自觉将创业活动和生涯发展规划结合起来,从而提升创业教育的实效。

(二)大学生创业教育的价值取向

1. 以大学生的全面发展为评价标准

马克思关于"人的全面发展"理论指出,人的发展是与社会的发展、生产的发展一致的,这种发展包含了人的需求全面发展、人的能力全面发展、人的社会关系全面发展、人的个性全面发展四个方面。社会发展了、生产力发展了,人也必须要发展。习近平总书记提出"实现中华民族伟大复兴"中国梦,我国要实现国家富强、民族振兴、人民幸福的伟大目标，就必须实现每个人的发展，为实现中国梦提供根本的评价标准。

教育是促进人的全面发展的最重要途径，我国高等教育的目的就是要培养德、智、体、美、劳全面发展的社会主义建设者和接班人，这与马克思主义关于人的全面发展的理论相契合。当前我国经济正处于转型升级的关键时期，社会对人才的需求结构和素养要求必然发生深刻的变化，国家需要更多的高素质、创新型人才，创业素养的培育与当前时代的需求高度契合。开展大学生创业素养培育，主要内容是帮助大学生树立创业意识，培养大学生的创业知识、增强大学生的创业能力、提升大学生的创业品质，最终的目的也是促进大学生全面发展。

大学生创业教育旨在提升大学生的创业素养，通过对大学生的教育和实训，帮助大学生提升创业能力，引导大学生树立正确的价值观，创业教育的内容包含创业知识结构、创业意识品质、创业能力技能、创业诚信意识、创业身心素质、道德品格等内容，这些内容又和大学生的专业教育、实践教育相互融合、相互促进，共同促进大学生的全面发展。因此，大学生创业教育的实质就是人的全面发展。

大学生创业教育在实现大学生个人全面发展的同时，也为中国特色社会主义事业培养建设者和接班人。大学生创业教育包含着强大的精神元素，创业教育的理念和人的全面发展的理念存在内涵的一致性，在高校创业教育中科学应用人的全面发展理念，可以有效提升创业教育的实效，可以显著提升创业教育者的教学水平，帮助其树立全面发展的教学理念，促进其采用综合性、全方位、可持续、多元化的教育形式，提升创业教育的质量；可以帮助大学生创业者理解全面发展的内涵，树立全面发展的理念，将创业教育、专业教育、生活教育、实践教育、素质教育等成果全面融会贯通，形成完备的创业知识体系、能力素质和意志品质，使自己的创业素养得到显著提升，从而驾驭所处的社会环境，结合自己的知识结构与能力，实现学业与事业的有效统一。

高校在创业教育过程中要关注大学生的"全面发展"，将"全面发展"理念有效融入大学生创业教育中；要坚持"以人为本"，尊重学生的个性，重视学生的个性发展，有针对性地加强学生的个性教育，进一步促进学生发展多元个性和能力；以促进大学生全面发展为目标，深化人才培养模式改革，创新创业素养培育模式，不仅要重视专业知识和技能的传授，还要重视德智体美劳全面培养，引导大学生树立正确的世界观、人生观和价值观，树立科学的创业观，通过第一、第二课堂和社会实践，培养有理想、有道德、有文化、有纪律的创新创业型人才。

2. 以大学生的知行合一为实践路径

"知行合一"思想是中华优秀传统文化的精髓，对于实现中华民族伟大复兴的中国梦具有重要的意义，在推进大学生创业教育过程中，必须坚持"知行合一"的价值指向，关注实践精神，注重"理论与实践相结合"。所谓"知行合一"是指一个人的道德要与行动相匹配，做到言行一致，知行统一，要克服不善的观念来提升道德品行，做人做事始终表里如一，强调务实、善念的实践精神。2019 年，习近平总书记在学校思想政治理论课教师座谈会上强调，要坚持理论性和实践性相统一，用科学理论培养人，重视思政课的实践性。马克思主义认为，在理论和实践的关系上，实践是理论的基础，是理论的出发点和落脚点，对理论起决定作用,理论必须与实践紧密结合,理论必须接受实践的检验,为实践服务,随着实践的发展而发展。大学生创业教育属于大学生思想政治教育的特殊形式,需要坚持理论性和实践性相统一[①]。

大学生创业教育的理论性是运用相关科学的理论体系进行创业教育、系统地提升大学生创业能力、培育创业精神、树立正确创业价值观的理论引导,开展有效的理论教学是大学生创业教育的时代发展要求[②]。大学生创业是实践性较强的活动,是多方面能力素质综合运用的行为活动,因此,大学生创业教育是高等教育理论、素质教育理论、创业教育理论和思想政治教育理论的多维融合运用。在大学生创业教育中融入"知行合一"理念,帮助大学生将创业意识和观念、创业价值判断与创业行为结合,引导大学生将正确的创业观念在创业实践和行动中进行验证、修订和涵养,促进大学生创业意识和创业精神的塑造,以保证大学生创业教育的科学性和实践性。创业教师在遵循创业基本理论的前提下,联系当前的创业政策环境和有力资源,联系现实生活中的创业案例和生活实际,联系当代大学生的心理特点和认知习惯,积极开展研讨式、体验式、科研式等多种创业教育模式,在课程教学、实践实训、价值引导等方面实现理论的渗透和融合,从而实现创业教育的基本目标。

在创业教育中促进"知行合一"也是国家对创业教育的要求。《国务院办公厅关于提升大众创业万众创新示范基地带动作用进一步促改革稳就业强动能的实施意见》(国办发〔2020〕26号)明确要求"支持高校示范基地打造并在线开放

[①] 张龙,田贤鹏.平台驱动型创业教育:框架结构与机制保障[J].中国高教研究,2019(8).
[②] 张雁鸿.高校大学生创新创业激励机制[J].教育与职业,2020(1).

一批创新创业教育优质课程,加强创业实践和动手能力培养,依托高校示范基地开展双创园建设,促进科技成果转化与创新创业实践紧密结合"。《教育部关于做好 2021 届全国普通高校毕业生就业创业工作的通知》(教学〔2020〕5 号)决定实施"2021 届全国普通高校毕业生就业创业促进行动",加大"双创"支持力度,会同有关部门落实大学生创业优惠政策,继续举办中国国际"互联网+"大学生创新创业大赛,给大学生提供创业实践的机会。实践证明,通过"知行合一",大学生将自身的创业素养应用于实践,在市场竞争环境中检验课堂上学到的创业知识,在与商业伙伴合作中体会国家、学校提倡的创业价值观,用亲身的创业实践学会处理事物、明辨是非,树立以社会主义核心价值观为统领的创业价值观,学会自觉运用马克思主义理论和工具分析、处理、解决创业过程中遇到的问题和困难,用理论指导实践,用实践固化理论,的确可以做到"内化于心,外化于行"。

二、大学生创业教育的目标

(一)培育大学生的创业精神

2012 年,教育部印发《普通本科学校创业教育教学基本要求(试行)》,对创业精神的基本内容做了说明。创业精神是指善于思考、敏于发现、敢为人先的创新意识,挑战自我、承受挫折、坚持不懈的意志品质,遵纪守法、诚实守信、善于合作的职业操守,以及创造价值、服务国家、服务人民的社会责任感。创业精神可以通过创业教育培养。

大学生创业精神是一种稀缺素养,是创业活动的核心与灵魂,培育大学生的创业精神是大学生创业教育的核心目标之一。具备创业精神的大学生,往往对人生持积极向上的乐观态度，关注生活中美好的方面，在做人做事中容易表现出团结合作、艰苦奋斗、锐意创新、乐观豁达等精神品质，其思想观念、道德品质、价值取向都比较正向。创业精神是创业成功的基本条件，在大学生创业教育中培育大学生的创业精神，能够帮助大学生客观理性地认知当前的创业环境，全面掌握自身特质，消除对创业的刻板印象，转变创业观念，激发创业热情，通过创业实现个人的理想，共筑伟大的"中国梦"。

1. 培育大学生的创新意识

创新是人类为了满足自身需要，按照事物发展的规律，对事物的整体或部分内容进行一定的革新，从而使事物得到更新和发展，最终服务于人类发展的活动。创业是发现和把握机遇的过程，是提供新的产品或服务来创造价值的过程。创新和创业都包含"新"事物的创造过程，创新的范围更广，是创业的基本特征。

在高校创业教育的实践中，创新创业被称为"双创"，开展大学生创业教育，必须将创新教育和创业教育结合起来，将培养大学生的创新意识和创业意识结合起来，开展以创新思维和创新理念为重点的课程建设，突出创新思维、创新意识的培养，以此带动和提升大学生创业素养的培育。

2. 培育大学生的意志品质

开展大学生创业活动，必然要面对各种困难甚至风险，大学生必须具备挑战自我、承受挫折、坚持不懈的意志品质，才能在创业活动中坚持到最后。如果对创业缺乏理性的认识，存在畏难情绪，存在患得患失、犹豫徘徊等心理，必然会对创业活动产生严重影响，甚至不敢迈出创业的第一步。因此，培育大学生坚强的意志品质具有重要的现实意义，是创业教育必须要完成的任务。高校应在大学生创业教育中注重大学生意志品质的培育，通过创业教育帮助大学生以健康积极的心态面对创业。

3. 培育大学生的职业操守

创业是一种自我雇佣行为，创业者的对外交流合作行为也是职业行为。因此，培养大学生遵纪守法、诚实守信、善于合作的职业操守，是创业教育的重点内容之一，对于帮助大学生树立正确的创业价值观具有重要意义，甚至关系到大学生创业的成功与否。职业操守的内容是不断发展变化的，在大学生创业教育中开展职业操守教育，要做到与时俱进，适应时代的需求，遵循高校立德树人根本任务要求。

4. 培育大学生的社会责任感

大学生创业的意义，不仅是大学生实现经济自由和满足"自我实现"的需求，也是大学生创造价值、服务国家、服务人民的过程。只有把个人发展与祖国的发展紧密结合在一起，把个人的"创业梦"同"中国梦"紧密相连，才能真正体现新时代大学生的社会责任担当。创业精神塑造的落脚点就是培育大学生的社会责任感，在大学生创业教育中，应加强社会主义核心价值观对大学生的教育和价值引领，引导大学生树立远大的理想抱负，将个人价值的实现同国家发展、民族复兴融合在一起，以高度的责任感、使命感和为人民服务的担当意识，投身于中国特色社会主义建设的浪潮中去。

（二）培养大学生的创业能力

创业能力是创业活动顺利进行的基础和保障，包括知识、技能和社会能力三个维度。知识包含专业技术知识、经济法律知识和企业经营管理知识等，是创业能力的基础。技能是大学生在掌握必要的知识后,将理论应用与实践的能力,包括利用新技术、新知识和新观念形成新的产品和服务、新的商业模式、更高效的创业管理模式和管理方法等。社会能力是指创业者与其他社会组织和个人形成良性商业合作的能力。相对于塑造创业精神,大学生创业教育对大学生创业能力的提升效果更加明显。

1. 培养大学生的创业知识

创业知识代表着如何利用概念化、抽象化知识去找寻、获得有潜在价值的资源并加以整合、利用的能力,并为创业者找到高效配置的专有知识、利用市场机会创造利润的方式和方法[①]。创业知识包含商业活动知识(如市场营销、品牌建设等)、创业环境和鼓励政策知识(如国家政策、法律法规、商业环境评价等)、管理企业的知识(如战略管理、人力资源管理、生产管理、财务管理、知识产权管理等)以及和创业者自身的优势和劣势、发展方向、兴趣和目标等相关知识。这些知识在创业机会识别、评估和利用,创业资源优化配置和运营管理新企业,指导新企业在战略层面开展决策等方面发挥着巨大的作用。因此,创业知识是大学生成功创业的基础,事关创业的成败和企业创立后的可持续发展能力。

大学生在校期间所学习的专业知识,对大学生开展创业活动也有巨大的推动作用。很多大学生开展创业活动就是在自己所学专业所在的领域内进行,其创业企业的产品和服务都是基于所学的专业知识或知识产权。因此,创业知识也包括大学生所学的专业知识。

---

① ALVAREZ S A, BARNEY J B. Organizing rent generation and appropriation: Toward a theory of the entrepreneurial firm[J]. Journal of Business Venturing, 2004(5): 621-635.

要培养大学生的创业知识，一方面要在其专业知识传授过程中，融入创新创业的相关内容，启迪大学生的创业意识；另一方面也要开展系统化的创业专门知识传授的课程。大学生只有通过不断的学习和积累，掌握足够的创业知识，才能真正理解创业问题，解决创业过程中遇到的困难，不断适应创业环境的变化。

2. 培养大学生的创业技能

创业技能是大学生实现创业理想所需要具备的技能，是将创业知识转化为创业实践的能力。从不同的维度来看，创业技能包含的要素各不相同，各种要素共同作用促进创业活动的开展。一般来说，创业者应至少具备以下几种能力：（1）敏锐观察力，能够识别出可利用的创业机会，对可能的商业风险做出预测并采取应对措施；（2）坚持忍耐力，愿意长时间努力在持续性的压力和冲突中开展高效工作，以支撑企业完成从创建到获益和长期发展的过程；（3）组织协调力，能够招聘和培训关键员工，能够协调组织内部所有人员的利益、兴趣、价值观和活动，理解他们的诉求并开展合适的激励；（4）外部协调力，能够协调外部资源，提升企业地位和影响力，能与潜在的资源提供者搭建并维持良好的关系；（5）专业技术力，对企业生产经营特定领域内的技术、工具具备占有和使用能力，能够产生新颖的创意或者开发出创新的产品。

开展大学生创业教育，需要加强实践环节的设计，创造条件为大学生创业实践提供良好的平台，比如开展创业体验式教学、翻转课堂，举办各类专业创新和创业大赛，对创业项目进行一定的扶持等。

3. 培养大学生的社会能力

社会经验缺乏是大学生普遍存在的问题，培养大学生的社会能力，是大学生创业教育的重点。当前社会市场经济环境非常复杂，大学生创业涉及经济、社会、法律、文化等各个方面的问题，大学生创业者必然要和各行各业的人开展交流与合作。大学生社会能力的高低，直接影响合作的成败和效果，对创业活动产生影响。因此，良好的社会能力，是大学生创业素养的关键要素。社会能力包括沟通表达、团队合作、人际关系等，大学生可以通过课堂训练、参加创业社团、参加校内外的文化活动、开展创业实践等方式提高社会能力，积极投身于创业实践中。

（三）帮助学生认知创业价值

俞敏洪在回顾创业经历时说："创业的过程是一个学习的过程，是一个失败的过程，是一个积累经验的过程，也是积累社会阅历的过程。"价值判断往往会影响人的行为，对创业价值的认识，也会对大学生的创业行为产生影响。因此，引导大学生对创业价值进行科学合理的认知是创业教育的重要组成部分。大学生创业价值观的教育和引导，是帮助大学生认同和树立正确价值观的过程，需要通过创业教育、引导、互动、辩论、沟通等手段，实现大学生对创业价值的个人认同、群体认同和社会认同。

1. 形成正确创业价值认知

大学生创业是创造新价值的过程，既包括物质财富价值的创造，也包括个人精神价值和社会文明价值的创造。大学生开展创业活动，首先就需要做出创业价值判断，在创业活动中实现个人物质和精神需要的满足，并学会从生理、心理和伦理等多维角度思考创业价值的实现过程和实现手段，不能因为要满足物质财富价值的创造而忽视了个人精神价值和社会价值的创造，甚至因此损害社会价值的创造。大学生开展创业活动需要追求的价值诉求，既包含满足大学生物质丰裕富足、财务自由的生活需要的诉求，又包含提升自身精神体验和心理境界的诉求，还包含为社会发展、民族振兴创造新生价值的诉求。通过创业教育，可以使大学生对创业价值形成正确的认知，进而形成有效的创业价值共识，激发创业大学生自身的创业动力，提升创业实践的主动性，实现创业理想、塑造健全人格，促进自身的全面发展。

2. 坚持创业价值多元统一

当前社会中每个人的价值观都不完全一致，对于创业的价值，每个人的理解可能都不相同，有的人以利益为出发点，有的人以实现梦想为出发点，有的人以促进公益（公益创业）为出发点，无论哪种价值取向，只要在法律法规和社会公序良俗范畴内，都是允许存在的。但是，由于大学生还未形成相对稳定的价值观，容易受到各种社会观念的影响，可能会带来创业价值判断的摇摆和变化。如何帮助大学生在容纳多元价值的基础上，建立一种相对稳定的、具有普遍性的、适应社会发展需要的创业价值，成为开展大学生创业教育的关键。大学生创业教育要以社会主义核心价值观为统领，在尊重创业大学生个体选择和认同其多元发展的基础上，强化以社会主义核心价值观为核心的主流价值观养成，通过创业实践加以检验和反馈，从而实现创业价值观的多元统一。

第三节 社会高校家庭"三螺旋"

一、社会高校家庭"三螺旋"整体构架

三螺旋理论最先由美国学者亨瑞·埃茨科瓦茨（Henry Etzkowitz）和荷兰学者勒特·雷德斯道夫（Loet Leydesdorff）在1995年提出，最初用于探析国家创新

战略中大学、产业和政府之间的最佳形态和结构，认为不同主体都应在系统中扮演多样角色，以非线性的方式相互作用和影响，使系统总体螺旋式上升。在三螺旋理论框架下，各主体除了扮演其传统角色外，还需要在合作中创新自己的角色任务，形成三方交叉重叠的混生组织形式[①]。所谓"社会高校家庭三螺旋"是指社会、高校、家庭三方围绕大学生创业素养提升这个核心目标，建立相互影响、相互促进、协同创新的关系，通过创业教育这个主要手段，共同促进大学生创业素养螺旋式提升。

当前，中国特色社会主义进入新时代，科技发展日新月异，行业产业更新迭代，人们的学习、生活、生产、娱乐方式发生了巨大的变化。新时代对大学生创业素养培育问题提出了新的要求，大学生创业素养的培育在理念、目标、形式、方法等层面必然会发生重大变化。2020年10月29日，党的十九届五中全会通过的《中共中央关于制定国民经济和社会发展第十四个五年规划和二〇三五年远景目标的建议》中提出："健全学校家庭社会协同育人机制"。大学生创业素养培育不能仅靠高校的力量，应整合社会多方资源，发挥社会、家庭的力量，形成大学生创业素养培育合力。大学生创业素养的培育，需要社会、高校、家庭和大学生本人的深度参与和良性互动。从我国当前的社会发展情况来看，大学生创业素养培育，创业教育是主渠道，高校是主战场。高校大力开展创业教育，既符合社会发展需要和国家有关要求，也符合大学生全面发展和成长成才规律，具有十分重要的意义。（如图5-1所示）

---

① 刘啸尘，杨峰. 基于三螺旋理论的高职院校创新创业教育发展路径研究[J]. 黑龙江教育（理论与实践），2021（8）：55.

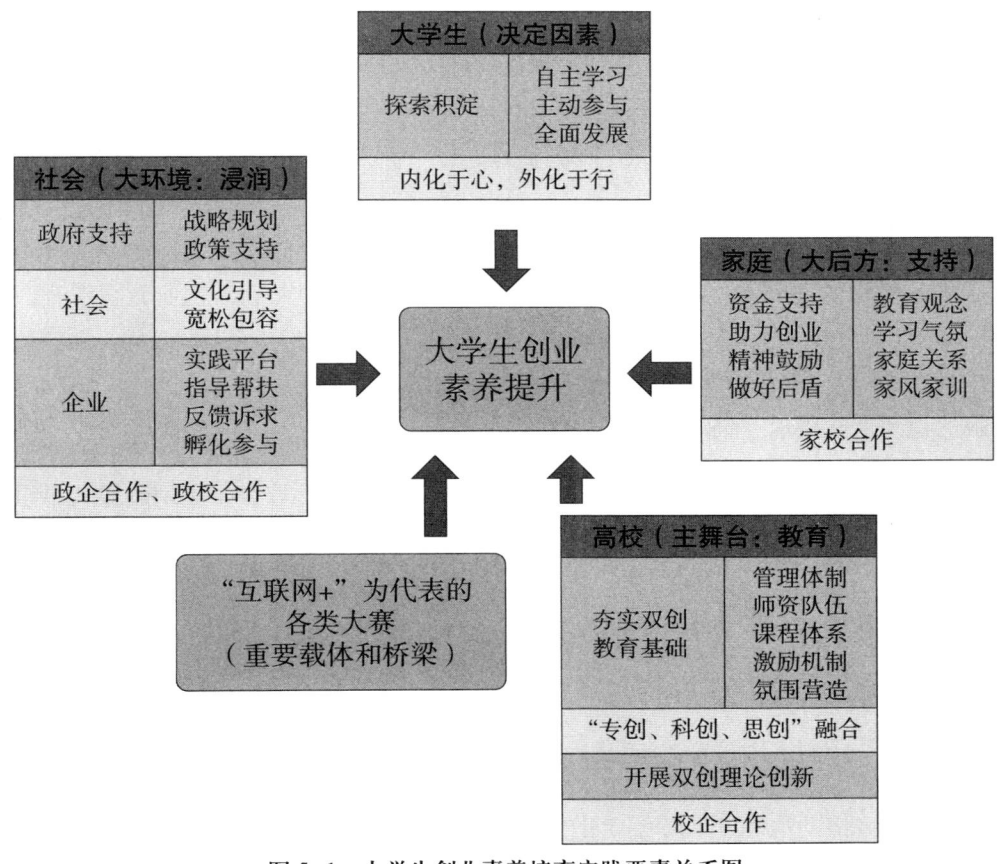

图 5-1　大学生创业素养培育实践要素关系图

二、优化创业素养培育的社会大环境

(一) 国家战略驱动

研究表明，营造良好的创新创业制度环境是促进新的社会结构和经济结构的形成，实现社会经济持续增长的新动力和重要着力点[①]。党和国家一直高度重视大学生的创新创业活动。2014 年 8 月，习近平总书记阐述了实施"创新驱动发

---

① 肖忠意，李瑞琴，陈志英，黄玉. 创新创业制度环境、创业行为与家庭资产选择 [J]. 世界经济文汇，2018（4）：20.

展战略"的要求。2014年9月,李克强总理在夏季达沃斯论坛上首次提出"大众创业、万众创新"的概念。2015年,国务院办公厅发布《关于深化高等学校创新创业教育改革的实施意见》,标志着高校全面落实和实施国家创新驱动发展战略开始。2016年,教育部发布《关于做好2016届全国普通高等学校毕业生就业创业工作的通知》,要求全国高校从2016年起全部设置创新创业教育课程。2018年,国务院发布《国务院关于推动创新创业高质量发展打造"双创"升级版的意见》,要求"强化大学生创新创业教育培训。在全国高校推广创业导师制,把创新创业教育和实践课程纳入高校必修课体系,允许大学生用创业成果申请学位论文答辩。支持高校、职业院校(含技工院校)深化产教融合,引入企业开展生产性实习实训"。2020年7月15日,李克强总理主持召开国务院常务会议,部署深入推进大众创业万众创新,重点支持高校毕业生等群体就业创业。会议指出,按照党中央、国务院部署,全面做好"六稳"工作、落实"六保"任务,应对疫情冲击和发展环境变化,必须贯彻创新驱动发展战略,深入推进大众创业万众创新,激发市场活力和社会创造力,以新动能支撑保就业保市场主体,尤其是支持高校毕业生、返乡农民工等重点群体创业就业。可以说,在国家创新驱动发展战略的规划下,各级政府部门积极作为,出台了一系列大学生创新创业的支持政策,其中创业素养培育更是重中之重。

国家各类鼓励和支持政策为大学生创业提供了基础性保障,如何让大学生知道和利用这些政策,对调动大学生创业积极性,提高大学生创业成功率起到至关重要的作用。因此,助力大学生创业需要社会各个层面加强政策宣传与解读,对政策的宣传和执行建立制度保障机制,开展监督检查,以确保创业政策能够最大范围地惠及全体大学生，切实促进大学生创业教育和实践的良性开展。

要提升创业政策的宣传覆盖面，必须不断加大创业政策的宣传力度。当前，从国务院到国家相关部委，从中央到地方，都根据国家的统一要求出台了一系列本领域范围内的创业扶持政策，有些政策也是多个部门共同发布的。但从整体上来看，这些创业相关政策分布在各个部门各自的网站上，缺少一个相对统一的、结构清晰且能够汇总全国各级政府部门所发布相关政策的权威性、导向性的官方网站。同时，部分省市大学生创业主责机构的官方网站存在信息量少、信息缺乏维护等问题。这就导致很多想创业的大学生查找相关的鼓励和支持政策信息遇到困难，不能全面了解国家鼓励创业的相关政策，甚至因此无法享受到这些优惠政策带来的利好。高校在开展大学生创业教育时，往往无法对国家和地方有关政策进行系统性介绍，政策的宣传效果较差，甚至会出现无法回答学生的相关问题而导致大学生对学校的创业教育提出质疑的情况，导致大学生的创业意愿不高。

为此，政府应高度重视促进大学生创业政策的宣传工作，并采取切实有效的措施，在创业政策宣传权威媒体建设、高校创业政策宣传指导等方面有所作为。制定创业政策宣传指导性方案，充分利用国家、地方、高校各级创业门户网站和社会创业服务网站等门户平台，建设分层（国家政策、地方政策、高校政策等）分类（金融政策、融资政策、收费政策等）政策宣传和解读专栏，采用图形化界面、视频化介绍等手段增强内容可读性，构建全方位、立体化、多维度的大学生创业政策宣传服务体系。同时，加强网络交互平台建设，高校要设定专业岗位负责解答创业大学生的咨询，开展大学生创业困难问题征集调研，梳理创业大学生最关注的创业问题，了解创业大学生的期望，将这些信息及时汇总反馈给政府相关决策部门，由政府相关部门开展政策反馈和政策调整，实现大学生创业政策宣传与大学生创业教育的双向良性互动。

各类媒体在宣传大学生创业政策时，要把握创业政策的出台背景、目的意义和政策导向，将创业政策文件的精髓做精准化和形象化的概括，既要原原本本传达政策原文，又要帮助大学生理解和利用好政策，助力大学生实现创业梦想，促进大学生创业教育持续、有效开展。

（二）社会转型升级

近年来，大众创业万众创新持续向更大范围、更高层次和更深程度推进，创新创业与经济社会发展深度融合，对推动新旧动能转换和经济结构升级、扩大就业和改善民生、实现机会公平和社会纵向流动发挥了重要作用，为促进经济增长提供了有力支撑。当前，我国经济已由高速增长阶段转向高质量发展阶段，对推动大众创业万众创新提出了新的更高要求[①]。大学生创业教育处在社会经济发展的大环境中，受到社会经济环境的直接影响。

与此同时，科学技术快速发展，社会分工更加细化，产业迅猛迭代升级，社会观念更加进步，这些变化为大学生创业素养的培育提供了良好的文化环境和方向指引，满足了大学生创业素养培育的现实需要。经过几十年市场经济的发展，特别是近些年社会经济结构的巨大变革，人们普遍接受了创新是经济社会发展核心要素的观念，形成了全社会鼓励创业的良好氛围，对大学生开展创新创业活动有了更多的包容和支持，促进了大学生创业教育的结构优化和供给侧改革，形成

---

① 国务院关于推动创新创业高质量发展打造"双创"升级版的意见（国发〔2018〕32号）[Z]. 2018.09.18.

了创业型人才培育与社会转型升级互促互进的正向循环。

大学生创业实践都要在社会中开展，良好的社会创业氛围对大学生创业可以起到有效的促进作用，大学生创业人数和创业质量的提升可以显著提升社会对大学生创业的重视和支持程度，营造良好的创业氛围，两者形成良性互动的关系。另外，生产力的发展，特别是科学技术的进步所带来的产业革命，使得社会各种要素的交流联动更加紧密，也对大学生创业提出了更高的要求。要在社会上形成鼓励和支持创业的舆论氛围，就必须加强创新创业相关基础设施和经济支持政策建设，鼓励民营企业的迅速发展，鼓励中小微企业的快速成长，开展广泛的宣传引导，缩小地区间对创业认知的差异，争取最广泛的社会支持，引导和鼓励企业积极投入高校大学生创业教育中，推动公共创业指导资源进校园，推动优质创业支持资源的共享，形成协同高效、良性发展的支持大学生创业的社会创业生态和文化氛围，为大学生创业教育和创业实践提供环境保障。

1. 营造积极的文化环境

社会文化环境会对每一个社会成员产生潜移默化的影响，塑造着每一个人的价值观念。社会文化环境通过实物、法规制度、语言文字、风俗习惯、生活理念、精神追求、文化传承、思维方式等表现方式，形成浓厚的文化情调弥漫在生活各个角落，影响着每一个社会成员。创业文化是社会文化的一部分，是社会文化中与时俱进、积极进取的先进部分。大学生所处的社会文化环境必然会对大学生的创业活动产生深刻的影响，甚至是决定性影响。良性的社会文化环境会创造一种有利于创业的积极向上、健康的价值观念和行为规范，有利于大学生创业者克服对创业的恐惧和忧郁，克服创业过程中遇到的困难和挑战，即使是创业失败了，创业者也可以得到心灵安慰和鼓励，从而使大学生创业的精神追求、价值判断和实际行动得到不断的扩大和自由张扬，更有利于孕育出时代所需要的创业人才。

大学生创业素质培育需要先进文化的熏陶和支持。要营造有利于大学生创业素养提升的社会文化环境，一是要注重传承创新中国优秀传统文化，营造敢为人先、敢于竞争的氛围。中国传统文化中凝结着几千年来中国劳动人民的智慧，蕴含着强大的精神力量，是我国深化改革开放、推进社会主义现代化建设的强大精神力量。中国优秀传统文化所倡导的坚持不懈、坚韧不拔、顽强拼搏、精益求精、勤于交流、勇于开拓等创业精神，为大学生创业素养提升提供了精神力量。二是要营造宽容失败的舆论氛围。在我国的传统文化中，既有"以成败论英雄"的习惯，也有"胜败乃兵家常事"的说法。创业活动是一种复杂的劳动，回报很高，但需要的投入和风险也很高，创业失败的概率也非常高。我们必须破除创业的"唯结果"的导向，不能只关注创业成功者，对创业失败的大学生也要给予宽容对待，关心和爱护在创业活动中受到挫折的创业者，鼓励他们不畏挫折、不惧失败。在宽容失败、理解失败、尊重失败的文化氛围中，大学生创业才没有后顾之忧和心理负担，创业的积极性才能得到充分的发挥。

2. 营造宽松的舆论氛围

舆论氛围可以对大学生创业产生直接影响。如果社会舆论普遍对大学生创业持支持态度，就会对大学生创业意愿产生积极作用；反之，则有可能会影响部分大学生的创业意愿，使其不敢或不愿意开展创业活动。因此，要想促进大学生创业活动，提升大学生创业素养，就要营造宽松的舆论氛围。

一是要充分发挥宣传舆论的导向作用。各级政府要利用报纸、电视、广播、互联网、新媒体等各种传媒工具，开辟专版、专栏、专题大力宣传党和国家促进大学生创业、开展创业服务、推动实施国家创新驱动发展战略、以创业带动就业的重要政策和重大举措，宣传国内外大学生创业的先进理念、成功经验和优秀成果，充分发挥宣传舆论的导向作用，营造大众创业万众创新的良好氛围。要通过宣传的潜移默化，使全社会对创新创业文化入耳入脑，真正扎根于人们的心灵之内、见诸人们的行动之中。将创业文化融合成主流文化，将创业成功植根于主流价值观的重要组成部分。要通过政策宣讲、读本发放、举办官方论坛和会议等方式深度扩大创业文化的影响群体，进一步提高社会各方对大学生创业的高度关注和认同，增强创业文化氛围，为大学生创业营造良好的宣传舆论环境。

二是要广泛树立和宣传大学生创业先进典型。各级政府、各高校要通过评选"年度创业之星""年度创业新秀""创业十佳人物""最令人满意的创业服务机构""年度最佳创业点子"等活动为抓手，及时发现、培养、树立各类大学生创业典型。要通过巡回报告会、座谈会、推介会等形式，结合创业主题分享活动，大力宣传创业典型先进事迹，发挥大学生创业典型的引领作用。要调动各方面的力量致力于大学生创业活动，充分利用新闻媒体宣传大学生艰苦创业的先进事迹，宣传大学生创业者转变观念、投身创业的先进典型，宣扬优秀的大学生创业成功典型案例，使创业榜样们的价值取向、精神状态、行为方式对广大大学生产生积极的影响，推动形成鼓励探索、支持创新、崇尚创业、宽容失败的良好创业文化。

3. 加大政府的服务力度

各级政府应加大社会化专业服务力度，为大学生创业文化环境的优化提供平台支撑。要加强组织领导，成立专门针对大学生创业的专业咨询服务机构和管理机构，为创业大学生提供政策咨询、培训实训、工作交流、权益保障等专业化社会服务。要统筹协调各类社会资源，打造创业大学生与社会资源对接平台，使大学生创业能够得到更多社会力量的帮助。要支持举办创业训练营、创业创新大赛、创新成果和创业项目展示推介等活动，搭建创业者交流平台，培育创业文化，让大众创业、万众创新蔚然成风。要结合各级各类青年大学生主题教育实践活动，积极邀请党政专家、经济学者、企业精英、创业先锋举办各类创业讲堂，通过宣讲解读创业形势、讲述传授创业知识、分享交流创业经历等形式，激发大学生创业意识，因势利导大学生创业热情，为大学生创业释疑解惑，引导大学生将创业梦融入中国梦的伟大实践。要对创办社会组织、从事网络创业的符合条件的大学毕业生给予相应创业扶持政策。要大力推进创业型城市、创业型大学、创业型社区的创建，对政策落实好、创业环境优、工作成效显著的，应按规定予以表彰。

（三）企业积极参与

在政府的倡导和推动下，社会各界为大学生的创新创业提供了良好的文化环境。相对而言，创业大学生的社会经验较浅，普遍缺乏具有实操性和实战性的专业知识和企业管理经验，参与创业活动后，可能会带来企业经营管理方面的漏洞，无法与市场中成熟的企业进行竞争；即使能够最终生存下来，也往往很难迅速获得企业战略发展能力，找到适合自己的经营模式，从而使企业的长期经营发展受到一定的限制。企业作为市场经济环境中创业成功的"果实"，如果能够参与到大学生创业教育工作中来，对提升大学生创业素养有非常大的作用。

企业联合高校开展协同育人，营造校企合作的良好氛围，应该结合经济发展的趋势和方向，根据学校各专业所属行业的应用前景，与高校联合制定人才培养方案，将专业人才培养和企业科研需求紧密结合，及时发现创新创业型人才，有针对性地开展前瞻性人才培养工作。企业可以为大学生创新提供一定的实践平台，建立大学生创新创业实践基地，吸引大学生亲身参与到企业的生产经营活动中，并在参与大学人才培养的过程中，发现创意和创业人才。企业可以采取丰富多样的活动参与到大学创业教育过程中，如支持高校开展创业计划竞赛，开展创业主题讲座或沙龙，参与大学生创业文化节，设立创业基金等，充分调动大学生创新创业的积极性，使大学生群体的创业潜力得到更深层次的挖掘。通过企业的积极参与，一方面可以激发大学生的创业热情，不断提升大学生的创业素养，使大学生创业的队伍不断扩大；另一方面，企业也可以通过各类活动挖掘更多的潜在人才，甚至可以达成一定的创业合作意向。

三、扩大创业素养培育的高校主舞台

创业是可以教授的，创业素养是可以培育的，这已经成为公认的理论。创业素养的提升是一个长期的过程，虽然原生家庭的熏陶、社会环境也会对创业素养产生很大的影响，但是大学阶段系统性的创业教育和训练，对于提升大学生的创业素养具有关键性的作用。创业教育能帮助大学生掌握各种必要的创业知识，培养学生的创新精神与创业能力，增强学生的创业意识和创业意愿，使学生获得全面发展，适应社会经济发展的需要。

高校是国家创业教育执行的主体，是大学生创业教育的主要提供者，是创业

生态系统中的关键环节。高校主动承担大学生创业教育任务，通过建立创业教育管理机制、师资队伍、课程体系、激励机制和氛围营造工作，可以夯实创业教育的基础。具体包括建立创业工作领导小组，设立创业指导中心（或就业创业指导中心、创客实验室等）、创业学院等实体机构，加强师资队伍建设，聘请校内外专家、企业工作人员和创业者担任学生创业导师，建设创业课程体系，建立学生创业激励机制和教师创业指导激励机制，营造创新创业的积极氛围等。就创业教育自身来说，高校应该加强创业课程的顶层设计，将创业价值观塑造、创业精神培养、创业知识传授、创业能力提升等内容融入课程体系，做好学科建设、课程设置和专业教学，加强高校之间、院系之间、学科之间的交叉联系，加强创业理论研究，实现大学生创业教育成果的多渠道、多维度资源共享。除此以外，高校还可以加强和政府、企业的联系，争取更多创业教育资源，引入校友、创业成功人士等担任授课教师、创业导师、风险投资专家，引导大学生充分了解和认同创业，启迪创业意识，落实好国家有关鼓励和支持大学生创业的政策，做好大学生创业理论知识学习和社会创业实践的衔接，助力大学生成功创业，不断提升大学生的创业素养。

(一)"三创融合"创业教育理念

创业教育在高校内部也是一个系统性的综合概念，除了学校大学生创业主管部门外，教育教学部门、科学研究部门也应积极参与进来，形成"三创融合"的协同育人机制。"三创融合"指"专创融合""思创融合"和"科创融合"。如图5-2所示：

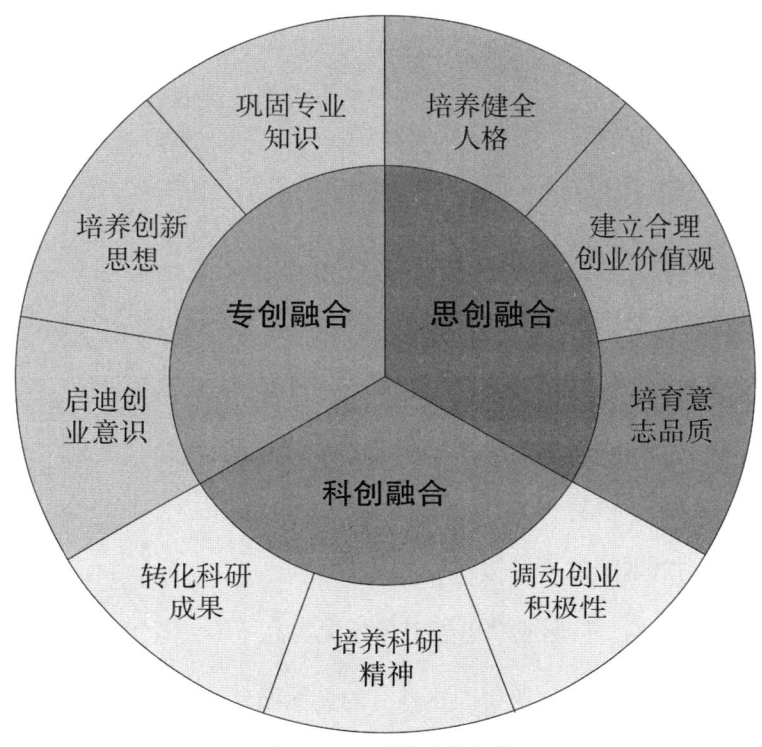

图 5-2　三创融合概念图

专业知识是大学生的核心竞争力,对大学生的创业活动具有积极的作用。开展"专创融合"就是要在专业人才培养的过程中,打破学术和应用的界限,在课堂教学中有意识地引入创新创业教育的相关内容和方法。将创业教育融入专业教育,可以帮助大学生对本专业的学习目标、未来应用等内容有更全面的了解,使专业学习更加高效,学习效果更容易固化。同时,还可以通过长时间的专业训练,授课教师的言传身教等,培养学生的创新思想,启迪创业意识。

创业教育与高等教育的根本任务具有一致性,都是"立德树人",创业教育和思想政治教育必然要紧密结合。思想政治教育的内容和方法,为创业教育提供了指引和借鉴。通过将思想政治教育的内容、方法引入创业教育,将创业教育和思想政治教育有效融合在一起，提高教师的课堂教学效率与质量，可以帮助大学生培养健全人格和良好的意志品质，使大学生对创业价值有更清晰正确的认知，为其参与创业活动打好思想基础。

大学的科研人员和教师往往拥有专利、著作权等知识产权成果，甚至部分大学生也具有相关成果，这些知识产权成果是开展创业活动的重要资源。一方面，高校要出台相关政策，鼓励教师、学生积极将科研成果转化为创业资源，促进大学生高科技创业的比例。另一方面，高校也可以将相关科研人员和教师指导、参与大学生创业活动情况作为职称评审、岗位竞聘、绩效考核、收入分配、续签合同等的重要依据，鼓励全员参与大学生创业教育工作。

通过"三创融合"，形成"思想引导效果提高—专业学习效果提升—创业意识增强—创业资源扩大—创业氛围热烈"的良性循环，不断提升大学生创业教育的效果。

（二）强化创业教育课程体系构建

大学生创业课程仍是目前我国高校开展大学生创业教育的重要途径，课程体系建设在大学生创业教育中居于中心地位。大学生创业需要掌握多种创业知识，开展创业教育绝不是简单增加几门创业理论相关的课程就可以满足需要。创业教育课程体系建设需要将创业教育的核心理念融入大学各项课程的教育教学中，同时有针对性地开设创业教育专项课程，实现创业课程体系"通识"和"专业"并举，引导大学生在专业课程中提高创业认知，增强创业意识，加深对创业的理解，同时在创业课程中学习、体验、感受创业知识，坚定创业理想，激发创业热情。

1. 注重科学与人文并举

当前，因为师资力量有限等原因的存在，很多高校开设的创业教育课程都以创业知识的传授为主，偏重创业能力的工具性获得。创业教育课程体系不仅要帮助大学生提升创业能力，还要承担价值观念的树立、创业精神的培育、文化内涵的提升、道德品行的养成、性格意志的培养等多项任务。因此，创业教育课程体系是科学与人文相统一的课程体系，必须注重科学与人文并举。为此，大学生创业课程体系的设计，一是要融入人文素养的教学内容，结合本校、本专业历史传统、杰出创业校友榜样等具体实际，开发和凝练本校的创业特色文化，以课堂教学的形式融入大学生创业教育中，以期更加贴近实际、贴近学生生活；二是要根据大学生不同阶段的性格特点，科学设计授课内容、时间，低年级重点加强理论知识、动手技能和人文素养的培育，高年级重点加强价值判断、理想信念、职业道德、实践实训等内容的培育，实现创业教育科学性和人文性的有机融合。

2. 关注普遍和重点群体

不是每一名大学生都要实际创办企业，因此，培养大学生的创业素养既要面向全体大学生，又要针对重点群体开展重点教育。一方面，高校要将创业教育融入人才培养的整个系统中，并且贯穿人才培养的全过程。对整个大学生群体开展创业教育，实现每一名大学生都能获得创业精神培养、基础创业能力提升和创业价值的塑造。另一方面，创业教育也要尊重大学生的个性发展，对于有创业意愿或创业潜力的大学生进行重点关注和重点引导，在保障全员创业教育的基础上，将创业教育资源适当倾斜。同时，普遍的创业教育内容，也要针对不同专业、不同学历、不同地区、不同类别和特质的大学生，在内容设计、教学方法等方面有所差异，在创业教育通识课程设计等方面，融入独特的教育内容，切实提升大学生创业教育的实效。

3. 融合创业理论和实践

大学生创业素养的培育需要多种创业教育技术和手段的综合运用，注重实践养成是当代大学生创业教育的重要手段。除了理论讲授外，还需要将互动式、体验式的创业训练融入创业课程体系中来，让大学生在互动体验中提升创业认知和创业能力。"纸上得来终觉浅，绝知此事要躬行"，在开展创业教育时要将创业理论和创业实践有机融合，注重大学生创业知识获得和教育实践养成，引导大学生在创业实践中灵活运用创业理论知识，增进对国家、社会创业环境的了解，提升发现问题、解决问题的能力。

大学生在创业过程中可能遇到的问题往往是五花八门、多种多样的，简单的知识传授和训练已经无法满足大学生的现实需求。高校需要建立并优化互动式、体验式的创业实践课程内容，通过创业沙盘游戏、创业模拟软件等工具，模拟创业实际过程开展创业项目设立、创业经营管理、创业困境模拟与体验等互动性交流活动，并开展经验体会、内心感悟等的交流分享活动，将创业教育理论与实践相结合。

(三) 加强创业教育实践平台建设

创业教育对提升大学生创业知识、创业能力等显性素养效果显著，而对于与创业实践密切相关的创业态度、创业意识等隐性素养，则较难取得很好的效果。因此，加强创业教育实践平台建设就成为新时代大学生创业教育的现实需求。为此，高校应加强创业教育实践平台建设，在第一课堂中开展课堂理论知识传授和创业实务训练的基础上，拓宽载体，从加强大学生创业社团建设、大学生创业赛事建设和大学生创业基地建设三方面入手，打造立体化的创业教育实践平台。

1. 加强大学生创业社团建设

大学生社团是指高校内部存在的、经过高校相关管理部门（一般是校团委）正式注册审批的群众组织，是由兴趣爱好相近的大学生自愿组成，包括思想政治类、艺术体育类、科技创新类、实践志愿类等类型。社团成员在学校社团管理制度指导下自主开展各类活动，一般要求社团活动不能影响社团成员的学业和学校正常的教学秩序。

大学生社团成立的目的是活跃学校学习氛围，提高学生自治能力，丰富课余生活；交流思想，切磋技艺，互相启迪，增进友谊[①]。大学生创业社团由对创业感兴趣的同学组成，目的包括交流创业思想、朋辈辅导、组队参加创业实践活动等。参与创业社团是大学生提升自身创业素养的重要实践手段。

大学生创业社团一般都会由具备一定创业知识储备和实践经验的教授担任指导教师，指导教师帮助社团开展各种活动。创业社团具有活动内容丰富多彩，活动形式灵活多样的特点，活动内容一般包括定期举办的创业沙龙、企业家讲座、创业校友讲坛、创业企业实地体验、创业问题的咨询服务等。创业社团开展的各类活动，可以有效促进高校创业教育的灵活开展，提升创业教育实效。高校要加强对大学生创业社团的管理和指导，把握创业社团发展的思想方向，系统性将创

---

① 百度词条"学生社团"，有修改.

业教育的因素融入社团设计，突破传统的社团管理和经营机制，创新引入企业管理和运营理念，增强社团的活力和吸引力，充分发挥社团的实践育人功能，激发大学生的创业热情和内生动力。

2. 加强大学生创业赛事建设

当前，我国大学生创业赛事活动层次丰富多彩，已经建成国家、地方和高校三级创业比赛网络，很多高校甚至在学科专业层面设置了与专业紧密结合的创业赛事，有效地促进了大学生的校际交流学习，促进了优质项目向创业实践的成功转化，扩展了大学生创业教育的发展空间。

大学生创业赛事一般以促进创业教育为目的，重点培养大学生的创业思维和创新精神，比赛活动的设计以考量团队协作、项目运行、创新模式为主，是大学生创业教育最生动的实践形式。通过参与大学生创业赛事，大学生的创新精神、创业意识、创业能力、团队合作能力得到了提升，同时也在一定程度上促进了大学生的创业成果转化，促进了创业型人才的培养，推动了大学生创业教育的不断进步。

3. 加强大学生创业基地建设

大学生创业基地是大学生培育创业素养的重要实践场所。大学生创业基地一般分为政府主导建设、企业化运营建设和高校自行建设等多种形式。以北京地区为例，2015年3月，北京市教育委员会启动"北京高校高质量就业创业计划"，经过多年的建设发展，全面构建了"一街三园"集聚引领，分园"多点"支撑联动，布局合理、政策协同、市校两级互动互补的创业园孵化模式。"一街"即"中关村大学生创业一条街"，"三园"分别指的是位于良乡高教园、中关村软件园和北京高校大学生就业创业大厦的3个市级大学生创业园。"多点"则包括了中国人民大学大学生创业园、北京工业大学大学生创业园、北京航空航天大学创业园、北京工商大学学生创业园、北京中医药大学杏林众创空间、北京外国语大学"歆创"孵化器、北京信息科技大学大学生创新创业基地和北京财贸职业学院创业孵化中心等多个高校"双创"基地[①]。北京高校大学生创业园面向北京地区普通高校大学生提供创业孵化、创新创业实践教育等一站式、全方位创业孵化服务（免费提供场地支持；基本减免水、电、物业、网络等费用；提供政策咨询、工商注册、专业培训、导师辅导、法律服务、投融资对接、人才招聘、新四板挂牌、宣传展示、行业产业对接、银行上门等十一大类创业孵化服务），为大学生创业者保驾护航。

大学生创业基地有效地促进了"政、产、学、研、创"的多方合作模式，政府负责提供优惠政策和资源支持，创业基地负责为大学生创业者提供优惠孵化条件和企业经营管理层面的指导帮助，高校引导大学生到大学生创业基地开展创业实践活动、鼓励本校科研成果在创业基地创业落地。大学生通过创业基地了解企业的实际运营管理流程，和其他创业企业大学生团队开展交流合作，参与创业基地有关政策宣传解读、专题培训、资源对接合作活动等，切实提升自身创业素养，同时促进创业企业的发展壮大。

在大学生创业基地中，聚集了各个高校的创业精英团队和项目，自然形成了积极向上、众创融合的氛围，创业大学生之间相互合作、相互鼓励，大学生的创

---

① 北京市人民政府官网政务名"一街三园多点"[Z]. http://www.beijing.gov.cn/zhengce/zwmc/202007/t20200708_1942290.html.

业热情会得到极大的提升，创业能力将得到有效提高，创业理论和创业实践将得到有效整合，从而形成大学生创业素养培育的良好场域，最大限度地发挥创业基地的实践育人功能。

4. 用好"创新创业训练计划"

为贯彻落实全国教育大会和新时代全国高等学校本科教育工作会议精神，根据《国务院办公厅关于深化高等学校创新创业教育改革的实施意见》（国办发〔2015〕36号）要求，深入推进国家级大学生创新创业训练计划（以下简称"国创计划"）工作，深化高校创新创业教育改革，提高大学生创新创业能力，培养造就创新创业生力军，教育部持续开展了国创计划。国创计划坚持以学生为中心的理念，遵循"兴趣驱动、自主实践、重在过程"原则，旨在通过资助大学生参加项目式训练，推动高校创新创业教育教学改革，促进高校转变教育思想观念、改革人才培养模式、强化学生创新创业实践，培养大学生独立思考、善于质疑、勇于创新的探索精神和敢闯会创的意志品格，提升大学生创新创业能力，培养适应创新型国家建设需要的高水平创新创业人才。

国创计划围绕经济社会发展和国家战略需求，重点支持直接面向大学生的内容新颖、目标明确、具有一定创造性和探索性、技术或商业模式有所创新的训练和实践项目。国创计划实行项目式管理，分为创新训练项目、创业训练项目和创业实践项目三类（如表5-1所示）。创新训练项目和创业训练项目获得经费支持平均不低于2万元/项，创业实践项目获得经费支持平均不低于10万元/项。高校根据学科专业特点，确定项目资助额度标准。可以说，国创计划为大学生参与创业实践提供了良好的平台和资金支持，是大学生开展创业实践的重要渠道。

表 5-1　2012～2020 年度国家级大学生创新创业训练计划项目立项数据表

项目类别	2012 年（第一批）	2012 年（第二批）	2013 年	2014 年	2015 年	2016 年	2017 年	2018 年	2019 年	2020 年
创新训练项目（项）	12869	12393	19741	21718	24864	27375	29878	32807	32171	32667
创业训练项目（项）	1481	2314	2587	2736	3068	3956	4124	4769	4508	4256
创业实践项目（项）	207	758	977	1000	1407	1723	1998	1999	1768	1569

（四）建设多元创业教育师资队伍

创业教育师资队伍质量的好坏直接关系到创业教育效果的实现，因此，创业教育师资队伍建设是高校创业教育的重中之重。当前，高校内部的创业教育教师队伍设置会因为高校大学生创业工作的整体安排不同而差别较大，但一般包含专职教师和兼职教师两个群体。创业教育的内容包含创业理论和知识、企业经营管理知识、市场和经济知识、人力资源知识、法律法规知识等内容。

有的高校成立了创新创业实体学院或组织，一般会设置专职的教师开展大学生相关创业专门知识的教育教学，如果师资力量不能覆盖创业教育的全部内容，则会聘请相关学院的专业课教师担任兼职教师，承担相对定向的创业课程教学任务，所开展的创业教育内容范围和目标明确，创业教育效果相对较好。但也存在授课教师实践性经验不足的情况。

没有成立实体组织的高校，一般会通过学生就业创业指导中心、大学生创新创业中心等职能部门承担创业通识类课程教学，由聘请的教师、本部门工作人员甚至辅导员担任授课教师，其他非通识类创业教育课程则由学校相关学科的专业教师担任，存在创业教育师资流动性较大、专业性不足等问题，甚至可能会出现为了完成课程授课任务而降低授课教师选拔标准"匆忙上阵"的情况，由于授课教师专业理论和实践经验不足，导致创业教育授课效果较差。

因此，创业教育的师资队伍不能局限于高校内部，必须以开放包容的姿态，吸引政界、商界等各领域的有关专家参与。特别是要充分利用本校的校友资源，邀请创业成功的校友回校参与创业教育，用鲜活的、适配性强的案例，提升大学生创业教育的效果。转变创业教育理念，聚集并依托多元创业教育师资队伍，提升师资队伍力量，形成创业教育的育人合力，加快高校创业教育的发展。

1. 加强各个类型师资队伍建设

不同来源的创业教育教师所具备的特长类型各不相同。一般来说，参与创业教育的专业课程教师专业理论功底较强，具备一定的科学研究能力，擅长课堂教学，可以给大学生传授严谨科学的创业理论知识，但通常创业实践经验欠缺；参与创业教育的校外人员实践经验较强，具有丰富的创业阅历，对创业政策、环境有较深的理解，同时也具备一定的理论知识素养，精通创业技能和企业经营实务，可以给大学生介绍创业经验教训，针对大学生创业的具体问题进行解答。当然，也有一些创业教育教师两者兼备，既有较强的理论和研究功底，又有丰富的创业实践经验，能够全面地开展某个专业领域内的大学生创业教育，但当前此类创业教师人数相对较少。高校在开展创业教育师资建设时，要根据本校创业教育的实际需求，合理聘任各种类型的创业教师，构建一个校内校外贯通、课内课外衔接、教育实践结合的创业教育师资队伍，服务大学生创业素养的培育。

首先，要加强"双能型"师资队伍建设。在专业课程教育教学过程中融入创业教育的内容，是提升大学生创业教育效果的现实需求，也是高校创业型人才培养目标实现的重要渠道。"专创融合"要求加强"双能型"师资队伍的建设,为实现专业课程和创业课程在内容要素、教学方法和教学过程的融合提供基本条件。对创业专业课程教学教师而言,需要熟悉本校、本专业在专业课程领域的基础理论内容;对专业课程教师而言,则需要具备创业通识教育的相关内容。对于两类教师而言,都需要熟悉对方领域的相关基础内容,挖掘专业教育和创业教育融合的切入点,做到创业通识教育和专业教育的有机融合,做到创业技能和专业实践的有机嵌入。开展创业课程与专业课程的融合,对授课教师提出了更高的要求,倒逼授课教师采取各种措施提升专业技能,贯通理论和实践,促进"双能型"师资队伍的建设。

其次,要加强"双师型"师资队伍建设。一方面采取切实的措施,鼓励高校创业教育师资队伍积极参与创业实践,提升创业教育的实践教学能力;另一方面,在充分发挥校内创业教师队伍力量的基础上,积极引进校外力量,优先选取创业实践成就突出的典型创业者、兼具理论素养和实践经验的企业家参与大学生创业教育。系统规划两类师资队伍的协调配合,统筹安排创业教育各个环节的教学和实践,在创业课程教学、创业课外实践、学生创业项目规划和落地帮扶等方面为大学生提供有效的指导与服务。

2. 规范创业教师的从业标准

当前,高校大学生创业教育迅猛发展,绝大多数高校都开设了各类创业课程,但部分高校创业教育停留在"完成任务"阶段,对创业教育师资建设重视程度不够,为了满足创业教育教师的数量要求,在创业教育教师的选拔方面缺乏标准、相对随意。创业教师作为人民教师,必须具备专门的创业知识储备和教育教学能力。

创业教育教师选聘必须坚持"基础标准"和"专业标准"兼具的要求。基础标准是高等教育教师的通用标准，包括坚持"四个相统一"，争做"四有"好老师，当好"四个引路人"，遵守新时代高校教师职业行为十项准则等，即具有过硬的思想道德素质、高尚的师德师风、热爱大学生创业教育工作、具备一定的创业理论与实践基础等。专业标准是对创业教育教师的特殊要求，包括具备扎实的创业知识素养、对创业教育有深刻的理解、具备创业教育相关技能等。针对不同类型创业教师，其专业标准要求存在差异，但都以胜任创业教育为要求。创业教育教师的思想道德素质、对创业的价值判断会对大学生创业素养培育产生巨大的影响，因此创业教育教师的从业标准必须将这些方面放在首位，要建立对创业教育教师的考评机制，实行思想道德一票否决制，实行学生匿名评教制度，规范创业教育教师的任职标准，切实保证创业教育教学质量。

3. 构建多层级师资培训体系

早在2015年，教育部就发布了《教育部关于做好2015年全国普通高等学校毕业生就业创业工作的通知》（教学〔2014〕15号）。通知中要求"要把就业指导教师专业技术职务评聘工作落到实处，进一步推进就业创业指导教师专业化、专家化"。推进创业指导教师专业化、专家化，建立国家、地方和高校三级创业教育师资队伍培训机制，提升创业师资队伍的整体素质，就是一种行之有效的必要措施。

教育部应进一步发挥200家"全国创新创业典型经验高校"的示范力度，加大高校间的学习交流，利用慕课、公选课等形式进一步推进高校间创业教育资源的共享，开展大学生创业骨干教师的定期轮训，开展大学生创业课程大赛等，产生示范引领的带动作用。各个地方则可以通过建设本地区创业教育培训基地，引入专业化师资培训第三方力量，引入企业资源，为高校创业教育师资提供培训平台。高校要充分发挥自身专业优势，做好本校创业教育师资培训的开发力度，加大创业教育的科研水平，加大对创业教育师资培训的投入力度，对专业课教师提供基础创业知识培训和创业知识授课培训，开展"专创融合"实施方案的科研攻关；对创业课教师提供专业认知培训，组建相对稳定的创业教育师资队伍。

（五）营造良好创业教育管理体制

良好的创业教育管理体制，可以有效提升校内各种创业资源的协同配合和工作效率，共同提升创业教育的效果。创业教育管理体制的内容包括校内创业教育的组织架构、基层院系自主性发挥、校内激励约束机制等，对大学生创业教育持续产生效果。

1. 加强创业教育组织领导

我国高校实行的是党委领导下的校长负责制，这是《中华人民共和国高等教育法》的法条之一。因此，大学生创业教育必须坚持党的领导，构建以高校党委为核心的管理体制，由学校党委担任大学生创业教育的最高领导机构，领导大学生创业教育工作，对创业教育重大事项听取汇报并做出决策，把控大学生创业教育的政治方向，统筹大学生创业教育和学校人才培养各项工作。高校要全面贯彻党和国家的教育方针，落实立德树人根本任务，大学生创业教育必须把培养大学生坚持正确的政治方向放在首位，教育大学生热爱社会主义祖国、认同社会主义核心价值观，树立健康向上的创业价值取向。确立高校党委书记创业教育第一责任人的身份。党委书记组织学校党委集体讨论大学生创业教育问题，确定大学生创业素养培育工作的方针和目标，参与制定大学生创业素养培育方案，监督大学生创业素养培育方案的具体执行情况。党委书记还要和校长做好配合，共同组织人才培养部门等部门落实相关工作。充分发挥高校领导班子的作用。高校领导班子要主动学习领会国家关于大学生创业的政策法规，积极适应当前高等教育改革的新要求，明确大学生创业素养培育的工作任务，保持正确的政治方向，在各自的分管领域为提升大学生创业教育做出部署，形成创业教育资源合力。

成立大学生创业素养培育相关的组织机构。创业素养培育的实体组织机构，是建立和完善大学生创业素养培育管理体制的重要内容，是高校是否真正把大学生创业教育落在实处的重要表现。大学生创业教育是一项专业性很强的工作，也是一项需要统筹谋划、科学开展的工作。设立有关组织机构，可以为大学生创业教育提供重要的组织保障。首先，成立学校创业素养培育领导小组，负责大学生创业素养培育的领导、总体规划和组织实施工作，统筹规划和落实学校党委有关创业教育的决策部署，协调相关单位共同参与大学生创业教育工作。其次，要建立健全大学生创业素养培育的专门机构，如大学生创新创业中心、大学生就业创业指导中心等，作为高校创业教育的日常机构，负责创业教育的日常行政事务、师资队伍建设、课程研究开发等。

2. 确立基层院系主体地位

大学生日常的学习和生活都在基层院系进行，因此，开展大学生创业素养培育，必须要确立基层院系的主体地位，充分发挥其积极主动性。在学校关于大学生创业素养培育的整体框架下，基层院系根据自身专业特色、大学生群体现实情况，确立本单位大学生创业教育的内容和形式，开展本单位大学生创业的管理和服务。首先，党政联席会作为院系最高决策机构，全面领导本单位大学生创业素养培育工作，院系领导班子根据分工情况各自承担大学生创业教育各项职能建设。其次，要健全院系个性化管理制度，明确各个部门、各个系所、每名教师的职责，充分调动全员力量参与大学生创业工作。

3. 建立校内激励约束机制

不同部门、不同岗位和不同的教师，在大学生创业教育中发挥着不同的作用，通过建立校内激励约束机制，可以有效调动各个要素的力量，共同促进大学生创业工作。激励机制是奖励，而约束机制则通过工作量考核等方式，督促相关人员积极参与大学生创业教育共育。激励约束对象包括学校行政工作人员、科研人员、任课教师、辅导员和学生。激励机制包括物质奖励和精神奖励，且两者可以同时使用。物质奖励主要包括奖金、年终绩效和工资级别的提升等，主要表现便是收入获得提升；精神奖励则包括荣誉评选、工作量计算、职称评审、职级提升等，通常也会与收入挂钩。高校应根据创业教育不同参与者的不同需求，依据其在提升大学生创业素养方面的不同贡献，科学设计奖励评审机制，做到奖励公平公正。同时，学校要加强激励约束机制的宣传工作，介绍清楚激励约束机制的设计思路、评审理念、操作流程、规章制度、监督机制等内容，提升评选对象的认可程度。

另外，还可以考虑通过增设专项奖学金、设立荣誉称号等方式，进一步完善对大学生创业者的激励机制，不断维护、提高大学生的创业热情。

四、稳定创业素养培育的家庭大后方

家庭在每个人的成长道路上具有不可替代的作用，除了社会和高校要素外，家庭为大学生创业所提供的精神和物质支持，会对大学生创业产生非常大的影响。一般来说，家庭对大学生创业的支持体现为两个方面，一个是家庭资源支持，即家庭（父母及家族其他成员，下同）为大学生创业提供人脉资源、创业资金、经验传授、言传身教、咨询意见等。如果能够获得这些家庭资源，可以显著提升大学生的创业意愿和创业成功率，并通过创业实践活动提升大学生的创业素养，从而形成创业素养和创业成功率"螺旋上升"趋势。另一个是家庭精神支持，即家庭对大学生自主创业是否支持、是否希望大学生从事稳定工作、是否能在创业遇到困难时给予精神鼓励等情况。大学生如果获得家庭精神支持，即使没有获得资源支持，也可以显著提升其创业意愿和创业成功率，进而形成"螺旋上升"趋势。当然，家庭对大学生创业支持与否会受到家庭经济条件、父母受教育水平、传统观念的约束等因素的影响，不同家庭之间存在巨大的差异性。

为了研究家庭对大学生创业的影响，我国很多学者开展了研究，并提出了家庭因素对提升大学生创业素养的建议。黄声巍，黎红艳[①]通过问卷调查和个别访谈研究发现家庭支持因素对大学生创业意愿的影响可以从不同的角度体现出来：（1）大学生家长对大学生自主创业的了解程度以及对大学生创业帮扶政策的认知程度会影响大学生家长对大学生创业支持度，要想提高大学生家长对大学生创业的支持度，就要针对家长开展宣传教育工作，提高大学生家长对大学生自主创业

---

① 黄声巍，黎红艳. 家庭支持对大学生创业意愿的影响研究 [J]. 张家口职业技术学院学报，2019（12）：21-24.

的认知程度和对创业帮扶政策的了解程度,为大学生创业家庭支持工作的开展奠定基础。(2)在开展大学生自主创业教育实践的过程中,要尊重性别差异对大学生创业意愿的影响,并且要针对不同的情况对大学生家庭宣传教育策略加以调整,确保能引导大学生家庭对大学生自主创业形成客观的认识,能理性对大学生自主创业的情况进行分析,进而引导家庭积极支持大学生自主创业,促进我国创新创业经济的发展。(3)家庭条件特别不好的大学生创业态度相对较强,部分大学生认为只有通过成功的创业才能改变自己家庭的情况,改变自己的命运,也有部分大学生认为有效的创业能带动地方更多的人就业,可以回报社会。(4)在影响大学生自主创业意愿的家庭因素中,家庭创业氛围的营造以及家庭关系网络中相关成员的示范作用会使大学生家长形成对自主创业的客观认识,对大学生家长支持作用和大学生自身创业意愿都会产生积极的影响,不仅能提高大学生参与自主创业的主动意识,还能在一定程度上提高大学生自主创业成功率。

谢西金通过问卷调查分析发现[①]:(1)父母学历、父母职业等级和家庭经济收入越高,越倾向于支持大学生创业;父母职业等级越高、家庭经济情况越好的学生,认为大学生创业成功的可能性越大。(2)在创业意愿方面,家庭经济状况更好的学生,对创业表现出更浓的兴趣,更容易产生创业想法。(3)在创业行为方面,具体体现在创业方式、自主创业计划投入资金量和创业地点3个方面。首先,在创业方式上,对比合伙创业和其他创业方式,父母职业等级和父母受教育程度越高、家庭经济状况越好的学生,选择合伙创业的可能性越大。在与家庭创

---

① 黄声巍,黎红艳.家庭支持对大学生创业意愿的影响研究[J].张家口职业技术学院学报,2019(12):21-23.

业和其他创业方式的比较中，父母职业等级越高、家庭经济状况越好的学生，选择家庭创业方式的可能性越小，而选择其他创业方式的可能性越大。在自主创业和其他创业方式的选择上，父母文化程度和家庭经济收入越高的学生，越有可能选择自主创业的创业方式。其次，自主创业计划投入资金量仅与家庭经济状况显著相关，家庭经济条件越好的大学生，计划投入的自主创业资金量越大。最后，在创业地点选择上，与在家乡创业相比，家庭经济状况越好的学生越愿意选择在一线、二线城市创业；将在三线城市创业与在家乡创业相比较，父母学历和职业等级越高、家庭经济状况越好的大学生，越有可能选择在家乡创业，而非三线城市。因此，要重视家庭在大学生创业中的促进作用，充分发挥社会力量对大学生创业的积极作用，关注家庭背景相对弱势的学生群体，进而形成共同推进大学生创业工作的合力。

在推进大学生创业的道路上，高校需要避免家庭这一重要角色缺位，切实认识到家庭在大学生创业中的积极作用，加强与家长的联系和沟通。尤其是当学生在创业过程中遭遇瓶颈和挑战时，学校如果能及时引导家长提供有效的指导和帮助，共同探索解决具体问题的科学方法，能够间接增强大学生的创业信心。此外，还可以邀请创业成功的家长分享创业经验，可采用集中上课、分散座谈、现场报告等方式进行深入交流，共享创业资源。

同时，高校要关注家庭背景相对弱势的学生群体。家庭背景优越的学生往往可以凭借更多的社会资源、更强的社会网络，更早获知创新创业信息，从而在创业中处于相对优势地位。面对新一轮的创业浪潮，高校应采取有效措施避免这种差距的进一步扩大，积极促进创业公平。要深入挖掘贫困学生不热衷参加创业活动的原因,并做好弱势学生群体的分类管理工作,对有创业潜力的家庭经济困难学生群体给予重点扶持和照顾,通过建立创业导师团、设立创业基金、开展创业大赛、进行创业指导与培训、完善孵化体系等途径扫清创业障碍,培养贫困学生的创业意识、创新思维和创业能力,保障每一个学生都有机会敢于做梦,敢于逐梦[①]。

五、大学生个人是创业素养培育的决定因素

创业是一种劳动方式,是一种需要创业者组织、运用服务、技术、器物作业的思考、推理、判断的行为。人类进入信息社会以后,生产方式由传统的标准化、集约化转变为智能化、个性化。换言之,人类的个性化需求正在通过信息技术和人类创新得到无限满足。与之相适应的是,社会对于创新人才的普遍需求,这种需求对于青年提出了全新的要求:创造性劳动成为未来大学生职业发展的必备素养[②]。

虽然并不是每一个大学生都要开展创业活动,但创新精神和创业意识已经成为未来世界对大学生的普遍要求。未来的社会千变万化,新知识、新事物、新问题层出不穷,一个人无论从事什么工作,都必须具备一定的创造精神和创造性地解决问题的能力。大学生创业素养的提升需要社会、高校、家庭的支持,只有在这些要素的支持下,大学生主动参与到创业实践中,不断学习、体验、历练,坚持不懈解决创业路上遇到的各种困难和问题,才能在实现成功创业目标的同时,

---

① 谢西金.家庭背景对大学生创业影响的实证研究——基于Logistic回归模型的分析[J].重庆高教研究,2018(3):58-68.
② 马世洪.创业素养:大学生成功创业的必备素养[J].创新与创业教育,2020(2):35.

提升自身创业素养,实现自我的全面发展。

作为创业教育的目标对象和主体参与者,社会、高校、家庭的综合因素最终都要通过大学生本人产生作用。大学生自身的意识提高了,创业教育才能发挥作用。大学生创业者需要树立自主学习的意识,积极主动参与到学校创业教育的各个环节,树立全面发展的理念,不仅要学习创业的知识,锤炼创业的能力,还要树立正确的创业理念和个性化的创业思维,将创业教育的成果内化于心,外化于行,不断提升自己的创业素养。

自我教育是学校德育的一种方法,要求教育者按照受教育者的身心发展阶段予以适当的指导,充分发挥他们提高思想品德的自觉性、积极性,使他们能把教育者的要求变为自己努力的目标。要帮助受教育者树立明确的是非观念,善于区别真伪、善恶和美丑,鼓励他们追求真善美,反对假恶丑。要培养受教育者自我认识、自我监督和自我评价的能力,善于肯定并坚持自己正确的思想言行,勇于否定并改正自己错误的思想言行[①]。

从某种程度上来说,大学生创业素养的培育主要靠大学生的自我教育来实现。开展大学生创业教育,需要调动大学生的主观能动性,培养其对创业知识自觉主动学习的意识、对创业能力主动实践的意识、对创业资源主动收集的意识和对创业品质主动历练的意识,引导大学生以饱满的创业热情、正确的价值观念、良好的心理素质积极面对创业实践活动。大学生参与创业教育,不能仅仅局限于对外部社会、高校和家庭创业教育的被动接受,还应该充分发挥自身的积极主动

---

① 百度词条"自我教育",有一定的修改.

性，自觉适应社会对创业者的新要求，自觉学习新时期创业所需要的知识，开展有效的自我认知、自我教育和自我反思，在激烈的社会竞争中增强自身的独立自主性，不断提升自己的创业素养，实现自我的全面发展。

一是要提高自我认知。创业教育的宗旨是帮助大学生在创业领域内开展自我认知、自我完善，成为最好的自己。这就需要大学生在对自身的能力素质有客观、全面、清晰认识的基础上，认识自己的内在可能性，把握自身主体性和创新性的融合，突出自我的内生动力，主观能动地去开展创业追求。二是要学会自我反思。大学生要在不断提升自身认知水平的基础上，通过经验总结，开展内心反思，实现对外界事物的客观研判，实现自我约束和规范，塑造自身的能力和价值取向，实现从碎片化到系统化，从片面到全面的自我成长。

总之，大学生创业素养的培育，是我国实施创新驱动发展战略、促进经济提质增效升级的迫切需要，是当代大学生自由、全面发展的需要，也是推进高等教育综合改革的必要措施。作为大学生创业素养培育的主责部门，高校必须深化创新创业教育改革，把创业教育放在一个至关重要的发展位置，与社会、家庭、学生个人一起，共同保障大学生创业教育的实效性，不断提升大学生的创业素养。

第四节 大学生创业竞赛

一、中国国际"互联网+"大学生创新创业大赛

(一) 赛事背景

"互联网+"大学生创新创业大赛源于李克强总理在 2015 年《政府工作报告》中提出的"互联网+"行动计划，此后国务院办公厅发布了《国务院办公厅关于深化高等学校创新创业教育改革的实施意见》，要求激发在校大学生的创新

创业热情，体现高校创新创业教育成果，搭建大学生创新创业项目与社会投资对接平台。2018年3月，习近平总书记在给第三届"互联网+"大赛"青年红色筑梦之旅"的大学生的重要回信中充分肯定了青年学子奋发有为的精神风貌与积极的意志品质[①]。

"互联网+"就是将互联网技术与传统行业进行融合创新，利用信息和互联网平台，发挥互联网具备的优势特点，创造新的发展机会。"互联网+"就是"互联网+传统行业"，通过互联网技术带来的优势，对传统行业进行优化升级和转型发展，使传统行业能够适应当下的新发展，从而最终推动社会不断地向前发展。"互联网+"代表了一种新的社会形态，即充分发挥互联网在社会资源配置中的优化和集成作用，将互联网的创新成果深度融合于经济、社会的各个领域之中，提升全社会的创新力和生产力，形成更广泛的以互联网为基础设施和实现工具的经济发展新形态。2015年7月4日，国务院印发《国务院关于积极推进"互联网+"行动的指导意见》；2020年5月22日，国务院总理李克强在2020年国务院政府工作报告中提出，全面推进"互联网+"，打造数字经济新优势。

对于大学生创业素养培育而言，将"互联网+"和大学生创新创业竞赛结合，既是时代的呼唤和现实的需求，又是大学生创业教育的必要途径。随着人民群众对优质教育的需求不断提升，深化高等教育综合改革，开展创新型人才培养，既是国家实施创新驱动发展战略、促进经济提质增效升级的迫切需要，也是缓解就业压力、促进高校毕业生更高质量创业就业的重要举措。开展"互联网+"大学生

---

① 吴勋，兰溪，杨美漪. 中国"互联网+"大学生创新创业大赛：历程、特征及前景[J]. 创新与创业教育，2021（2）：122.

创新创业大赛，是提升大学生学习动力，有效开展大学生创业教育的重要途径。

"互联网+"大学生创新创业大赛的举办具有坚实的社会现实基础。在2014年9月举办的夏季达沃斯论坛上，李克强总理在讲话中提出"大众创业、万众创新"的口号。2015年，国务院发布《国务院办公厅关于深化高等学校创新创业教育改革的实施意见》（国办发〔2015〕36号，以下简称《意见》）文件，提出"要从2015年起全面深化高校创新创业教育改革；2017年取得重要进展，形成科学先进、广泛认同、具有中国特色的创新创业教育理念，形成一批可复制可推广的制度成果，普及创新创业教育，实现新一轮大学生创业引领计划预期目标；到2020年建立健全课堂教学、自主学习、结合实践、指导帮扶、文化引领融为一体的高校创新创业教育体系，人才培养质量显著提升，学生的创新精神、创业意识和创新创业能力明显增强，投身创业实践的学生显著增加。实施弹性学制，放宽学生修业年限，允许调整学业进程、保留学籍休学创新创业""要……举办全国大学生创新创业大赛，办好全国职业院校技能大赛，支持举办各类科技创新、创意设计、创业计划等专题竞赛"。为了贯彻落实国务院《意见》的相关要求，教育部从2015年起每年定期举办"互联网+"大学生创新创业大赛。2021年4月20日，教育部发布《教育部关于举办第七届中国国际"互联网+"大学生创新创业大赛的通知》，提出为全面落实习近平总书记给中国"互联网+"大学生创新创业大赛"青年红色筑梦之旅"大学生回信重要精神，深入推进大众创业万众创新，推动高等教育高质量发展，加快培养创新创业人才，定于2021年4月至10月举办第七届中国国际"互联网+"大学生创新创业大赛。

与前几届，特别是与第六届比赛相比，第七届中国国际"互联网+"大学生创新创业大赛的主要目的发生了一定的变化,体现了国家对大学生创业工作的指导方向变化(如表5-2所示)。

表5-2 各届中国国际"互联网+"大学生创新创业大赛举办目的

届 次	项目和内容
第一届	旨在深化高等教育综合改革,促进"互联网+"新业态形成,推动高校毕业生高质量创业就业
第二届	推动赛事成果转化和产学研用紧密结合,把创新创业教育融入人才培养,提高学生的创新精神、创业意识和创新创业能力
第三届	
第四届	鼓励青年扎根中国大地,了解国情民情,在创新创业中增长智慧才干,把激昂的青春梦融入伟大中国梦
第五届	以赛促学,培养创新创业生力军;以赛促教,探索素质教育新途径;以赛促创,搭建成果转化新平台
第六届	1. 以赛促学,培养创新创业生力军。大赛旨在激发学生的创造力,激励广大青年扎根中国大地了解国情民情,锤炼意志品质,开拓国际视野,在创新创业中增长智慧才干,把激昂的青春梦融入伟大的中国梦,努力成长为德才兼备的有为人才 2. 以赛促教,探索素质教育新途径。把大赛作为深化创新创业教育改革的重要抓手,引导各类学校主动服务国家战略和区域发展,深化人才培养综合改革,全面推进素质教育,切实提高学生的创新精神、创业意识和创新创业能力。推动人才培养范式深刻变革,形成新的人才质量观、教学质量观、质量文化观 3. 以赛促创,搭建成果转化新平台。推动赛事成果转化和产学研用紧密结合,促进"互联网+"新业态形成,服务经济高质量发展,努力形成高校毕业生更高质量创业就业的新局面
第七届	1. 以赛促教,探索人才培养新途径。全面推进高校课程思政建设,深化创新创业教育改革,引领各类学校人才培养范式深刻变革,建构素质教育发展新格局,形成新的人才培养质量观和质量标准,切实提高学生的创新精神、创业意识和创新创业能力 2. 以赛促学,培养创新创业生力军。服务构建新发展格局和高水平自立自强,激发学生的创造力,激励广大青年扎根中国大地了解国情民情,在创新创业中增长智慧才干,坚定执着追理想,实事求是闯新路,把激昂的青春梦融入伟大的中国梦,努力成长为德才兼备的有为人才 3. 以赛促创,搭建产教融合新平台。把教育融入经济社会产业发展,推动互联网、大数据、人工智能等领域成果转化和产学研用融合,促进教育链、人才链与产业链、创新链有机衔接,以创新引领创业、以创业带动就业,努力形成高校毕业生更高质量创业就业的新局面

从内容上看,大赛的主要任务有3条:以赛促教、以赛促学和以赛促创,但在具体标书和顺序上面有一定差别。第六届大赛将"以赛促学"放在第一位,强调"大赛旨在激发学生的创造力"和"培养创新创业生力军";而第七届大赛将

"以赛促教"放在第一位,强调要通过大赛"全面推进高校课程思政建设,深化创新创业教育改革"和"探索人才培养新途径",更加重视课程思政建设和创业教育改革,突出思想引领在创业教育中的首要地位。

同时,第七届大赛在"以赛促学"方面,增加了"服务构建新发展格局和高水平自立自强"和"坚定执着追理想,实事求是闯新路"的表述,强调了大学生开展创业活动要有理想信念引导,服务构建国家新的发展格局,要坚持自立自强和实事求是,突出了"自主发展"的时代主题。

第七届大赛聚焦建党百年的特殊时点、进入新发展阶段的战略起点、第一次在革命老区办赛的特殊地点三个时空背景进行整体策划,结合江西丰富的红色资源,继续围绕"更中国、更国际、更教育、更全面、更创新"的总体目标,传承跨越时空的伟大的井冈山精神,聚焦"五育"并举的"双创"教育实践,完善线上线下相融合的赛事组织形式,上好集党史教育、思政教育、创新创业、乡村振兴、红色筑梦为一体的一堂最大的中国金课,举办一届共建共享、融通中外的由百国千校、数百万青年学子参加的全球最大规模的创新创业盛会。

习近平总书记指出:"思想政治工作从根本上说是做人的工作,必须围绕学生、关照学生、服务学生,不断提高学生思想水平、政治觉悟、道德品质、文化素养,让学生成为德才兼备、全面发展的人才。"通过对第六届、第七届"互联网+"大学生创新创业大赛目的比较可以看出,在大学生创业素养培育方面,国家提出要充分发挥思想政治教育的导向性作用,探索社会主义核心价值观同创新创业素养培育内容的有机融合,更加关注大学生创业意识的激发和创业价值观的引导,培养符合新时代国家战略需求的人才。

（二）赛事安排

第七届"互联网+"大学生创新创业大赛的赛事整体安排体现五个"更"，即更中国、更国际、更教育、更全面、更创新，传承跨越时空的伟大的井冈山精神，聚焦"五育"并举的创新创业教育实践，推进赛事组织线上线下相融合，打造共建共享、融通中外的创新创业盛会。

——更中国。在更深层次、更广范围体现红色基因传承，为全球创新创业教育提供中国经验、中国模式，提升高等教育感召力。

——更国际。会聚全球知名高校、企业和创客，融入经济双循环创新浪潮，搭建全球性创新创业竞赛平台，提升高等教育影响力。

——更教育。建设德智体美劳"五育并举"实践平台，提升青年学生的爱国情怀、社会责任感和创新创造精神，展现高等教育塑造力。

——更全面。形成创新创业教育在高等教育、留学生教育、职业教育、基础教育各学段的全覆盖，打通创新创业人才培养各环节，提升高等教育引领力。

——更创新。优化竞赛形式与内容，激发全社会创新创业创造动能，助推科技创新成果转化应用，服务国家创新发展，提升高等教育创造力。

相较于第六届大赛，将"更中国"从第五位提升到第一位，更加突出"四个自信"，提出创业教育的国际化推广发展，在"人类命运共同体"概念下，为全球创新创业教育提供中国经验、中国模式。

在"更教育"方面，提出"五育"并举，促进大学生的全面发展；提出"提升青年学生的爱国情怀、社会责任感和创新创造精神"，再次强调了在大学生创业素养培育过程中要"充分发挥思想政治教育的导向性作用"的要求。

（三）赛事成果

近年来，高校创新创业教育不断加强，取得了积极进展，对提高高等教育质量、促进学生全面发展、推动毕业生创业就业、服务国家现代化建设发挥了重要的作用。特别是"互联网+"大学生创新创业大赛受到广泛关注，参赛人数之多、参赛面之广和影响力之大都是前所未有的，大赛已经成为各高校深化创新创业教育改革的新载体，是培养大学生创新精神、创业意识和创新创业能力的重要抓手，以赛促教、以赛促学、以赛促改、以赛促建的"重实践、强能力"人才培养模式基本形成。如表5-3所示：

表5-3 中国国际"互联网+"大学生创新创业大赛参赛数据

届次	参赛高校数（所）	参赛人数（万人）	参赛项目（万项）
第一届	1878	20.00	3.65
第二届	2110	54.58	11.88
第三届	2257	150.00	37.00
第四届	2278	265.00	65.00
第五届	4093	457.00	109.00
第六届	4186	631.00	147.00

以2020年第六届"互联网+"大学生创新创业大赛为例[①]：

1. 以赛促学，培养创新创业生力军

大赛设置高教、职教、国际、萌芽四大板块，形成了包括基础教育、职业教育、高等教育的贯通式"双创"教育链条，共有来自117个国家和地区、4186

---

① 本部分相关大赛情况根据广东省人民政府官网转发南方日报网络版和教育部官网转发中国网有关新闻整理，网址为：http://www.gd.gov.cn/zwgk/zdlyxxgkzl/jycy/content/post_3130928.html 和 http://www.moe.gov.cn/fbh/live/2020/52651/mtbd/202011/t20201112_499622.html。

所学校的 631 万人携 147 万个项目报名参赛。世界百强大学中，有一半以上的大学报名参赛，包括牛津大学、剑桥大学、哈佛大学、斯坦福大学、麻省理工学院、慕尼黑工业大学、莫斯科鲍曼国立技术大学等世界顶尖名校，大赛的质量与含金量再创历史新高。在总决赛现场，来自清华大学、北京理工大学、厦门大学、卡内基梅隆大学、慕尼黑工业大学和莫斯科航空学院的创客们依次进行项目路演，并回答评委的问题，精彩之处博得场下观众的阵阵掌声。教育部高等教育司司长吴岩表示，这是一场真正的百国千校的国际大赛，实现了"更国际、更教育、更全面、更创新、更中国"的办赛目标，呈现了"人数多、名校多、类型多、实效多、亮点多、岗位多"的六大特点。国际国内、中学大学、职业教育和高等教育的青年学生在不同的赛道同台竞技，促进了国际交流和教育在各个层次的有机衔接。

聚焦脱贫攻坚，实效多，也是今年大赛的一大亮点。数据显示，2020 年的"青年红色筑梦之旅"活动作为教育活动决战决胜脱贫攻坚的关键一招，全面聚焦 52 个未摘帽贫困县，引导广大青年学生掀起了一场以电商直播带货为主基调的扶贫战役，全国共有 132 万名学生参加"青年红色筑梦之旅"活动，参加"红旅"电商直播带货活动的学生达 60 万人次，销售金额超过 4.3 亿元。52 个未摘帽贫困县所在的 7 省区均举办了全国线上对接活动，积极促成全国大学生聚焦贫困县开展以电商直播或创业实践为主的精准扶贫。广大青年学生扎根中国大地，聚焦民生领域，用自己的实际行动把激昂的青春梦融入伟大的中国梦。

2. 以赛促教，探索素质教育新途径

大赛得到了高校的高度重视，各高校把大赛作为深化创新创业教育改革的重要抓手，以大赛为契机积极开展教学改革探索，把创新创业教育深度融入人才培养全过程，积极推动赛事成果转化和产学研用紧密结合，积极推进高校学生创新创业训练和实践，不断提高创新创业人才培养水平，厚植"大众创业、万众创新"土壤，为建设创新型国家提供源源不断的人才智力支撑。

"互联网+"大赛举办6届以来，累计有1578万名大学生、377万个大学生团队参赛，已经成为深化创新创业教育改革的重要载体和平台。以大赛为媒介，一大批集成电路、无人机、新材料、人工智能等多个领域的新技术正从实验室走向转化应用，一大批科技含量高、市场潜力大、社会效益好的高质量项目被孵化。

3. 以赛促创，搭建成果转化新平台

根据第六届大赛主办方发布的消息，本届大赛的创业团队共获得融资意向额36.65亿元，参与投资机构或投资人达到459个，参与项目数2020个，数据均刷新历史最好纪录。据统计，前五届赛后成立公司的项目中，近90%是赛后一年成立，有一半左右的公司完成融资，19%的项目完成5000万元以上的融资。实践类项目中，2018年年收入在5000万元以上的占比为13%，最高的项目年收入突破2亿元。

二、"挑战杯"全国大学生课外学术科技作品竞赛

（一）赛事背景和意义[①]

挑战杯是"挑战杯"全国大学生系列科技学术竞赛的简称，是由共青团中央、中国科协、教育部和全国学联共同主办的全国性的大学生课外学术实践竞

---

① 相关内容整理自"挑战杯官网"：http://www.tiaozhanbei.net.

赛。"挑战杯"竞赛在中国共有两个并列项目,一个是"挑战杯"中国大学生创业计划竞赛,另一个则是"挑战杯"全国大学生课外学术科技作品竞赛。这两个项目的全国竞赛交叉轮流开展,每个项目每两年举办一届。

"挑战杯"全国大学生课外学术科技作品竞赛(以下简称"'挑战杯'竞赛")是由共青团中央、中国科协、教育部、全国学联和地方政府共同主办,国内著名大学、新闻媒体联合发起的一项具有导向性、示范性和群众性的全国竞赛活动。自1989年首届竞赛举办以来,"挑战杯"竞赛始终坚持"崇尚科学、追求真知、勤奋学习、锐意创新、迎接挑战"的宗旨,在促进青年创新人才成长、深化高校素质教育、推动经济社会发展等方面发挥了积极作用,在广大高校乃至社会上产生了广泛而良好的影响,被誉为当代大学生科技创新的"奥林匹克"盛会。竞赛的发展得到党和国家领导同志的亲切关怀,江泽民同志为"挑战杯"竞赛题写了杯名,李鹏、李岚清等党和国家领导同志题词勉励。历经十七届,"挑战杯"竞赛已经成为:

——吸引广大高校学生共同参与的科技盛会。从最初的19所高校发起,发展到1000多所高校参与;从300多人的小擂台发展到200多万大学生的竞技场,"挑战杯"竞赛在广大青年学生中的影响力和号召力显著增强。

——促进优秀青年人才脱颖而出的创新摇篮。竞赛获奖者中已经产生了两位长江学者,6位国家重点实验室负责人,20多位教授和博士。如第二届"挑战杯"竞赛获奖者、国家科技进步一等奖获得者、中国十大杰出青年、北京中星微电子有限公司董事长邓中翰,第五届"挑战杯"竞赛获奖者、"中国杰出青年科技创新奖"获得者、安徽中科大讯飞信息科技有限公司总裁刘庆峰,第八届、第九届"挑战杯"竞赛获奖者、"中国青年五四奖章"标兵、南京航空航天大学 2007 级博士研究生胡铃心等。

——引导高校学生推动现代化建设的重要渠道。成果展示、技术转让、科技创业，让"挑战杯"竞赛从象牙塔走向社会，推动了高校科技成果向现实生产力的转化，为经济社会发展做出了积极贡献。

——深化高校素质教育的实践课堂。"挑战杯"已经形成了国家、省、高校三级赛制，广大高校以"挑战杯"竞赛为龙头，不断丰富活动内容，拓展工作载体，把创新教育纳入教育规划，使"挑战杯"竞赛成为大学生参与科技创新活动的重要平台。

——展示全体中华学子创新风采的亮丽舞台。众多香港地区、澳门地区、台湾地区的高校积极参与竞赛，派出代表团参加观摩和展示，是青年学子展示创新风采的舞台，增进彼此了解、加深相互感情的重要途径。

（二）赛事简介

1. 竞赛目的

引导和激励高校学生实事求是、刻苦钻研、勇于创新、多出成果、提高素质，培养学生创新精神和实践能力，并在此基础上促进高校学生课外学术科技活动的蓬勃开展，发现和培养一批在学术科技上有作为、有潜力的优秀人才。鼓励学以致用，推动产学研融合互促，紧密围绕创新驱动发展战略，服务国家经济、政治、文化、社会、生态文明建设。

2. 竞赛的基本方式

高等学校在校学生申报自然科学类学术论文、哲学社会科学类社会调查报告和学术论文、科技发明制作三类作品参赛；聘请专家评定出具有较高学术理论水平、实际应用价值和创新意义的优秀作品，给予奖励；组织学术交流和科技成果的展览、转让活动。

3. 参赛资格

凡在举办竞赛终审决赛的当年月日以前正式注册的全日制非成人教育的各类高等院校在校专科生、本科生、硕士研究生（不含在职研究生）都可申报作品参赛。

4. 作品申报要求

申报参赛的作品必须是距竞赛终审决赛当年 6 月 1 日前两年内完成的学生课外学术科技或社会实践活动成果，可分为个人作品和集体作品。申报个人作品的，申报者必须承担申报作品 60% 以上的研究工作，作品鉴定证书、专利证书及发表的有关作品上的署名均应为第一作者，合作者必须是学生且不得超过 2 人；凡作者超过 3 人的项目或者不超过 3 人，但无法区分第一作者的项目，均须申报集体作品。集体作品的作者必须均为学生。凡有合作者的个人作品或集体作品，均按学历最高的作者划分至本专科生或硕士研究生类进行评审。

本校硕博连读生（直博生）若在决赛当年 6 月 1 日以前未通过博士资格考试的，可以按硕士生学历申报作品。没有实行资格考试制度的学校，前两年可以按硕士学历申报作品。本硕博连读生，按照四年、二年分别对应本、硕申报，后续则不可申报。

毕业设计和课程设计（论文）、学年论文和学位论文、国际竞赛中获奖的作品、获国家级奖励成果（含本竞赛主办单位参与举办的其他全国性竞赛的获奖作品）等均不在申报范围之列。

每个学校选送参加竞赛的作品总数不得超过 6 件，每人限报 1 件，作品中研究生的作品不得超过作品总数的 1/2，如研究生作品数超过比例要求，违反规定的，取消该校所有研究生作品参赛资格且不得补报，但如学校只招收研究生的，或只有 1 件作品参加全国竞赛的，不受作品比例限制。参赛作品须经过本省份组织协调委员会进行资格及形式审查和本省份评审委员会初步评定，方可上报全国组委会办公室。各省（区、市）和新疆生产建设兵团选送全国竞赛的作品数额由主办单位统一确定。每所发起学校可直接报送 3 件作品（含在 6 件作品之中）参加全国竞赛。每所优秀组织奖或进步显著奖获得学校可直接报送 1 件作品（含在 6 件作品之中）参加全国竞赛。直通全国竞赛渠道不做累加。

5. 参赛作品类型

申报参赛的作品分为自然科学类学术论文、哲学社会科学类社会调查报告和学术论文、科技发明制作三类。自然科学类学术论文作者限本专科生。哲学社会科学类支持围绕发展成就、文明文化、美丽中国、民生福祉、中国之治和战疫行动等 6 个组别形成社会调查报告，也可以按照哲学、经济、社会、法律、教育、管理 6 个学科报送社会调查报告和学术论文。科技发明制作类分为 A、B 两类：A 类指科技含量较高、制作投入较大的作品；B 类指投入较少，且为生产技术或社会生活带来便利的小发明、小制作等。

6. 累进创新专项奖

为鼓励各高校对参赛项目进行持续支持与跟踪培育，推动竞赛由短期开展向日常活动的转变，提升竞赛育人功能，竞赛设立累进创新专项奖，奖给在往届全国竞赛中入围获奖且在后续有较大创新提升的作品。

申报条件：①申报作品须为参加过第十五届或者第十六届"挑战杯"全国大学生课外学术科技作品竞赛全国竞赛的作品。"累进创新专项奖"获奖作品从本届竞赛入围终审决赛作品中产生。该奖项不计入总分。②作品经评审委员会认定，符合下列一条或几条：a.较之前参赛时有重要研究进展；b.在作品孵化方面有明显成果；c.学校通过设立累进支持基金、实施创新人才培养计划等方式对较长周期的参赛项目提供持续支持，对参赛队员进行跟踪培养；d.参赛项目被党和政府相关部门、社会机构采纳并结合实践加以完善，在推动地方经济社会发展中发挥积极作用。③参赛团队可以为原参赛团队中继续在本校深造的学生，也可以为继续进行原团队工作的在校学生（认定标准与"挑战杯"竞赛章程相一致）。

三、"挑战杯"中国大学生创业计划竞赛

（一）赛事背景和意义

创业计划竞赛起源于美国，又称商业计划竞赛，是风靡全球高校的重要赛事。它借用风险投资的运作模式，要求参赛者组成优势互补的竞赛小组，提出一项具有市场前景的技术、产品或者服务，并围绕这一技术、产品或服务，以获得风险投资为目的，完成一份完整、具体、深入的创业计划。

"挑战杯"中国大学生创业计划竞赛是由共青团中央、中国科协、教育部、全国学联主办的大学生课外科技文化活动中一项具有导向性、示范性和群众性的创新创业竞赛活动，每两年举办一届。

"挑战杯"中国大学生创业计划竞赛是由1999年团中央举办的"挑战杯"中国大学生创业计划竞赛演化而来。在2014年扩充了创业实践赛、公益创业

赛，变为"创青春"全国大学生创业大赛。2020年，"创青春"回归为"挑战杯"创业竞赛，并明确毕业生不参加比赛，博士不作为队长参赛。

"挑战杯"中国大学生创业计划竞赛采取学校、省（自治区、直辖市）和全国三级赛制，分预赛、复赛、决赛三个赛段进行。

竞赛的目的：大力实施"科教兴国"战略，努力培养广大青年的创新、创业意识，造就一代符合未来挑战要求的高素质人才，已经成为实现中华民族伟大复兴的时代要求。作为学生科技活动的新载体，创业计划竞赛在培养复合型、创新型人才，促进高校产学研结合，推动国内风险投资体系建立方面发挥出越来越积极的作用。

（二）赛事简介

1. 竞赛基本方式

高等学校在校学生通过申报商业计划书参赛，有条件的团队可在此基础上进行商业运营实践；聘请专家评定出具备一定操作性、应用性以及良好市场潜力和发展前景的优秀作品，给予奖励；组织作品和成果的交流、展览、转让活动。

2. 参赛对象

凡在举办竞赛终审决赛的当年7月1日以前正式注册的全日制非成人教育的各类高等院校在校专科生、本科生、硕士研究生和博士研究生（均不含在职研究生）都可参赛。

3. 大赛分组

参加竞赛作品分为已创业（甲类）与未创业（乙类）两类；分为农林、畜牧、食品及相关产业，生物医药，化工技术、环境科学，电子信息，材料，机械能源，服务咨询等七组。实行分类、分组申报。

拥有或授权拥有产品或服务，并已在工商、民政等政府部门注册登记为企业、个体工商户、民办非企业单位等组织形式，且法人代表或经营者为符合第十二条规定的在校学生、运营时间在三个月以上（以预赛网络报备时间为截止日期）的项目，可申报已创业类（甲类）。

拥有或授权拥有产品或服务，具有核心团队，具备实施创业的基本条件，但尚未在工商、民政等政府部门注册登记或注册登记时间在三个月以下的项目，可申报未创业类（乙类）。

第十二届"挑战杯"全国大学生创业计划竞赛在2020年9月至11月举办，竞赛聚焦创新、协调、绿色、开放、共享五大发展理念和2020年决战脱贫攻坚、决胜全面小康的目标，设置五个组别。

——科技创新和未来产业：突出科技创新，在人工智能、网络信息、生命科学、新材料、新能源等领域，结合实践观察设计项目。

——乡村振兴和脱贫攻坚：围绕实施乡村振兴战略和打赢脱贫攻坚战，在农林牧渔、电子商务、旅游休闲等领域，结合实践观察设计项目。

——城市治理和社会服务：围绕国家治理体系和治理能力现代化建设，在政务服务、消费生活、医疗服务、教育培训、交通物流、金融服务等领域，结合实践观察设计项目。

——生态环保和可持续发展：围绕可持续发展战略，在环境治理、可持续资源开发、生态环保、清洁能源应用等领域，结合实践观察设计项目。

——文化创意和区域合作：突出共融、共享，紧密围绕"一带一路"和"京津冀""长三角""粤港澳大湾区""成渝经济圈"等经济合作带建设，在工艺与设计、动漫广告、体育竞技和国际文化传播、对外交流培训、对外经贸等领域，结合实践观察设计项目。

4. 参赛形式和要求

以学校为单位统一申报，以创业团队形式参赛，原则上每个团队人数不超过 10 人。

对于跨校组队参赛的作品，各成员须事先协商明确作品的申报单位。

对于经授权的发明创造或专利技术，在报名时需提交具有法律效应的发明创造或专利技术所有人的书面授权许可、作品鉴定证书、专利证书等。

对于已注册运营项目的，在报名时需提交相关证明材料（含单位概况、法定代表人情况、营业执照复印件、税务登记证复印件、组织机构代码复印件等材料）。

每个学校选送参加主体竞赛的作品总数不得超过 3 件（专项竞赛名额另计），每人（每个团队）限报 1 件。参赛作品须经过本省（区、市）组织协调委员会进行资格及形式审查和本省（区、市）评审委员会初步评定，方可上报全国组织委员会办公室。各省（区、市）选送全国竞赛的作品数额由主办单位统一确定。

5. 第十二届大赛活动安排

为进一步增强大赛的群众性、交流性，充分发挥线上平台优势，扩大赛事覆盖面和参与度，主办方将在赛事举办期间开展系列活动。

（1）向祖国报到——"挑战杯"社会实践云接力。面向参赛学生，广泛征集进基层、进社区、进企业、进农村的实践故事，通过点亮祖国地图的方式，展现广大学生牢记习近平总书记关于"让青春在党和人民最需要的地方绽放绚丽之花"重要要求、践行"坚定理想信念，站稳人民立场，练就过硬本领，投身强国伟业"的青春风采。

（2）向梦想出发——"挑战杯"奋斗出彩云分享。从历届"挑战杯"创业计划竞赛参赛学生中，挖掘具有感人事迹、奋斗创业历程的典型，以TED演讲、沙龙分享、对话访谈等形式组织分享会，向广大学生讲述创业故事，引导大学生树立正确的成长观。

（3）挑战杯·"双创"云展会。运用线上平台、新媒体矩阵的展示功能，通过图文、短视频等多种形式，对参与项目进行云展示。

（4）挑战杯·青年学习汇。引导参赛学生打破地域、学科界限，组建临时学习小组，创建话题、开展线上讨论交流，推动形成开放交流、自发研讨、互为"导师"的"朋友圈"氛围。

（5）挑战杯·名师大讲堂。邀请行业领军人物、社会知名人士、业界知名学者等举办名师大讲堂，面向全国大学生线上直播。

（6）挑战杯·导师会客厅。邀请企业家、投资人、孵化机构代表等，组成"挑战杯"大学生创业导师团，依托线上平台交互功能，实现导师与项目的结对和长期跟踪指导。

（7）挑战杯·资源对接会。邀请创业服务机构、投资机构、孵化器、园区等入驻大赛平台，开展在线对接活动，为有需求的项目提供服务支持。

（8）挑战杯·畅想2050。鼓励大学生站在第一个百年奋斗目标实现的节点上，以短视频等新媒体形式，畅想和展望第二个百年奋斗目标实现之时，中国经济社会各领域、各行业的创新发展，树立为实现中华民族伟大复兴的中国梦而砥砺奋斗的青春之志。

后 记

2021年，习近平总书记到清华大学考察时强调，百年大计，教育为本。党和国家事业发展对高等教育的需要，对科学知识和优秀人才的需要，比以往任何时候都更为迫切。我国高等教育要立足中华民族伟大复兴战略全局和世界百年未有之大变局，心怀"国之大者"，把握大势，敢于担当，善于作为，为服务国家富强、民族复兴、人民幸福贡献力量。广大青年要肩负历史使命，坚定前进信心，立大志、明大德、成大才、担大任，努力成为堪当民族复兴重任的时代新人，让青春在为祖国、为民族、为人民、为人类的不懈奋斗中绽放绚丽之花。

今天的中国，比历史上任何时候都更接近实现中华民族伟大复兴的目标，比以往任何时候都更迫切需要有理想、有本领、有担当的青春力量。开展大学生创业素养研究，加强大学生创业素养培育，是高校人才培养模式的新探索，也是高等教育主动适应、积极回应时代呼唤的创新、发展和升华，将直接影响甚至引领未来世界高等教育发展。

大学生创业素养培育是一个复杂的系统工程，需要全社会、高校、家庭和大学生个人等各方面的支持和配合。在国家创新驱动战略驱动下，政府营造鼓励和支持大学生创业的政策环境，社会提供宽松的创业氛围，企业组织积极参与，家庭提供稳固的物质和精神支撑，高校通过创业教育的内涵式发展，共同作用提升大学生的创业素养。

后 记

  高校是大学生创业素养提升的主舞台。2015 年 5 月，国务院办公厅专门印发了《关于深化高等学校创新创业教育改革的实施意见》（以下简称《实施意见》），对落实好创新创业教育改革任务做出系统设计、全面部署。教育部坚决贯彻落实党中央、国务院决策部署，采取一系列有力措施，把深化高校创新创业教育改革，作为实施创新驱动发展战略的政治自觉，作为推进高等教育综合改革的关键抓手，作为推动高校毕业生更高质量创业就业的重要举措。近年来，各地各高校切实贯彻落实《实施意见》统一要求以及教育部工作部署，面向全体学生、引导全体教师参与、融入人才培养全过程，大力推进课程体系、培养机制、教法创新、实践训练、教师队伍等重点领域和关键环节改革，创新创业教育改革遍地开花，取得显著成效，形成了一批可复制可推广的制度成果，建立了集课堂教学、自主学习、结合实践、指导帮扶、文化引领融为一体的高校创新创业教育体系，培养了一大批大众创业万众创新的生力军，不断推动高等教育由从业就业教育向创新创业教育战略转型，为国家发展和民族振兴提供了强大的人才和智力支撑。

  2021 年 10 月，国务院办公厅印发《关于进一步支持大学生创新创业的指导意见》，强调立足新发展阶段、贯彻新发展理念、构建新发展格局，坚持创新引领创业、创业带动就业。

  下一步，以大学生创业素养培育与提升为依托，本书作者建议各地各高校要全面深入学习贯彻习近平新时代中国特色社会主义思想，深入贯彻落实全国教育大会和新时代高等学校本科教育工作会议精神，着力推动创新创业教育与思想政治教育、学科专业教育、体育美育、劳动教育的紧密结合，主动挖掘创新创业教育中生动的思想政治教育资源，确保创新创业教育与思政教育同向同行；引导大学生在创新创业实践中，巩固强化检验专业知识和综合知识的掌握程度，在专业教育过程中训练创新创业的能力；在创新创业教育实践中培养大学生一不怕苦、二不怕累的强健体魄，练就敢冒风险、敢闯会创的过硬本领，塑造爱拼敢赢的意志品质；引导大学生在创新创业实践中感受美、发现美、创造美、奉献美，用创新创业的优秀成果服务于人民群众的美好生活；让大学生在创新创业实践中造就艰苦奋斗、锲而不舍的进取精神和爱岗敬业、精益求精的职业操守，不断提升大学生自身创业素养，不断推动大学生成长成才与全面发展。

本书在编写过程中，借鉴、参考了部分国内外大学生创新创业方面的文献资料，也采纳了一些专家学者的理论和观点，在此一并表示感谢！

由于时间和编者水平有限，书中难免有疏漏和不妥之处，真诚欢迎广大读者提出宝贵建议和意见，以便更好地修订和完善。

附　录

附录一：中国大学生创业素养研究访谈提纲

*** 同学：

您好！

非常感谢您参加本次访谈。我们正在进行"中国大学生创业素养"项目的研究，需要依托您在自身成长和创新创业过程中的真实感受和宝贵经验的支持。您的访谈内容只用于项目研究，研究成果如您需要也可向您反馈分享，您无须任何担忧！诚挚感谢您的配合！

在接下来的谈话中，我们将邀请您分享您在创新创业过程中发生的关键事件。您可以根据问题畅所欲言，讲述过程中遇到任何不清晰的地方，请随时发问。我们需要对整个访谈过程进行录音，录音内容将会严格保密。访谈不会涉及个人敏感信息。接下来，我们正式开始访谈。

A 部分：（基本情况）

1. 您的姓名、所在/毕业的学校、专业（主试记录性别）。

2. 您的年龄，目前的年级/毕业了几年？生源地是哪里？

3. 您现在的创业内容是什么？从什么时候开始萌发的想法？当时是怎么产生创业想法的（比如国家政策、父母家人的影响、同学的影响等）？（有可能是持续创业者，有多次创业的经历，可以按照时间顺序引导讲一下每个项目的情况，

目前正在进行的项目可以重点说）

4.目前创业项目获得过哪些奖励或者是否获得过投资？创业团队有多少人？目前的经营情况和本人的职业状况是怎么样的？（全职经营此创业项目还是有稳定职业的同时兼职做项目，还是项目交由其他人从事或者暂停等）

5.您接受过哪些创新创业的培训？觉得其中最有价值的是哪个？其中的什么内容最有效？

B部分：（成长事件）

在您的成长过程中，一定发生过许多令您印象深刻的事情。我们想请您分享三件创业过程中成功或者挫折的案例。（对于一些细节可以进行追问或者确认）

希望您和我们分享的部分尽量包括以下内容：

1.事件发生的情景及起因是什么？

2.事件涉及哪些相关的人？

3.您当时的心理活动是什么？

4.您当时的实际行动是什么？

5.您在行动实施的过程中遇到哪些阻碍？这些阻碍是如何克服的？

6.在您处理问题的过程中哪些特质促进了问题的解决？

7.事件的最终结果是什么样的？

C部分：（成长历程）

每一名创业者在走向创业道路的过程中，肯定受到了一些重要的人或事的影响，可以聊聊对您走向创业道路影响比较大的人或事吗？可能是当时的一些偶发性因素，也可能是您整个成长过程受到的一些潜移默化的影响。（适当追问，例

如，是好的影响还是不好的影响？现在如何看待？为什么觉得这件事特别重要？等等）

1. 包括您的家庭、学校、社会环境及政策以及自身实践等方面。

2. 您认为这个重要的成长事件对您走向创业道路有什么作用？

3. 对您在创业过程中做某些决策或一些问题的解决有什么影响或帮助？

D 部分

1. 请您总结一下，您作为一名创业者首先具备了何种核心素养和特质？（倾向个人本身具备的天赋特质）

2. 为了成功创业，您通过个人的学习修炼，提升了自己哪些关键素养和能力？（倾向于后天进行有针对性的训练的能力）

附录二：探索性因素分析问卷

亲爱的大学生创业者，您好！

我们正在进行教育部全国高等学校学生信息咨询与就业指导中心支持项目，中国大学生创业素养模型的研究，需要您根据在创业过程中的真实情况填写问卷，本问卷共分为三个部分，第一部分是基本信息，第二部分是创业素养行为项目，第三部分是相关信息。答案没有对错之分，也不会对您的工作和生活产生任何影响，诚挚感谢您的配合。

第一部分　基本信息

1. 性别

A. 男　　B. 女

2. 出生年份：_____

3. 最高学历

A. 专科　　B. 本科　　C. 硕士　　D. 博士

4. 学科：

1）工学；2）理学；3）人文（文学、历史学、哲学、艺术学）；4）社科（经济学、法学、教育学）；5）管理学；6）医学

5. 学校所在省份：＿＿＿＿＿＿＿

6. 毕业年份：＿＿＿＿＿＿

7. 创业年限

A. 1年及以下　　B. 2—5年　　C. 6—10年　　D. 11年及以上

8. 家庭所在地：1）城市；2）农村

9. 父亲职业：

1）高级专业人员或高级行政人员；2）专业人员或中级行政人员；3）半专业人员或一般行政人员；4）技术工人；5）非技术工人或农民；6）失业；7）退休；8）其他

10. 母亲职业：

1）高级专业人员或高级行政人员；2）专业人员或中级行政人员；3）半专业人员或一般行政人员；4）技术工人；5）非技术工人或农民；6）失业；7）退休；8）其他

11. 父亲教育水平：

1）研究生以上；2）大学本科；3）大学肄业或专科；4）高中或中专；5）初中以下

12.母亲教育水平：

1）研究生以上；2）大学本科；3）大学肄业或专科；4）高中或中专；5）初中以下

第二部分　创业行为

表格内是创业者行为描述和赋值，请您根据自己在创业过程中的实际表现在对应的数字上打"√"。（说明：数字 1 表示"极不符合"；2 表示"较不符合"；3 表示"不确定"；4 表示"比较符合"；5 表示"完全符合"）

序号	题　目	1	2	3	4	5
1	我求知欲很强，一直坚持学习各类知识，这对我的创业特别有帮助					
2	我愿意关注不同行业的发展，学习多领域的知识，从中得到启发					
3	我在学习过程中注重转化应用，能够触类旁通，举一反三					
4	我善于独立思考，对一些问题有独到的看法					
5	我对自己的想法和决定非常自信					
6	我能从不同的角度分析问题，思虑周全					
7	我的思维和表达都比较注重逻辑性，非常有条理					
8	我能够通过推理、比较、综合、抽象、概括等方法进行思考					
9	我喜欢和逻辑性强的人一起交流合作					
10	我能根据实际情况做出理性的选择					
11	我能运用科学的方法做决策，并且能够坚定地执行					
12	我做事非常严谨，一丝不苟					
13	我对于感兴趣的事情能够非常投入地去研究					

(续表)

序号	题目	1	2	3	4	5
14	我觉得探索一些未知或者困难的问题是很有价值的					
15	我坚持不懈地在专业领域进行探索和研究					
16	我是创业团队的领头人，团队成员对我很信服					
17	我能合理分配团队的分工，通过规章制度加强管理，提高效率					
18	我能够提高创业团队的凝聚力					
19	我能够在生活和学习中发现创业的机会					
20	我能够结合自身的情况选择适合的创业机会去进行尝试					
21	我能够从各角度评估创业机会并进行选择					
22	我们的创业团队是互利互补的关系，有共同的目标					
23	在团队出现分歧的时候我们有制度或方法能够有效解决					
24	我们的创业团队分工明确效率很高					
25	我能够有意识地去寻找和获得创业所需要的核心资源					
26	我能够合理地运用各类资源推进创业项目的发展					
27	为了积累创业资源我们会做很多准备和铺垫					
28	我能和不同行业背景的人打交道建立良好的联系					
29	我能够在不同场合进行高效和适当的表达					
30	我在创业过程中获得了很多人的帮助					
31	在创业过程中遇到问题的时候，我能够认真分析原因，总结经验，吸取教训					
32	当我为自己制定一个计划时我会非常自律，严格执行					
33	我经常通过复盘等方法发现创业中的不足，从而调整行动方案					
34	创业中遇到挫折的时候我能够顶住压力积极去寻找解决方案					
35	在创业中渡过各种难关会让我变得更加坚韧和成熟					

(续表)

序号	题 目	1	2	3	4	5
36	我不怕困难，抗压能力很强					
37	我能够根据政策、形势的变化及时调整创业的行动					
38	面临问题和变化时，我能很好地控制自己的情绪和心态去应对					
39	我能在创业过程中因势利导，快速适应新情况					
40	我非常明确自己想做什么，很有目标感					
41	当我设定了目标，我会制定合理的方案，持续地坚持投入					
42	我的创业项目具有比较明确的长期目标和短期目标					
43	我具备一定的风险评估和承担能力					
44	面临一些风险挑战我能够果断做出决策					
45	创业中有些风险是不可避免的，需要勇于面对					
46	我相信创业能为国家和社会做出贡献，这让我更加坚定这个选择					
47	我在创业中甘于奉献，胸怀大爱					
48	对祖国的热爱，为了人们生活更美好的愿望，是我创业的持续动力					
49	我在创业中努力实干，兢兢业业，勤勤恳恳地做好每一件事					
50	我在具体实施过程中能够不断完善方案					
51	我的行动能力很强，能够快速做出反应，落实执行					
52	我在创业中始终研究行业的最新发展方向，保持长远发展的眼光					
53	我能在创业实践中进行适当的创新，推进项目的进展					
54	我注意拓展国际视野，努力做到行业领先					
55	我非常重视创业中的技术的转化和应用					
56	我解决了创业领域的技术问题，具备自己的专利或知识产权等独特优势					

(续表)

序号	题 目	1	2	3	4	5
57	我善于将技术创意和方案转化成实际的产品或者服务					
58	作为创业者我一直在尽自己的力量解决各类社会问题					
59	我遵守各项政策法规，自觉形成良好的风气					
60	我对自己的团队、项目担负着责任，坚持不忘初心					

第三部分

请您根据真实情况，在对应的选择下打"√"。

1. 您所在的高校在创新创业工作中提供的指导是什么？（可多选）

   A. 创业课程　　　B. 创业项目孵化　　　C. 创新创业竞赛

   D. 创新创业活动　　　E. 创业资源　　　F. 其他

2. 您的创业项目发展是否得到了政府部门的支持？

   A. 是（请填写部门名称 ＿＿＿＿＿＿＿＿＿＿＿＿＿＿）　　B. 否

3. 您的创业项目是否和高校或科研机构保持着科学研究的合作关系？

   A. 是　　　B. 否

4. 您的创业项目是否得到了其他社会机构的支持？

   A. 是（请填写部门名称 ＿＿＿＿＿＿＿＿＿＿＿＿＿＿）　　B. 否

5. 您希望政府、高校、社会对大学生创业者提供哪些帮扶措施？

   ＿＿＿＿＿＿＿＿＿＿＿＿＿＿＿＿＿＿＿＿＿＿＿＿＿＿＿＿＿＿＿＿＿＿＿＿＿

参考文献

[1] 习近平. 习近平谈治国理政 [M]. 北京：外文出版社，2014.

[2] 托马斯·孟著，袁南宁译. 英国得自对外贸易的财富 [M]. 北京：商务印书馆，1978.

[3] UNESCO PRINCIPALREGIONAL OFFICE FOR ASIAAND THE PACIFIC.[Z]. http://unesdoc.unesco.org/images/0011/001119/111909e.pdf, Bang kok, 44–48[EB/OL], 1994.

[4] 钟志贤. 大学教学模式革新：教学设计视域 [M]. 北京：教育科学出版社，2007.

[5] 张娜. DeSeCo 项目关于核心素养的研究及启示 [J]. 北京：教育科学研究，2013（10）.

[6] M. Bacigalupo, P. Kampylis, E. McCallum, Y. Punie. Promoting the Entrepreneurship Competence of Young Adults in Europe: Towards a Self–assessment Tool[R].Spain: IATED Academy, 2016.

[7] European Council. Recommendation of the European Parliament and the Council of 18 December 2006 on key competences for lifelong learning[Z]. https://eur-lex.europa.eu/legal-content/EN/TXT/PDF/?uri=CELEX:32006H0962&from=EN.2018-07-28.

[8] European Commission Joint Research Centre. EntreComp: The Entrepreneurship Competence Framework[Z]. http://ec.europa.eu/jrc/entrecomp, 2016-05-10/2017-12-13.

[9] European Commission.EntreComp: The Entrepreneurship Competence Framework[Z]. https://ec.europa.eu/jrc/en/publication/eur-scientific-and-technical-research-reports/entrecomp-entrepreneurship-competence-framework, 2018-04-02.

[10] 蔡克勇. 教育发展的新趋势：加强创业教育 [J]. 北京：求是，2001（18）.

[11] 田千里. 老板论 [M]. 北京：经济科学出版社，2000.

[12] 林崇德. 21 世纪学生发展核心素养研究 [M]. 北京：北京师范大学出版社，2016.

[13] The Partnership for 21st Century Skills. Framework for 21st Century Learning（2015）[Z]. http://www.p21.org/about-us/p21-framework.

[14] 姜言东. 三维透视以色列创新创业教育 [N]. 中国教育报，2017-09-22（5）.

[15] 雷斯和平创新中心国际事务负责人、以色列原总统高级政策顾问 Nadav Tamir 的主题演讲稿《以色列如何成为创业国家》[J]. 软件和集成电路，2019（12）.

[16] 吕伊雯，孙良红. 产教融合深化创新型工程人才培养——访以色列布劳德工程学院校长阿利·马哈沙克 [J]. 世界教育信息，2019（32）.

[17] General capabilities information sheet[Z]. [2018-07-26]. https://docs.acara.edu.au/resources/General_Capabilities_2011.pdf.

[18] Kearns P. Generic Skills for the New Economy. Review of Research[M]. National Centre for Vocational Education Research, 2001.

[19] 习近平. 在纪念孔子诞辰2565周年国际学术研讨会上的讲话[Z]. http//news.xinhuanet.com/politics/2014-09/24/c_1112612018.htm.

[20] 王长恒. 中国传统文化精神与大学生创业精神的培育[J]. 河北理工大学学报（社会科学版），2010（10）.

[21] 徐嘉. 儒商文化研究的重大成果——《契合与升华——传统儒商精神和现代中国市场理性的建构》评介[J]. 道德与文明，1999（6）.

[22] 佚名.《钱，泉也，如流泉然有源斯有流今之以狡诈求生财者，自塞其源也》原文翻译 | 感想[Z]. https://m.pinshiwen.com/zhiyan/huishang/20201025298047.html.

[23] 张海鹏，王廷元. 明清徽商资料选编[M]. 合肥：黄山书社，1985.

[24] 关于实施中华优秀传统文化传承发展工程的意见[N]. 人民日报，2017-01-26（6）.

[25] 习近平. 习近平谈治国理政第二卷[M]. 北京：外文出版社，2017.

[26] 习近平. 决胜全面建成小康社会 夺取新时代中国特色社会主义伟大胜利[N]. 人民日报，2017-10-28（001）.

[27] 吕伊雯，马子悦. 协同创新系统促进卡迪夫大学创业教育发展——访英国卡迪夫大学校长柯林·雷欧丹[J]. 世界教育信息，2019（1）.

[28] 沈南鹏. 创业团队制胜之道[J]. 经理人，2021（7）.

[29] 金毛毛. 坚守诚信 创业路越走越宽——贵阳市道德模范刘锋胜的创业故事[J]. 劳动保障世界，2020（5）.

[30] 许楠，田涵艺，刘浩. 创业团队的内部治理：协作需求、薪酬差距与团队稳定性[J]. 管理世界，2021（4）.

[31] 北京市高校就业指导中心. 为了共同理想——清华大学袁振龙的创业故事[J]. 成才与就业，2021（1）.

[32] 刘璐. 创业团队的信任建构及其动态演进——以南京地区为例[D]. 南京：东南大学，2017.

[33] 许红敬. 乘体感车飞驰的梦想：80后乐行天下CEO周伟的创业故事[J]. 消费电子，2014.

[34] 谢双庆. 获奖背后的故事[J]. 成才与就业，2021（2）.

[35] 雷霖，江永亨. 大学生创业指南[M]. 中南大学出版社，2001.

[36] 张秀娥. 创业管理 [M]. 北京：清华大学出版社，2017.

[37] 郁义鸿，李志能，罗博特·D. 希斯瑞克等. 创业学 [M]. 复旦大学出版社，2000.

[38] 张华. 论核心素养的内涵 [J]. 全球教育展望，2016，45（4）.

[39] 林崇德. 21世纪学生发展核心素养研究（修订版）[M]. 北京：北京师范大学出版社，2021.

[40] 亚瑟·L. 科斯塔，贝纳·卡利克著，滕梅芳译 [J]. 数字教育域外观察栏目，2018（3）.

[41] 孔宇航. 大学生创新创业素质评价研究 [D]. 大连：大连理工大学硕士学位论文，2018.

[42] 张敏. 大学生创业素养的主旋律分析及对策研究 [D]. 沈阳：东北大学硕士学位论文，2012.

[43] Bird, J.B.Time and entrepreneurship[J]. Entrepreneurship Theory and Practice, 1995, 22（2）.

[44] McClelland, D.C.Characteristics of successful entrepreneurs[J]. Journal of Creative Behavior, 1987, 21（3）.

[45] 陈艳，雷育胜，曹然然. 大学生创业素质调查与思考 [J]. 高教探索，2006（4）.

[46] 邓梦春，李斌，高卫国. 大学生创业素养的多层次分析 [J]. 产业与科技论坛，2011（9）.

[47] 李强，白玉翠，陈伟娜，张学勇. 创业者素质模型分析 [J]. 企业技术开发，2016（2）：137.

[48] 胡选萍，徐皓，秦公伟. 大学生创新创业核心素养的培养路径探析 [J]. 西部素质教育，2019（9）.

[49] 马世洪. 创业素养：大学生成功创业的必备素养 [J]. 创新与创业教育，2020（2）.

[50] 张铭. 大学生创新创业创造核心素养内涵与维度研究 [J]. 大学（社会科学），2021（3）.

[51] 李雅琴. 大学生创新创业核心素养的培养路径探析 [J]. 创新创业理论研究与实践，2021（1）.

[52] 花蕾. 创业型大学毕业生胜任素质模型构建与实证研究 [D]. 南京：南京邮电大学硕士学位论文，2017.

[53] 王鸣华. 创业者核心素质指标体系的构建研究 [J]. 商贸人才，2017（11）.

[54] 程玮. 大学生创业能力结构模型的修正与测评指标体系建构 [J]. 创新创业教育，2020（6）.

[55] 庄明科，叶初阳，李灿，邵进. 创新创业核心素质的质性研究——以扎根理论为主要方法 [J]. 北京教育（高教），2020（10）.

[56] 胡海青. 创业素养调查及对高校创业教育的启示 [J]. 中国高教研究，2021（7）.

[57] 董晓红.高校创业教育管理模式与质量评价研究[D].天津：天津大学，2009.

[58] 马克思恩格斯选集（第1卷）[M].北京：人民出版社，1995.

[59] 马克思恩格斯文集（第8卷）[M].北京：人民出版社，2009.

[60] 马克思恩格斯全集（第21卷）[M].北京：人民出版社，2003.

[61] 沈培芳.大学生创业素质调查研究——以宁波大学为例[D].上海：华东师范大学硕士论文，2010.

[62] 教育思想网.《中国学生发展核心素养》正式发布[Z]. https://www.sohu.com/a/114389183_100928.

[63] 核心素养研究课题组.中国学生发展核心素养[J].中国教育学刊，2016（10）.

[64] LITAN R E.On the road to an entrepreneurial economy：a research and policy guide[J]. Ssrn Electronic Journal, 2007（7）.

[65] 毛翠云.创业胜任力综合测评研究[D].南京：江苏大学博士学位论文，2011.

[66] MBA智库–百科.创业胜任力[Z]. https://wiki.mbalib.com/wiki/%E5%88%9B%E4%B8%9A%E8%83%9C%E4%BB%BB%E5%8A%9B.

[67] 刘汉东.创业者创业胜任力与创业成功的关系研究[D].南京：南京财经大学硕士学位论文，2010.

[68] 罗兆立.创业教育探析[J].科技创业，2006（12）.

[69] 李德平.大学生创业教育理念与实践研究[M].北京：人民出版社，2013.

[70] 《培育和践行社会主义核心价值观》编写组.培育和践行社会主义核心价值观[M].北京：人民出版社，2014.

[71] 李时椿等编.大学生创业与高等院校创业教育[M].北京：国防工业出版社，2004.

[72] 钟志贤.深呼吸：素质教育进行时[M].北京：教育科学出版社，2003.

[73] 黄娟.大学生创业素养培养策略研究——以江西师范大学为研究个案[D].南昌：江西师范大学硕士学位论文，2008.

[74] 世界教育信息.阿恩·卡尔森：反思第四次工业革命和《2030年可持续发展议程》背景下的创业教育[Z]. https://www.sohu.com/a/386765736_670057.

[75] 郭建鸾.创业企业与创业投资[M].上海：上海财经大学出版社，2008.

[76] 沈蓓绯，刘明霞.美国高校创业教育特色分析[J].教育发展研究，2010（5）.

[77] 葛建新，周卫中，林嵩等.创业管理实务[M].北京：化学工业出版社，2011.

[78] 赵中建.21世纪世界高等教育的展望及其行动框架——98世界高等教育大会概述[J].上海高教研究，1998（12）.

[79] 李娜.新时代大学生创新创业能力结构与现状研究[D].长春：东北师范大学，2019.

[80] 任一波.大学生创新创业生态体系构建初探———以浙江工商职业技术学院为例[J].大庆社会科学，2018（6）.

[81] 张俊亮.创业教育[M].北京：科学出版社，2015.

[82] 张项民.创业教育与专业教育耦合研究[M].北京：科学出版社，2015.

[83] 卢风.生态哲学：新时代的时代精神[M].北京：中国社会科学出版社，2017.

[84] 张龙，田贤鹏.平台驱动型创业教育：框架结构与机制保障[J].中国高教研究，2019（8）.

[85] 张雁鸿.高校大学生创新创业激励机制[J].教育与职业，2020（1）.

[86] ALVAREZ S A, BARNEY J B. Organizing rent generation and appropriation: Toward a theory of the entrepreneurial firm[J]. Journal of Business Venturing, 2004（5）.

[87] 刘啸尘，杨峰.基于三螺旋理论的高职院校创新创业教育发展路径研究[J].黑龙江教育（理论与实践），2021（8）.

[88] 肖忠意，李瑞琴，陈志英，黄玉.创新创业制度环境、创业行为与家庭资产选择[J].世界经济文汇，2018（4）.

[89] 北京市人民政府官网政务名"一街三园多点"[Z].http://www.beijing.gov.cn/zhengce/zwmc/202007/t20200708_1942290.html.

[90] 黄声巍，黎红艳.家庭支持对大学生创业意愿的影响研究[J].张家口职业技术学院学报，2019（12）.

[91] 谢西金.家庭背景对大学生创业影响的实证研究——基于Logistic回归模型的分析[J].重庆高教研究，2018（3）.

[92] 吴勋，兰溪，杨美漪.中国"互联网+"大学生创新创业大赛：历程、特征及前景[J].创新与创业教育，2021（2）.

[93] 联合国教科文组织.信息社会：关于信息素养和终身学习的亚历山大宣言[Z].2005-11.

[94] 拉里·博西迪等著，刘祥亚译.执行：如何完成任务的学问[M].北京：机械工业出版社，2011.

[95] 詹姆斯·M.库泽斯著，徐中等译.领导力：如何在组织中成就卓越[M].北京：电子工业出版社，2004.

[96] 理查德·布兰森著，屈艳梅等译.一切行业都是创意业[M].北京：同心出版社，2013.

[97] 王飞，姚冠新.大学生创业机会识别能力提升研究[J]..国家教育行政学院学报，2014（8）.

[98] 高峰，余洁.大学生创业机会识别能力培养刍议[J].教育界，2013（5）.

[99] 腾讯互联网与社会研究院.我是90后，我是创业家[M].北京：机械工业出版社，2015.

[100] 储盈.创业兵团[M].上海：立信会计出版社，2014.

[101] 张健，姜彦福，林强.创业理论与发展动态[J].经济学动态，2003（5）.

[102] 常飒飒，王占仁.欧盟创业教育评价的类型、工具与发展趋势[J].大学教育科学，2018（06）.

[103] 常飒飒.基于核心素养发展的欧盟创业教育研究[D].长春：东北师范大学博士学位论文，2019.

[104] 桑国元.国外21世纪学生发展核心素养的讨论及启示[J].教育科学研究，2016（10）.

[105] Hanan Terkel.创业国度以色列的创新哲学[J].纺织科学研究，2018（9）.

[106] 欧吉祥，赵娜.澳大利亚高校创新创业教育孵化机制探究——以悉尼大学为例[J].世界教育信息，2020（09）.

[107] 高福生.案例研究：LW公司人力资源开发体系建设[D].广州：华南理工大学，2013.

[108] 孟媛.陈述性知识与程序性知识及其迁移[J].文教资料，2016（3）.

[109] 包崇斌.头脑风暴（一种创造能力的集体训练法）[Z].http://blog.sina.com.cn/s/blog_824d3e240102vo06.html.

[110] 李敏，包景岭."六项思考帽"下对我国中等城市绿色交通的界定[J].经济导刊，2012（3）.

[111] 王兆云，许峻峰等.经营管理策略在创建健康服务品牌中的运用[J].中国医药导报，2015（10）.

[112] 王晶."互联网+"背景下企业员工招聘的机遇与挑战[J].商，2016（28）.

[113] 李琰.我国石化企业管理人员招聘人岗匹配甄选评价研究[D].大庆：东北石油大学，2012.

[114] 李善友.如果只能学苹果一件事，那你应该选择——《疯狂的简洁》[Z].https://www.huxiu.com/article/22219.html.

[115] 五月.经典：中国创业者的三种类型与十大素质[Z].https://www.douban.com/group/topic/1613080.

[116] 姚兰，艾训儒，朱江，郭秋菊.新时代地方高校课程群教学团队建设实践[J].中国多媒体与网络教学学报（上旬刊），2021（1）.

[117] 房喜凤.关于建设服务型研究型教师进修学校团队的思考[J].大连教育学院学报，2011（1）.

[118] 王娟娟. 大学愿景管理研究 [D]. 武汉：武汉大学博士学位论文, 2011.

[119] 缪宇峰, 董临萍. 大学生创业团队领导风格与绩效关系研究 [J]. 教育教学论坛, 2011（35）.

[120] 陈娇. 大学生创业团队胜任力研究 [J]. 科教导刊（上旬刊）, 2013（1）.

[121] haishui 的博客. 团队绩效考核案例分析_绩效考核 [Z]. http://blog.sina.com.cn/s/blog_68232b1c010193ho.html.

[122] 张皓. 通过大学生体育比赛审视团队精神的作用及社会价值 [J]. 科技信息, 2013（22）.

[123] 包逢春. 科技型小微企业 A 公司创立研究 [D]. 南昌：南昌大学硕士学位论文, 2015.

[124] 黄波, 许敏. 领导力开发 [M]. 上海：上海高教电子音像出版社, 2016.

[125] 周娟. 销售团队建设研究——以 LG 中央空调为例 [D]. 北京：北京交通大学硕士论文, 2011.

[126] 杨胜利. 浙江中小型防盗门企业竞争力研究——以 Z 公司为例 [D]. 绵阳：西南科技大学硕士学位论文, 2012.

[127] 百度文库. 团队冲突的管理策略 [Z]. https://wenku.baidu.com/view/81532cbecebff121dd36a32d7375a417876fc1c1.html.

[128] 冯霞. 他山之石——发达国家创业教育经验借鉴 [J]. 出国与就业, 2012（3）.

[129] 胡娟娟, 宗权. 世界各国开发核心素养框架的路径 [J]. 辽宁教育, 2019（10）.

[130] 刘兆平. 提高工科大学生创业素养的对策思考 [J]. 创新与创业教育, 2014（5）.

[131] 罗朝猛. 21 世纪型能力："核心素养"的日本表达 [J]. 教书育人, 2017（8）.

[132] 罗朝猛. 日本如何将"核心素养"培育落地 [J]. 中国教师, 2017（9）.

[133] 汤太祥, 许太梅. 弘扬古徽商传世精神 提升大学生"双创"素养 [J]. 湖北经济学院学报（人文社科版）, 2019（4）.

[134] 滕培秀, 陈永福, 蔺际俨. 基于优秀传统文化精髓培育大学生创业精神的价值挖掘及实现路径 [J]. 中国大学生就业, 2019（22）.

[135] 许太梅, 汤太祥. 弘扬徽商精神视阈下提升大学生"双创"素养的路径 [J]. 天津中德应用技术大学学报, 2020（3）.

[136] 许营营. 澳大利亚"核心素养"的发展历程及培育路径 [D]. 上海：华东师范大学, 2020.

[137] 雪峰读书. 晋商经营作风 [Z]. http://www.360doc.com/content/11/1102/19/6017453_161166779.shtml.

[138] 方伟. 高校创业教育的现状、问题及发展对策 [J]. 现代教育管理, 2013（7）.